I W

Addio Elisabetta

Sono le 19.30 italiane di giovedì 8 settembre 2022 quando la BBC annuncia la notizia della morte di Elisabetta II. L'anchor prescelto, prima delle traversie che lo avrebbero travolto di lì a poco, è un veterano nel comunicare grandi notizie ed è vestito a lutto, come prevede il protocollo.

«La sovrana si è spenta pacificamente nel pomeriggio a Balmoral» si legge nella nota in Palazzo, che prosegue «il re e la regina questa sera rimarranno in Scozia e rientreranno a Londra domani».

Il re. Da settant'anni sul trono di San Giacomo non sedeva un re. Dopo Elisabetta, adesso era la volta di suo figlio Carlo, l'erede che, a settantatré anni, succedendo a sua madre, andava a occupare un trono scomodo. Scomodo per il paragone. Ma che gli spettava di diritto.

Da ore nelle redazioni circolava la notizia che le condizioni della regina avevano messo in allerta i medici di Palazzo. Era stato il comunicato delle 13.30 a lanciare l'allarme, il primo, in cui si parlava di preoccupazione degli stessi per la salute di Sua Maestà. Dal secondo, la gravità della situazione apparve definitiva: «Il principe Carlo è arrivato a Balmoral per essere al fianco della regina». L'erede al trono si trovava per impegni di lavoro a Dumfries House, la sua elegante tenuta in stile Chippendale duecentocinquanta chilometri più a sud, quando ricevette una telefonata dalla sorella, la principessa Anna, che lo avvisava delle condizioni precarie della regina. Compresa l'urgenza, per Carlo la preoccupazione per l'anziana madre fu superiore al timore di mettere in allerta un Paese intero, cancellando gli impegni in agenda e recandosi subito a Balmoral. Arrivato al castello in elicottero, salì nella camera della sovrana dove, con Camilla al suo fianco, trascorsero un'ora insieme. La fine era vicina, ma secondo il medico era questione di giorni, non di ore. Così il principe Carlo e la moglie ritornarono nella loro residenza di Birkhall, all'interno della proprietà reale di Balmoral, per riposare qualche ora. Tutto precipitò rapidamente: alle 3 del pomeriggio squillò il telefono, chiamavano dal castello e cercavano con urgenza l'erede al trono. Il principe Carlo, uscito a cercare funghi, fu raggiunto in tutta fretta dal suo segretario privato che lo informava della necessità di tornare dalla madre il prima possibile. Pochi minuti dopo, mentre era al volante della sua Land Rover con parte dello staff al seguito, squillò di nuovo il telefono: era Sir Edward Young, segretario privato di Elisabetta II, che cercava il principe, anzi, in quel momento cercava il re: «Maestà...» Allora Carlo capì due cose: che la regina era morta e che lui era diventato re. La notizia non era ancora uscita dai confini di Balmoral, ma nella capitale era bastato il viaggio di Carlo al capezzale della madre per allertare Governo e stampa.

A Londra, al neo primo ministro Liz Truss venne consegnato un biglietto durante la seduta in Parlamento.

La portata della notizia era straordinaria, sconvolgeva i palinsesti e dominava le news di tutto il mondo. Era il titolo d'apertura di ogni telegiornale. Alle 19.30 arrivò la conferma definitiva: «London Bridge is Down» era la frase in codice per annunciare la morte di Elisabetta II.

Sull'isola cadde un incantesimo. Tutto si fermò: le bandiere si abbassarono, il regno ammutolì. Quello di Elisabetta fu un lutto che scandì il tempo e colpì ogni singolo abitante che lo sentì come proprio.

Era dal mese di luglio che Elisabetta II si trovava nella sua amata residenza scozzese, Balmoral, custode di tante memorie, felici o meno, ma, al contrario delle altre vacanze dominate da un susseguirsi di rituali estivi nelle Highlands, erano state le assenze della regina dalla scena pubblica a fare notizia. Il mistero sulle condizioni di salute di Sua Maestà era diventato argomento di dibattito nazionale dal mese di ottobre dell'anno precedente, quando un improvviso malessere e il successivo allontanamento dai riflettori avevano corroso la fama di highlander di Elisabetta. Aveva novantasei anni, ma il suo personaggio era sempre apparso immortale.

In realtà, il rosario delle «ultime volte» era iniziato da qualche mese: l'ultimo affaccio dal balcone di Buckingham Palace il 5 giugno, l'ultimo viaggio a Edimburgo a luglio per la royal week e l'ultima fotografia da consegnare alla storia appena due giorni prima della morte, il 6 settembre 2022, dopo aver insignito il suo quindicesimo primo ministro, Liz Truss.

All'improvviso, quell'8 settembre 2022, Ballater, il piccolo villaggio a centosettantasei chilometri a nord di Edimburgo, diventò il centro del mondo. Davanti al plotone di telecamere puntate sull'ingresso della residenza di Balmoral scorreva un fiume di persone che deponevano fiori, biglietti e pupazzi ai lati del cancello.

Quando, nel 2017, il *Guardian* pubblicò in esclusiva i piani per il funerale di Elisabetta II, si focalizzò anche sull'aspetto psicologico che avrebbe comportato la sua morte, il cui contraccolpo sul regno sarebbe stato molto pesante e, in quei giorni, le parole dei sudditi davanti a Balmoral confermarono l'analisi: «Era la persona che veramente univa il Paese e ci faceva condividere gli stessi valori» ripetevano in molti.

Da Londra, il primo ministro Liz Truss parlò alla nazione: «La morte di Sua Maestà, la regina, è un grande shock per l'intera nazione e per il mondo. La regina Elisabetta II era la roccia sulla quale la Gran Bretagna moderna è stata costruita».

Quella che ebbe luogo nei giorni successivi è stata forse l'operazione più collaudata e pianificata nella storia contemporanea britannica: il funerale di Elisabetta II. Dieci giorni di lutto, il tempo per elaborarlo e fare arrivare a Londra i grandi della Terra. Dieci giorni ammantati di solennità e grandiosità degni di un re, o di una regina.

Il momento per il Paese era storico e significava un cambio di passo epocale, perché Elisabetta II era l'ultimo legame vivente con il glorioso passato dell'Impero britannico.

Venerdì 9 settembre fu, per la Gran Bretagna, il D-Day.

Regina del Regno Unito e di altri quattordici reami, il cordoglio per Elisabetta II fu globale. In segno di lutto si spensero i fari del mondo, gli avamposti di ciascun Paese nell'immaginario collettivo, dalla Tour Eiffel all'Empire

State Building, le bandiere sventolarono a mezz'asta e abbondarono le parole di cordoglio dei leader per ricordare l'ultima vera, grande regina. Da Parigi, il presidente Macron si rivolse direttamente alla Gran Bretagna: «Per voi era la vostra regina, per noi era La Regina. Sarà sempre con noi».

Nel frattempo, a Palazzo si attivò la complessa macchina della successione, la cui organizzazione è affidata al duca di Norfolk, il conte maresciallo che detiene il più antico titolo del Paese. Tra i suoi compiti rientra l'organizzazione delle massime celebrazioni del regno: l'apertura del Parlamento, l'incoronazione del re e i funerali di Stato.

Era dal 2002, quando successe a suo padre, che Edward Norfolk, Eddie per il Palazzo, si preparava al momento che lo avrebbe consegnato alla storia. Un momento che ora, vent'anni dopo, era arrivato. Durante quel periodo, il numero di partecipanti alla riunione nella sala del trono di Buckingham Palace per aggiornare i piani in caso di morte del sovrano passò da venti a duecentottanta presenti nell'aprile del 2022.

Le linee guida lasciategli dal padre, Miles Norfolk, erano piuttosto vaghe poiché, dal momento che era stata la carriera militare a riempire d'orgoglio Miles, si limitava a dire: «Durante la Seconda guerra mondiale ho organizzato la traversata del Reno delle nostre truppe in ventiquattro ore. Il funerale della regina sarà un gioco da ragazzi».

Tuttavia, quel gioco da ragazzi costituiva un biglietto da visita della Gran Bretagna per il mondo intero. Non si potevano fare errori.

Fu sempre lui, Miles, a decidere il nome in codice per la

morte di Elisabetta II, «London Bridge», e fu, invece, un patto stretto da suo figlio Edward con il segretario privato della regina, Sir Edward Young, a stabilire che quest'ultimo lo avrebbe avvisato solo quando la salute della sovrana sarebbe stata molto compromessa: «Abbiamo concordato che non mi avrebbe chiamato finché la situazione non fosse stata seria» ha raccontato il duca. Il telefono squillò il 7 settembre 2022, ma nessuno avrebbe immaginato che tutto sarebbe precipitato in ventiquattro ore. Per dare l'idea di quanto tutto sia accaduto in modo improvviso, basti dire che uno dei problemi da risolvere fu che gli otto trombettieri di Sua Maestà erano all'estero. Per regola, infatti, quattro di loro devono sempre trovarsi in patria. Ma in quell'occasione erano tutti e otto insieme su un volo diretto in Canada per un'esibizione.

Alle 4 di pomeriggio del 9 settembre, re Carlo III tornò a Londra. Come per sua madre settant'anni prima, fu un aereo a portare nella capitale il nuovo sovrano. Elisabetta rientrava dal Kenya, Carlo dalla Scozia.

Ad attenderlo sulla pista dell'aeroporto militare di Northolt trovò la Rolls-Royce su cui sventolava lo stendardo reale. Tutte le bandiere del regno erano a mezz'asta, ma non il vessillo dei Windsor, perché c'è sempre un re sul trono d'Inghilterra.

Alle 7 di sera, Carlo parlò, da re, alla nazione e come sua madre promise di servire il suo Paese. Al contrario di altri lutti consumati in privato, quello della sovrana si prefigurò essere il funerale più mediatico della storia.

L'arrivo a Buckingham Palace di re Carlo III, a piedi, offrendosi ai sudditi, fu un chiaro segnale di come la famiglia reale aveva intenzione di affrontare quel momento: mostrando al mondo la migliore immagine di sé. I Windsor, accantonati i dissapori interni, si proposero come una famiglia reale compatta e unita, nonostante tutto. Se a Balmoral furono i rami cadetti della dinastia, gli York e i Wessex con la sorella Anna, a sfilare tra pubblico e stampa, a Windsor fu invece lo schieramento dei Fab Four a presentarsi ai sudditi davanti ai cancelli e alle televisioni. William e Harry, «the Heir and the Spare», camminarono fianco a fianco con le loro mogli, Catherine e Meghan. O meglio, gli ex Fab Four! Quella di Windsor fu una rappresentazione che strideva con la storia raccontata dai Sussex nei due anni precedenti, da quando Harry e Meghan avevano scelto la via dell'America, screditando la Corona e accusando la famiglia di varie nefandezze.

La morte di Elisabetta II aveva interrotto il tour promozionale europeo dei duchi di Sussex, partito a inizio settembre, tra Germania e Regno Unito, costringendoli in qualche modo a essere presenti nei giorni del lutto, catapultandoli dal centro dell'attenzione alla periferia di un funerale da re.

Così, nonostante la gravità del momento, anche in quell'occasione non mancarono dissapori all'interno della famiglia reale per le pretese di Harry a favore di Meghan. La priorità del duca di Sussex era quella di includere la duchessa nei momenti più privati dei Windsor, ma il Palazzo fu categorico nel divieto di portarla a Balmoral il giorno della morte di Elisabetta II. E mentre lo «Spare» combatteva la battaglia per accreditare la moglie al funerale di sua nonna, il padre diventava re con il nome di Carlo III e il fratello William principe del Galles, nonché primo in linea di successione al trono. La distanza tra i due figli di Diana si faceva sempre più netta.

Nel frenetico aeroporto di Heathrow, il maggiore della capitale britannica, e uno dei dieci più trafficati al mondo, al momento della proclamazione del re a St James Palace, il 10 settembre 2022, dominava il rumore del silenzio. Ma tutto doveva ancora incominciare.

Addio Balmoral! C'è un per sempre che solo la morte sa consegnare, anche a una regina. L'emozione più grande iniziò alle 10 di mattina di domenica 11 settembre, quando sul viale d'accesso del castello di Balmoral spuntò il corteo funebre che accompagnava Elisabetta II nell'ultimo viaggio.

Un cuscino di fiori bianchi e lo stendardo reale coprivano la bara: l'arpa dell'Irlanda, i tre leoni gialli in campo rosso d'Inghilterra e uno rampante, rosso in campo oro della Scozia. Era lo stesso che in quei giorni sventolava alto sul castello di Balmoral perché la regina era in casa, nella sala da ballo trasformata per l'occasione in camera ardente che, tuttavia, non cancellava i momenti felici vissuti lì: le feste, le risate, i giorni con i genitori, Filippo, i figli, la sua vita di figlia, di moglie, di mamma e di nonna.

C'era un rosario di tappe da rispettare prima di Windsor, ma da castello a castello, alla solennità del lutto sul percorso di Elisabetta si contrapponeva l'abbraccio della Scozia.

La Scozia, Edimburgo in particolare, aiutarono ad ammantare di fasto l'atmosfera intorno all'evento. Si pensava di essere solo dentro la storia e invece si era anche dentro la fiaba: la regina era morta, i sudditi sfilavano per renderle omaggio.

Fiori e lacrime l'accompagnarono in ugual misura dall'ingresso in città fino al Palazzo reale per la prima notte dopo Balmoral, al lato opposto della cattedrale, entrambi lungo il Royal Mile, la strada più antica di Edimburgo che taglia in due la città. Poi la solennità di cui sarebbe stato capace il Regno Unito si sarebbe intuita dal giorno successivo, quando la processione che accompagnò la sua regina a St Giles per deporla su un catafalco insieme con la corona di Scozia, prelevata apposta dal castello e appoggiata sulla bara con un cuscino di fiori di Balmoral, fu una scena degna di un film. Tra i fiati delle cornamuse si sentivano i passi, ritmati, uguali, con la stessa cadenza di tutto il corteo funebre. Ma non fu un commiato triste, fu grandioso. I turisti mischiati ai sudditi e agli studenti diedero vita alla coda in attesa di poter entrare in cattedrale lunga due giorni, il tempo che le spoglie di Elisabetta II sarebbero rimaste a St Giles, e che i cronisti avrebbero incominciato a raccontare, non immaginando quanto sarebbe diventata un fenomeno quella che si sarebbe creata a Londra.

Infatti, Edimburgo, il palazzo di Holyroodhouse e la cattedrale di St Giles erano solo la prima tappa di un viaggio lungo dieci giorni, sicuramente quella più intima e magica. Sarebbe stata infine Londra, la capitale, a consegnare all'Inghilterra la sua regina, con le telecamere che facevano rimbalzare da un continente all'altro le immagini di un funerale che non si ricordava a memoria d'uomo.

L'aereo scelto per l'ultimo volo di Elisabetta II, dalla Scozia all'Inghilterra, era lo stesso usato dall'esercito per rimpatriare i corpi dei soldati caduti in missione all'estero. Un C-17 della Raf il cui nome in codice era «Kittyhawk» e che detiene tutt'ora il record di aereo più tracciato della storia. Durante i cinquanta minuti di volo, il sito Flight Radar registrò sei milioni di contatti. Era stata la regina in persona, capo delle forze armate britanniche, ad approvare il mezzo che avrebbe trasportato le sue spoglie nel caso fosse morta lontano dall'Inghilterra: «Se va bene per i miei ragazzi, va bene anche per me».

I flash per immortalare il momento e conservarlo come ricordo nella galleria dei cellulari, a migliaia, disegnarono un muro di luci intorno all'auto che trasportava Elisabetta II a Buckingham Palace, dove sarebbe rimasta l'ultima notte. Il feretro fu portato nella sala del trono, mentre fuori si preparavano le transenne per contenere il fiume di persone in arrivo nella capitale per rendere l'ultimo omaggio alla sovrana, l'indomani mattina, a Westminster Hall.

Mercoledì 14 settembre, il quinto giorno dalla morte di Elisabetta II, la bara sfilò per un chilometro seguita a piedi dalla famiglia reale, davanti alle lacrime dei sudditi venuti a omaggiare la sovrana e alle tv che seguivano a passo a passo il tragitto che avrebbe portato la sovrana da Buckingham Palace alla sala più antica del Parlamento, dove le persone avrebbero potuto renderle omaggio. Un onore tributato al re e a pochi altri. Per quattro giorni, ventiquattro ore su ventiquattro, duecentocinquantamila persone, celebrità e perfetti sconosciuti, aspettarono pazientemente il proprio turno in fila per salutare Elisabetta. I sedici chilometri di «the queue», la coda, furono fotografati perfino dallo spazio. Le ore d'attesa per arrivare al catafalco a Westminster Hall diventarono titolo di giornale.

È questo uno degli aspetti più eclatanti di un funerale durato undici giorni, costato centosessantadue milioni di sterline e seguito, secondo la BBC, da cinque miliardi di persone sulla Terra.

Ai turni di guardia alla salma, vegliata notte e giorno, parteciparono anche i nipoti, in divisa militare chi era o era stato soldato di Sua Maestà. A Harry, composto dietro al fratello William, insieme ai cugini per vegliare la nonna, fu concesso un permesso speciale, avendo lasciato, con la Gran Bretagna, anche i gradi militari conquistati sul campo.

Lunedì 19 settembre Londra, il Regno Unito, il mondo intero si prepararono a dire addio all'ultima vera grande regina.

La corona, l'ampolla e lo scettro, le insegne del potere temporale e di quello divino del sovrano, appoggiati sulla bara, accompagnarono l'ultimo viaggio dell'ultima regina. C'era una messa a Westminster e una messa a Windsor. E duemila invitati ad assistere al funerale.

I rappresentanti di centoventuno nazioni raggiunsero Londra per partecipare a esequie senza precedenti nella storia contemporanea. Diciannove re, quarantasei presidenti e venti primi ministri furono numeri che costrinsero il Foreign Office a adottare misure di sicurezza e diplomatiche straordinarie. Ma non c'era da aspettarsi niente di meno per una regina che con i record accumulati aveva scalato le piramidi della storia. Persino il *placement* nell'abbazia era diventato un tema sensibile. Fu deciso di dare la precedenza ai leader dei regni di Sua Maestà, nelle prime file, seguiti dalle nazioni del Commonwealth – l'associazione di cinquantasei Stati nata dalle ceneri dell'Impero britannico e al cui vertice c'è il re d'Inghilterra – e poi i capi di Stato del resto del mondo, seduti secondo l'ordine alfabetico del nome del Paese. Ed è così che il presidente degli Stati Uniti, Joe Biden, si ritrovò in quattordicesima fila, dietro a quello del Brasile Jair Bolsonaro e il primo ministro canadese Justin Trudeau.

C'era da rimanere senza fiato di fronte alla magnificenza, alla solennità, alla perfezione di quanto la Gran Bretagna riuscì a mettere in campo per dire addio alla sua regina.

Si tenne un'unica prova generale, quattro giorni prima del funerale, di notte, e in quell'occasione furono parecchi gli episodi che fecero temere il disastro in mondovisione. Per esempio, la parte anteriore del corteo, avanzando, si separava gradualmente dalla bara, e così gli organizzatori capirono che le reclute della Royal Navy che trasportavano l'affusto da due tonnellate avevano velocità di passo diverse dal resto della processione. «Sembrava una commedia degli errori» commentò il Sergente Maggiore della Guarnigione «Vern» Stokes, responsabile degli aspetti militari e cerimoniali del funerale, con il giornalista Robert Hardman che ne scrisse nel suo libro *Charles III: new king. new court*. E invece fu buona la prima!

Nel grande giorno, nessuno, tranne i protagonisti, si accorse di quel passo falso che rischiò di mandare all'aria la perfezione di quella marcia che sembrava una danza. Nella musica di sottofondo che accompagnava il corteo verso l'abbazia di Westminster, qualcuno saltò una nota. A quel punto Stokes, che guidava i passi, si girò verso il re e gli disse: «Maestà, siamo fuori tempo di marcia, adesso mi segua per favore».

Quasi seimila uomini delle forze armate e la famiglia reale declinata al maschile e per gradi militari, inclusa la principessa Anna, formavano il corteo che partiva dalla sala più antica del Parlamento, Westminster Hall con destinazione Westminster Abbey. La bara fu appoggiata su un affusto di cannone della Marina Militare forgiato nel 1896 per la Royal Horse Artillery, mai usato sui campi di battaglia ma solo per trasportare, prima di Elisabetta II, quattro re, una regina e perfino Winston Churchill, trascinato a braccia da centoquarantadue marinai della Royal Navy, e seguita da duecento fra suonatori di cornamuse e tamburini.

Fu uno spettacolo triste, sì, ma che spettacolo!

A questo omaggio funebre mancava ancora l'ultima tappa: l'amato castello di Windsor con la cappella di suo padre, Giorgio VI, dentro la chiesa di St George, dove erano già sepolti quattordici fra re e regine d'Inghilterra. E da quella sera una in più.

Negli anni, Elisabetta II sarà passata davanti al suo eterno riposo mille volte, nelle consuete visite domenicali, sapendo che il suo ultimo castello nel castello sarebbe stato proprio sotto quella pietra nella cappella del padre, il sovrano che ereditò un trono che non sarebbe dovuto toccare a lui. E, di conseguenza, neanche a lei.

Margaret e la regina consorte lo raggiunsero entrambe nel 2002, cinquant'anni dopo, e per settant'anni Albert, Giorgio VI, ha atteso là sotto il momento in cui la famiglia sarebbe tornata a essere «us four», noi quattro. In realtà, noi cinque. Quell'arrivederci di Elisabetta all'amato Filippo poco più di un anno prima, dentro la stessa chiesa per ritrovarsi poi nella stessa cripta, era una promessa d'eternità.

Ancora un fiore, ancora una lacrima, un cenno di saluto. Il viaggio di Elisabetta II è stato un tappeto di cordoglio nazionale incominciato in Scozia, in una bara di quercia rivestita di piombo, come tutte quelle reali della Gran Bretagna, fatta arrivare in fretta e furia da Londra, dove era già pronta da trent'anni, da quando Filippo aveva scelto personalmente un grande albero della campagna inglese per far confezionare due bare uguali, per quando sarebbe stato il momento. Una per lui e l'altra per Lilibet. Uniti nella morte dalle stesse radici.

God save the King

C'è tutta la magnificenza britannica nell'antico e solenne cerimoniale che scandisce l'incoronazione di un re d'Inghilterra, e lo spettacolo andato in scena il 6 maggio 2023 nell'abbazia di Westminster, a Londra, non ha certo fatto eccezione.

Un evento durante il quale si è fatto evidente il contrasto tra le liturgie secolari e la modernità di un mondo ormai alle soglie del metaverso, con un succedersi di rituali estranei al nostro tempo eppure eseguiti con la perfezione assoluta di un popolo che, nel suo dna, possiede il culto della tradizione.

Alle 12.02 ora di Londra, l'arcivescovo di Canterbury consacrò Carlo III con la corona di Sant'Edoardo, la corona dei re.

Le prime parole del nuovo sovrano furono: «Non sono qui per essere servito, ma per servire».

Servire i suoi sudditi. Era la stessa missione scelta dalla madre settant'anni prima, senza quell'aggiunta di «per tutta la vita».

L'importanza dei gesti, dei rituali, del momento stesso la si leggeva negli occhi del re, che scambiava spesso sguardi d'intesa con l'arcivescovo di Canterbury, il quale attendeva ogni volta un cenno del sovrano per procedere con la cerimonia. Carlo III fu il quarantesimo sovrano consacrato nell'abbazia di Westminster. Il primo era stato Guglielmo il Conquistatore nel 1066.

L'evento fu celebrato al cospetto di duemilatrecento persone, un centinaio delle quali erano capi di Stato e, per la prima volta nella storia, altre teste coronate, re e regine che mai prima di allora erano stati invitati all'incoronazione di un sovrano d'Inghilterra. I re, per tradizione, non celebrano gli altri re.

Carlo ha voluto porre fine a quell'usanza, mantenendo però inalterata una cerimonia le cui origini si perdono nella leggenda, e che si è evoluta con il passare dei secoli e delle mode per riflettere la società del proprio tempo. Così, re Carlo III ha preferito una cerimonia più inclusiva, più green e più snella: l'alto e il basso della società, il lungo e il corto degli abiti, le istituzioni e le associazioni, secondo un criterio di opportunità che convivono e si completano.

L'incoronazione è stata, a tutti gli effetti, il debutto sulla scena globale del *nouveau régime*. Il cambio di rotta significativo rispetto ai gloriosi festeggiamenti per l'incoronazione di sua madre fu rappresentato anche dal tragitto del corteo reale: quello di Elisabetta, terminata la funzione religiosa all'abbazia di Westminster, aveva sfilato per ben due ore per le strade di Londra lungo un percorso di otto chilometri prima di tornare a Buckingham Palace. Carlo III optò per un itinerario più breve, di due chilometri, lo stesso per andata e ritorno, che dopo essere sceso lungo il Mall toccò Trafalgar Square e attraversò Whitehall prima di raggiungere l'abbazia.

Alcune modifiche al cerimoniale sono state dettate anche da esigenze collegate all'età del nuovo sovrano, per esempio, la scelta della carrozza. La Gold State Coach, considerata la carrozza dei re, è la più importante tra quelle presenti nella collezione delle scuderie reali e dal 1831, con Guglielmo IV, viene utilizzata per le incoronazioni. Commissionata nel 1760, è realizzata in legno e oro zecchino e pesa quattro tonnellate. La sua fama la precede: «solenne ma scomodissima» è la leggenda che si tramanda di sovrano in sovrano. Elisabetta II definì «orribile» il tragitto nel giorno della sua incoronazione e un suo antenato raccontò che viaggiare su quella carrozza fosse paragonabile a navigare su una nave in mezzo a un mare in tempesta. Non esattamente l'ideale per il mal di schiena di re Carlo III che, nel rispetto della tradizione, ha limitato l'uso della Gold State Coach al solo percorso di ritorno verso il Palazzo, scegliendo, invece, per il tratto da Buckingham Palace verso l'abbazia di Westminster, la Diamond Jubilee State Coach offerta dall'Australia a Elisabetta II per il suo ottantesimo compleanno, e consegnata in occasione del Giubileo di Diamante nel 2012: dotata di ammortizzatori, aria condizionata e riscaldamento, è un mezzo di trasporto senz'altro più confortevole.

A dettare le linee guida della cerimonia d'incoronazione è il *Royal Book*, il libro scritto nel 1382 e custodito nell'abbazia di Westminster, e a sovrintendere a quella di Carlo III è stato il diciottesimo duca di Norfolk. Come già raccontato in precedenza, il suo titolo, il più antico del Paese, gli garantisce il privilegio di detenere la carica di conte maresciallo tra le cui competenze rientra l'organizzazione delle massime celebrazioni di Stato del regno, quelle in cui l'eccezionalità britannica brilla nel mondo: l'apertura del Parlamento, i funerali di Stato e l'incoronazione dei sovrani. Era stato suo nonno, il sedicesimo duca di Norfolk, a occuparsi di quella di Elisabetta II nel 1953. È toccato invece al diciottesimo seppellire una regina e incoronare un re.

Detiene, invece, la più antica carica ereditaria del Paese Lord Carrington, che con il regno di Carlo III è diventato Lord Gran Ciambellano del re, il cui ruolo consiste nel rappresentare il sovrano in Parlamento. Nel giorno dell'incoronazione, tra i suoi compiti rientrava quello di consegnare al re, durante la cerimonia nell'abbazia di Westminster, una delle regalie, gli speroni d'oro. Risalgono al 1661 per l'incoronazione di Carlo II e nella simbologia della funzione rappresentano il cavalierato.

La versione di monarchia «slim» voluta da re Carlo III si è notata anche attraverso i riti. La liturgia dell'incoronazione, che può vantare origini tanto antiche da essere paragonata solo alle celebrazioni d'intronizzazione dell'imperatore del Giappone e per rituali a quella del Papa, è stata ridotta a due ore rispetto alle tre che consacrarono la regina Elisabetta II.

Celebrata nell'abbazia di Westminster, nella quale vengono incoronati i re d'Inghilterra dal 1066, è rimasta immutata la suddivisione della cerimonia in sei parti: il riconoscimento, il giuramento, l'unzione, l'investitura, l'incoronazione e l'omaggio. Il giuramento è il vero e unico atto politico del re. Il sovrano si impegna a rispettare il Parlamento, a essere giusto e misericordioso e a salvaguardare la fede protestante. È il documento che definisce la natura stessa della monarchia britannica e dal 1688 è disciplinato dal Coronation Oath Act.

Le note di *Zadok the priest* di Handel precedono invece la fase più sacra della cerimonia, l'unzione. Le origini di questo rito risalgono al Vecchio Testamento e, come già avvenne per sua madre, il momento della consacrazione di Carlo III, con l'olio benedetto su capo e palmi delle mani, è stato precluso alle telecamere.

La corona di Sant'Edoardo posata dall'arcivescovo di Canterbury sul capo del re segna la fase più simbolica dell'incoronazione. Questa è l'unica volta in tutta la vita in cui il sovrano la indosserà pubblicamente. Fa parte dei gioielli della Corona custoditi nella Torre di Londra e, a dicembre del 2022, era stata trasferita in un luogo top secret per apportare le modifiche necessarie al nuovo re. Pesa più di due chili e si dice che Carlo III si sia esercitato a portarla, prima della cerimonia, camminando con la corona in testa nella sala da ballo di Buckingham Palace. Anche Elisabetta II utilizzò i corridoi di Palazzo per prepararsi al grande giorno.

Era dal 1937, con Giorgio VI e la consorte Elisabetta, nonni dell'attuale sovrano, che non veniva incoronato un re d'Inghilterra con la sua regina. Il rituale prevede l'unzione anche per lei, ma senza giuramento perché il ruolo non lo contempla. Con la corona della regina Mary, utilizzata per la sua incoronazione nel 1911, appoggiata sul capo di Camilla si è compiuto l'atto finale di una storia d'amore che aveva sfidato le fondamenta di Palazzo e fatto tremare la Corona stessa.

Ma l'attenzione era anche rivolta alla monarchia del futuro, rappresentata dai principi del Galles con Catherine che, impeccabile come sempre nel suo abito McQueen con un ricamo che omaggiava i simboli del Regno Unito, ha scelto di portare sulla testa, su richiesta del re, una coroncina di fiori e non la tradizionale tiara indossata dalle donne della famiglia reale. «Fiori», infatti, è stata la parola d'ordine tra le donne di casa Windsor. Anche la regina Camilla aveva un abito con ricami floreali creato dal suo stilista di fiducia, Bruce Oldfield, che con un tocco di fantasia ha aggiunto tra i disegni anche i due amatissimi cani della moglie di re Carlo: i jack russell Bluebell e Beth. Il vestito di Sophie, moglie del principe Edoardo e duchessa di Edimburgo, invece, era ispirato alle opere naturalistiche in ceramica dell'artista Rachel Dein.

Abbandonate le tiare, sono stati poi i mantelli dell'ordine cavalleresco della regina Vittoria, offerto come segno di riconoscenza per i servizi personali resi al sovrano, a contraddistinguere le donne «working royals» della famiglia reale. Gli uomini, invece, a cominciare dal principe del Galles, hanno indossato quelli dell'ordine della Giarrettiera, il più nobile e antico ordine cavalleresco del Paese.

Per quanto abituato alla vita di corte, perfino il piccolo George, paggetto del nonno re, guardava interessato e un po' spaesato tutto quello che capitava intorno a lui. «Tutto ciò un giorno sarà tuo» sembrava echeggiare dal banco della prima fila, dove sedeva il principe William, il padre erede.

Chi, poi, non avrebbe dato un soldino per un pensiero del principe Harry, che dalla terza fila osservava quel grande spettacolo reale al quale, tre anni prima, aveva voltato le spalle, e uno per un pensiero di Meghan che, questa volta, aveva potuto scegliere di rimanere in California con i figli Archie e Lilibet in modo da marcare, così facendo, ancora di più la distanza tra lei e la famiglia Windsor.

Tanto nell'abbazia andava in scena tutta la solennità

delle tradizioni della corona d'Inghilterra quanto per le strade del regno abbondavano feste e street parties che, come sempre, accompagnano ogni evento reale.

La Gran Bretagna, d'altronde, è il Paese che ha fatto delle tradizioni un'arte, dei cerimoniali una raffinata arma diplomatica e del costume uno straordinario volano pubblicitario. Nessuno come questa nazione sa vendere la propria storia e i propri simboli. Uno di questi è la pietanza principale scelta in occasione dell'incoronazione del sovrano: se per Elisabetta, nel 1953, fu il «coronation chicken», una ricetta facile da preparare e da servire fredda alle centinaia di ospiti invitati a Palazzo, per Carlo, nel 2023, è stata la «coronation quiche», una torta di spinaci, un piatto scelto perché ricalca i gusti del re e rispecchia la filosofia di questa incoronazione, all'insegna della condivisione. A conferma del tocco magico dei Windsor, è bastato l'annuncio di Buckingham Palace di quale sarebbe stato il «piatto simbolo» per far crescere nel regno gli acquisti di torte salate preconfezionate, tanto da farne aumentare il prezzo del 21% nei supermercati.

A Londra e in tutto il Regno Unito, stampati sulle tazze o impressi sui pasticcini, i volti dei Windsor rimbalzavano da uno scaffale all'altro. Questa volta, con l'incoronazione in calendario, il trono e la corona sono stati i gadget più gettonati.

Anche gli alberghi si sono attrezzati per partecipare al meglio al weekend di festeggiamenti. Un'incoronazione è per sempre, e lo sa bene l'hotel Dorchester di Londra, che per allestire la facciata in onore di Carlo III ha rispolverato le stesse decorazioni usate settant'anni prima per Elisabetta II.

Tanto i Windsor quanto il Paese intero hanno voluto,

ancora una volta, offrire il proprio volto migliore, per continuare a dare prova di quell'unità e di quello spirito di appartenenza che tutto il mondo ammira e che è alla base della forza stessa della nazione.

Per anni, probabilmente, l'incoronazione di Carlo III rimarrà l'ultima grande celebrazione, non essendoci all'orizzonte né matrimoni, né nascite, né giubilei reali. La famiglia Windsor lo sapeva bene, per questo ha voluto una cerimonia all'altezza, il più possibile inclusiva, senza dimenticare nessuno, o quasi: certo i nobili devono essersi risentiti, e non poco, per l'esiguo numero di posti riservato all'aristocrazia. Ma non si può accontentare tutti.

Come ha raccontato il duca di Norfolk, per contenere le spese della cerimonia, costata circa ottocentomila sterline, è stato deciso di non montare impalcature che avrebbero consentito di aggiungere sedute nell'abbazia. Una linea più economica, che però ha costretto il cerimoniale a rivedere al ribasso il numero degli invitati.

D'altronde, questa del risparmio è stata solo la prima delle sfide che attendono e preoccupano Carlo III che, con William al suo fianco, è chiamato a traghettare la monarchia attraverso la tempesta di revisionismo storico che mira a ridiscutere ogni gloria passata: i pochi posti riservati all'aristocrazia britannica, sacrificata sull'altare dell'inclusione, sono stati proprio un passo in questa direzione. Ecco perché, sul trono d'Inghilterra, adesso siede il re «low profile» di una monarchia snella.

L'affaccio dal balcone, come sempre, ha inaugurato la nuova era carolingia davanti a un mare di folla che, nonostante la pioggia incessante, scorreva tra le strade di una Londra imbandierata e vestita a festa.

L'era di re Carlo III

14 novembre 2024: terzo compleanno da re per Carlo III.

A settantasei anni il sovrano è ancora all'inizio del suo regno e nei suoi primi ventiquattro mesi sul trono ha mostrato un percorso che alterna la solennità del ruolo al basso profilo che più gli aggrada e che, secondo lui, è più in linea con il gradimento popolare. È una scelta rischiosa, questa, perché coincide con un momento storico di radicali cambiamenti nel panorama mondiale. Ma ciò che ha marcato di più il secondo anno di regno è stato l'annuncio della sua malattia. Il 5 febbraio 2024, infatti, un comunicato di Buckingham Palace ha rivelato che a re Carlo era stata diagnosticata una forma di cancro. Ecco la dichiarazione completa: «Durante il recente intervento ospedaliero del re per un ingrossamento benigno della prostata, è stato notato un altro particolare che ha destato preoccupazione.

Successivi esami diagnostici hanno individuato una forma di cancro.

Sua Maestà ha iniziato oggi un programma di trattamenti regolari, durante il quale i medici gli hanno consigliato di rinviare i suoi impegni pubblici.

Durante questo periodo, Sua Maestà continuerà a occuparsi degli affari di Stato e delle pratiche burocratiche ufficiali come di consueto.

Il re è grato alla sua équipe medica per il rapido intervento, reso possibile grazie al suo recente intervento ospedaliero.

Rimane totalmente ottimista riguardo al suo trattamento e non vede l'ora di tornare al pieno servizio pubblico il prima possibile.

Sua Maestà ha scelto di condividere la sua diagnosi per prevenire speculazioni e nella speranza che possa aiutare la comprensione pubblica per tutti coloro che in tutto il mondo sono affetti da cancro».

Questo comunicato stampa ha segnato una prima assoluta riguardo alle informazioni provenienti da Palazzo riguardanti la salute di Sua Maestà. Mai era stata resa pubblica in maniera così chiara una notizia sulla malattia di un re o di una regina.

È vero, non è specificato né il tipo di cancro, né lo stadio del male, ma, considerate le indicazioni nebulose che Buckingham Palace usa diffondere, questo annuncio segna un cambio di passo decisivo nella comunicazione riguardo i reali.

In quel momento si è anche teorizzato che dietro le motivazioni che avevano fatto uscire allo scoperto Buckingham Palace con questo bollettino ci fosse la preoccupazione per le effettive condizioni di salute della principessa del Galles, anche lei ricoverata nello stesso periodo e nello stesso ospedale del re per un intervento all'addome. Le speculazioni di quei giorni intorno alla salute di Catherine confermarono che era proprio così, i media avevano annusato la notizia dietro una notizia e avevano visto giusto. L'*annus horribilis* dei nuovi Windsor era appena incominciato.

Anche i sudditi fecero fatica a metabolizzare l'idea della vulnerabilità della famiglia reale, abituati com'erano alla forza granitica di Elisabetta II. Ma dopo i primi mesi travagliati in cui si è percepita perfino la sensazione di un regno allo sbando, con due figure apicali come Carlo e Catherine fuori gioco, William solo e spaesato, la regina Camilla in prima linea come mai prima di allora, Harry a rincorrere il sogno americano, solo il sorriso rassicurante del re è riuscito, infine, a diffondere tra i sudditi le certezze che mancavano, quando si è mostrato di nuovo in pubblico dopo un primo periodo di cure consigliato dai medici.

Nella sua missione ereditata dalla madre, Carlo III può sempre contare su Camilla, regina consorte e la più fedele degli alleati, sulla sorella Anna, principessa reale devota alla Corona, e soprattutto sul figlio William, il suo erede, che dal palco del castello di Windsor, il 7 maggio 2023, durante i festeggiamenti per l'incoronazione parlava così del padre: «Vorrei dire qualche parola a proposito di mio papà e del motivo per cui questo fine settimana è così importante. Come disse mia nonna nel 1953 "le incoronazioni sono una dichiarazione delle speranze per il futuro". E so che adesso ci sta guardando da lassù e sarebbe una madre molto orgogliosa».

Carlo è stato per tutta la vita il principe delle grandi speranze, arrivando a fare il re a settantatré anni suonati. Guardava sua madre Elisabetta II e imparava, preparandosi così ad assumere il ruolo a cui era predestinato dalla nascita.

Nato a Buckingham Palace il 14 novembre 1948, sarà l'ultimo re a farlo. Adesso, infatti, i re e le regine vengono alla luce in ospedale, come tutti i bambini del mondo. Un altro segno volto a normalizzare una posizione tuttavia esclusiva.

È cresciuto nel Palazzo quando Winston Churchill era il primo ministro di sua madre, era un ragazzino della Swinging London quando cantavano i Beatles, era lo scapolo d'oro del pianeta quando *Time magazine* gli dedicò la copertina nel 1978 e il principe dimenticato trentacinque anni dopo, quando battè il record di erede in attesa da più tempo.

In mezzo passano le mille sfumature di un «king in the making», un re in divenire, cresciuto tra blandizie e critiche, picchi di popolarità alternati a rovinose cadute, privilegi e scandali, doveri e ribellioni.

A iniziare come dovere e finire come ribellione fu senz'altro il matrimonio con Diana, sposata nel 1981 e da cui ha divorziato nel 1996. Il loro fu definito «il matrimonio del secolo», ma in realtà erano due estranei con personalità agli antipodi. Di tredici anni più giovane di Carlo, Lady Diana era cresciuta insieme ai figli più piccoli della regina Elisabetta. Per la famiglia reale era «one of us». Le incompatibilità emersero fin dalla luna di miele trascorsa a bordo del royal yatch Britannia. Le speranze del principe del Galles di condividere i suoi interessi con la moglie mal si conciliarono con l'apatia di Diana nei confronti di letteratura e pittura e, a sua volta, la forte attenzione dei media nei confronti della nuova principessa del

Galles indispettiva l'erede. L'arrivo di due figli, William e Harry, non migliorò la situazione.

Tanto nel matrimonio con Diana regnava l'infelicità, quanto nella frequentazione con Camilla Parker Bowles Carlo trovava la sua realizzazione. Sarebbe stato un triangolo destinato a far tremare le fondamenta del Palazzo stesso, causando una caduta in picchiata della popolarità della Corona. I problemi causati dal matrimonio reale riportavano alla mente gli affari di cuore del prozio Edoardo VIII con Wallis Simpson e fecero temere al regno di dover rivivere quella crisi costituzionale di settant'anni prima, quando il re scelse di abdicare per amore di una donna. Ma anche qui i tempi vennero in soccorso di Carlo: ci fu un divorzio, da Diana, una morte, di Diana, e un nuovo matrimonio, con Camilla, nel 2005. Tre shock che la nazione assorbì, nonostante l'eco mondiale che riuscirono a scatenare.

Camilla è la donna del destino di Carlo, ma non è la madre dell'erede al trono. E anche questo ha creato un inedito nella millenaria storia della Corona. Non solo un inedito, bensì una delle principali cause della frattura tra il re e i figli, William e Harry.

Il sostegno pubblico per Camilla Parker Bowles espresso dai ragazzi all'indomani della morte della madre, Lady Diana Spencer, era stato proprio uno degli *endorsement* più potenti, studiati apposta con il preciso intento di fare accettare ai sudditi la presenza di Camilla nella famiglia reale.

«Camilla è meravigliosa e rende nostro padre molto felice. William e io la amiamo molto.» Era il 2005 e il principe Harry, allora diciannovenne, parlava così della donna che rendeva felice suo padre e che aveva reso infelice sua madre. Altri tempi! Quasi vent'anni dopo sono state di tutt'altro tenore le dichiarazioni scritte nero su bianco nell'autobiografia *Spare. Il minore*, in cui Harry ha accusato Camilla di aver manovrato la stampa perfino contro William e lui stesso per ottenere una copertura mediatica a suo favore e riscuotere consensi tra la popolazione; in pratica, la accusò di averli venduti per trenta articoli sui giornali.

Dichiarazioni che hanno compromesso ancora di più la posizione di Harry che, da quando si è trasferito in America nel 2020 con la moglie Meghan Markle, non ha perso occasione per attaccare la famiglia e l'istituzione.

Ma non importa quanto si agitino i duchi di Sussex sotto il sole della California, re Carlo continua imperturbabile, nonostante la malattia, il suo viaggio di re della vecchia Inghilterra. Un mestiere iniziato l'8 settembre 2022 dopo la morte della madre, Elisabetta II.

In ventiquattro mesi di regno, re Carlo ha impresso il suo passo davanti alle sfide del mondo contemporaneo. Tra i temi più caldi da affrontare, che condivide con i suoi omologhi europei, c'è quello del passato imperialista e coloniale del suo Paese. A Nairobi, dove è volato a ottobre del 2023, re Carlo non si è scusato, ma si è detto dispiaciuto per il passato coloniale della Gran Bretagna: «Gli errori di un tempo sono causa di grande dolore e profondo rimpianto».

E nelle due visite di stato, in Kenya e in Francia, durante il pranzo ufficiale è stata l'assenza della tiara sulla testa della regina Camilla a farsi notare, inaugurando così il nuovo trend di una «regina borghese», decisamente in controtendenza rispetto al mondo e al modo di Elisabetta II. Tocca forse a Camilla, infatti, il compito più arduo: trovare la chiave per essere una regina accettabile dopo di lei, nella continuità e nella diversità.

In quell'occasione, nell'ottobre del 2023, per accompagnare il banchetto a Versailles per la prima visita di Stato in Francia di re Carlo III, il presidente Macron scelse un pregiato Chateau Mouton Rothschild del 2004. Era un tributo a Carlo III, il cui talento per la pittura ne ha fatto uno stimato artista, tanto che un suo acquarello illustrò l'etichetta proprio di quelle bottiglie di vino per celebrare i cento anni di *Entente Cordiale* tra Francia e Regno Unito.

Fu la vicinanza con la nonna, la regina Elisabetta, a influenzare le passioni del futuro re fin dall'infanzia. Teatro, arte e letteratura erano tutte discipline che usava condividere con lei, poi, una volta grande, ne fece una priorità.

Per uscire dall'ombra del trono della madre, nei suoi sessant'anni da principe del Galles, Carlo aveva tracciato il suo percorso in controtendenza, appassionandosi a tanti temi sociali, tra cui, soprattutto, quello della crisi climatica e della necessità di porre l'attenzione sul green. Un impegno che ha dimostrato anche in occasione dell'incoronazione, da considerarsi come il manifesto del suo regno.

Riciclare! È stata questa, in effetti, la parola d'ordine fin dall'inizio, a cominciare dai troni, riesumati dai magazzini reali, e dal mantello di nonno Giorgio VI dalle sartorie di Palazzo: era quello indossato da Carlo al momento dell'ingresso nell'abbazia di Westminster.

Una battaglia minima contro lo spreco ma dal forte impatto comunicativo per una cerimonia che voleva risparmiare, sì, mantenendo però intatta la solennità e la tradizione e costata, si stima, ottocentomila sterline.

L'incoronazione è stata, finora, l'evento più importante nell'agenda reale e tra pochi, selezionati invitati e tantissimi turisti, a Londra sono arrivate oltre due milioni di persone, per una capitale britannica totalmente sold out.

L'euforia che circonda Carlo III non conosce frontiere. William Blacker, scrittore e amico personale del re, presente tra i duemiladuecento invitati all'incoronazione, era con il sovrano in Romania per la sua prima vacanza da re, il mese successivo.

Lui e Carlo si conoscono dagli anni Novanta e condividono una grande passione per la Romania, o meglio, possiamo dire che è stato William Blacker a contagiare il re con l'amore per quel Paese ai tempi in cui Carlo era ancora principe del Galles. Era la fine del regime di Ceaucescu quando Blacker decise di lasciare la Gran Bretagna per la sconosciuta Romania. Era un Paese incontaminato in cui il tempo si era fermato secoli indietro e la magia della Transilvania lo conquistò immediatamente. Se ne innamorò a tal punto da raccontarlo in un libro che, attraverso valletti e segretari, arrivò sulla scrivania di Carlo. Il loro primo incontro avvenne a Highgrove, l'amatissima tenuta di campagna del principe, dove Blacker fu convocato all'ora del tè. Noto per le sue scelte non scontate, la frase di Carlo creò comunque scompiglio nello staff: «Voglio andare in Romania». Tra lo scetticismo generale, ci fu più di occhio alzato a guardare al cielo. Eppure, per il principe del Galles, quel viaggio fu un colpo di fulmine.

La Romania, dove possiede diverse proprietà e trascorre gran parte del tempo in mezzo alla natura, oltre che meta di vacanze è divenuta fonte di investimenti in opere benefiche e conservazione del territorio attraverso il Prince Trust, adesso diventato King Trust. William Blacker si occupa proprio di questo. Sottolinea spesso quanto sia importante godere del patrocinio del re e che Carlo III, nonostante la ragion di Stato, sovrintende direttamente ogni iniziativa. Proprio per l'impatto generato dalla sua presenza, non esita a offrire il suo volto alle cause a lui più care, come nel 2021, quando, ancora principe del Galles, partecipò al programma della BBC *The Repair Show*, il cui scopo è riuscire ad aggiustare vecchi oggetti difettosi o rotti. In un'epoca caratterizzata dall'usa e getta, Carlo, da sempre contrario allo spreco, ha voluto sottolineare l'importanza di lavori artigianali legati alla mano d'opera locale. Lui stesso, ancora erede al trono, attraverso le sue fondazioni offriva corsi proprio per ottenere questo tipo di specializzazione. Il banco di prova del programma furono due oggetti da mettere a posto della collezione di Dumfries House, in particolare un orologio risalente al Diciottesimo secolo e un vaso in porcellana creato per il Giubileo di Diamante della regina Vittoria. Il lavoro fu perfetto tanto che quando a Carlo fu mostrato il risultato finale esclamò: «È fantastico!»

Fin dalla gioventù l'attuale sovrano non ha esitato ad abbracciare posizioni scomode, infrangendo la sacra regola secondo cui la casa reale si tiene lontana dalla politica, per difendere i suoi ideali, tanto che nel 1984 si scagliò contro l'architettura moderna in un celebre discorso pronunciato durante le celebrazioni per il centocinquantesimo anniversario del Royal Institute of British Architect a Hampton Court. Con parole poco diplomatiche, definì il progetto dello studio Ahrends, Burton & Koraleck presentato per l'ampliamento della National Gallery come «un mostruoso foruncolo sulla faccia di un amico elegante e tanto amato». Nel 1989 la sua filosofia riguardo l'architettura divenne un libro, *Vision of Britain*, e nel 1993 si concretizzò con il progetto di Poundbury, il paesino di quattromila abitanti voluto da Carlo III e realizzato da Leon Krier, seguendo i suoi principi secondo i quali è l'architettura a doversi integrare con la natura e non viceversa. Le regole della comunità sono molto rigide, per esempio è vietato dipingere di un altro colore la propria facciata di casa senza aver ottenuto il consenso di Sua Altezza Reale. Il paesino si trova nel ducato di Cornovaglia, amministrato da William da quando è succeduto al padre come principe del Galles. Tuttavia, a trent'anni di distanza, il progetto rimane ancora un tema controverso, con i detrattori di Sua Maestà che vedono in Poundbury più un esercizio dell'ego di Carlo, che un'impresa realmente utile.

Nella vita da erede, per i suoi primi settant'anni, Carlo Windsor si è adagiato nella comoda ombra della madre permettendosi divagazioni, come quelle sopra raccontate, altrimenti impensabili.

Diventato re, nelle parole del discorso all'apertura del Parlamento, il 7 novembre 2023, ha citato Elisabetta II in un ideale passaggio di consegne. Già l'anno precedente aveva rappresentato la madre, ancora in vita, ma assente a causa delle condizioni di salute, nell'appuntamento più istituzionale del ruolo, per la monarchia costituzionale. L'ultimo discorso del re lo aveva tenuto suo nonno, Giorgio VI, nel 1950, poi la lunga epopea di Elisabetta

II e adesso toccava a lui, con un lungo passato alle spalle e un futuro incerto.

Attualmente, la popolarità di Carlo III è cresciuta al 60%, ma il suo primo anno di regno non è stato certo facile, segnato anche da lanci di uova e cori di scherno. «Non sei il mio re» era l'urlo antimonarchico che saliva dalla strada. Tuttavia, le proteste all'indirizzo del Palazzo hanno colpito nel segno, tanto è vero che re Carlo ha scelto di far camminare la monarchia più al passo con i tempi. Tempi che hanno visto perdere a mano a mano pezzi dell'impero.

Sotto il regno di sua madre è stato lui a rappresentare la Corona nei commiati più emblematici. A Hong Kong nel 1997 quando, dopo cento anni di protettorato britannico, l'isola fu restituita alla Cina con la promessa, naufragata, di un Paese e due sistemi. Dopo Hong Kong è stata la volta di Barbados, nel 2021, quando l'isola dei Caraibi scelse di diventare una repubblica. E lui con perfetto aplomb britannico pubblicamente sorrise e salutò la novità.

Lo definiscono elegante, esteta, viziato, maestro del riciclo, arrogante ma anche simpatico, pronto alla battuta, autoironico e spiritoso, come quando, a maggio del 2012, visitando gli studi televisivi della BBC, si improvvisò meteorologo per le previsioni del tempo.

Con quattrocentottantatré incontri lavorativi solo nel 2023, re Carlo negli ultimi anni ha conteso alla sorella, la principessa Anna, il titolo di «working royal» più attivo. Lei, infatti, ha chiuso l'anno con quattrocentocinquantatré impegni. Ma è stato soprattutto nel 2024 che Anna ha dimostrato il massimo supporto a quell'*Old Bean*, quel vecchio fagiolo, come chiama affettuosamente suo fratello. Dopo la diagnosi della malattia del sovrano che lo avrebbe costretto a rimanere lontano dal palcoscenico pubblico per qualche mese, lei ha tenuto fede alla sua fittissima agenda portando avanti il lavoro per la Corona.

Cresciuto alla scuola di Elisabetta II, secondo la quale «per essere credibile devo essere vista», nonostante la malattia, Carlo III non si è allontanato troppo dalla scena pubblica. Dopo l'annuncio del cancro, il ritorno tra i sudditi è avvenuto a due mesi di distanza, il 29 aprile, quando, accompagnato dalla regina Camilla, ha fatto visita a un reparto di malati oncologici. Allievo, anche in questo, di un'insuperabile maestra, ha scelto con cura gli accessori per il messaggio da mandare.

Sua madre usava le spille per lanciare comunicazioni subliminali, come quella verde speranza nei giorni bui del Covid-19 per infondere fiducia nei suoi sudditi, lui come mezzo ha scelto la cravatta. In quell'occasione, scelse di indossarne una Hermès con disegnati tanti piccoli T-Rex, il dinosauro resiliente a tutto tranne che ai cataclismi, per dire «io ci sono e ci sarò ancora».

E il 14 luglio 2024, cinque mesi dopo la diagnosi della malattia, Buckingham Palace annunciava il grande ritorno di re Carlo sul palcoscenico internazionale, con il viaggio in autunno dei sovrani in Australia e Samoa, dove dal 21 al 25 ottobre 2024 si è tenuto l'incontro tra i leader del Commonwealth.

Lady D, una candela nel vento

Pochi mesi prima di quel 31 agosto 1997, che avrebbe segnato un prima e un dopo per la Corona del Regno Unito, Lady Diana, la principessa del Galles fresca di divorzio da Carlo d'Inghilterra, si preparava a vivere la sua prima estate da sola. Libera e indipendente. Aveva trentasei anni ed era la donna più famosa, (in)seguita e fotografata del mondo.

Il suo matrimonio si era rivelato un disastro, eppure la favola avrebbe forse potuto funzionare se solo lei fosse stata meno ingenua e lui meno innamorato… di un'altra.

Per Carlo, l'erede al trono, la piccola Diana era una di famiglia, la sorella minore di un suo flirt, la figlia degli amici dei genitori. Insomma, era in casa da sempre. Per quello non l'aveva mai notata.

Finché un giorno, a diciassette anni, si fece notare lei, ad Althorp, la residenza dei conti Spencer di cui Diana era la terza figlia femmina. Con Sarah, la seconda, Carlo intratteneva una relazione che non dispiaceva a Palazzo. Ma Cupido aveva deciso diversamente: il principe, incoronato scapolo d'oro del pianeta, si avviava verso i trenta e il popolo pretendeva la sua principessa.

Estranea alle cronache mondane e ai gossip sentimentali, bella e di buona famiglia, Diana, di tredici anni più giovane, era la candidata ideale. In quel matrimonio per Sua Maestà, la regina Elisabetta, nulla sarebbe potuto andare storto.

Il battesimo con la stampa avvenne nel settembre del 1980, quando iniziarono a circolare insistentemente voci su un imminente fidanzamento dell'erede al trono. I tabloid volevano un volto, ma ebbero molto di più. Bastò una foto scattata casualmente in controluce, in cui Diana appariva con una gonna completamente trasparente che evidenziava le sue belle gambe affusolate, per proiettare la sua popolarità dalla Terra alla Luna.

Sarebbe stato solo l'inizio di quella Diana-mania che avrebbe segnato il successivo ventennio.

La ragazza destinata alla corona portò alla ribalta uno stile, più che altro, di vita: quello delle «Sloane Ranger», fenomeno culturale degli anni Ottanta che prese talmente piede da diventare perfino il titolo di un libro, *The Sloane Rangers Handbook*. Si trattava di uno studio antropologico e ironico sulla nuova «razza» di ragazze da marito dell'alta e media borghesia che si stava imponendo a Londra. Dalla classe sociale di appartenenza alle scuole frequentate, erano tanti i requisiti fondamentali per far parte di questa esclusiva categoria. Anche l'abbigliamento seguiva codici precisi: mocassini Gucci, foulard Hermès, gonna sotto il ginocchio, camicia, blazer e girocollo di perle. Nessun lusso da ostentare. Tutto questo era perfettamente rappresentato da Lady Diana Spencer, che divenne infatti la santa patrona delle Sloane Ranger.

Il 24 febbraio 1981 l'annuncio del fidanzamento ufficiale tra il principe Carlo e Lady Diana consacrò la nuova favola dei Windsor e il matrimonio, celebrato il 29 luglio dello stesso anno nella cattedrale di St Paul e seguito in mondovisione da settecentocinquanta milioni di telespettatori, ne sigillò la fine. Ecco perché tutte le fiabe terminano il giorno delle nozze, perché raccontare il dopo non è sempre facile. Spesso quel «vissero felici e contenti» è più un modo di dire che un dato di fatto, persino per le principesse, e Diana non fece eccezione.

La nascita dell'erede al trono, William, il 22 giugno 1982 e del fratello Harry due anni dopo alimentò l'entusiasmo popolare intorno alla famiglia dei principi del Galles.

In realtà, il privato della coppia più famosa del mondo traballava fin dal principio, fin dal giorno del fidanzamento. Fu la risposta di Carlo al giornalista che gli chiese se fossero innamorati a sconvolgere Diana. Quel «Qualsiasi cosa significhi essere innamorati» pronunciato dall'erede al trono non lasciava presagire nulla di buono. Diana non ci mise molto a scoprire la presenza fissa di un'altra donna nella vita di Carlo. Era Camilla Shand, conosciuta nel 1970 a Windsor durante una partita di polo, accompagnata da un curriculum poco adatto a una futura regina. Ma neanche le nozze di lei, nel 1973, con Andrew Parker Bowles, avevano fatto allontanare i due amanti.

Il 29 luglio 1981, il giorno del suo matrimonio, in mezzo ai tremilacinquecento invitati, era lei che Diana cercava con lo sguardo mentre percorreva la navata al braccio del padre, il conte Spencer, che la conduceva all'altare.

Ma Diana a quell'altare non ci sarebbe proprio voluta arrivare! Il giorno prima, per colpa di quel bracciale trovato in un cassetto con una F e una G incrociate, di Fred e Gladys, come i soprannomi di Carlo e Camilla, stava per far saltare tutto, ma la famiglia le venne in soccorso. «C'è già la tua faccia stampata su tutte le tazze del regno» è la frase con cui, secondo la leggenda, la sorella salvò il royal wedding.

Il corso della cerimonia non proseguì meglio. Con queste parole Diana pronunciò la sua promessa: «Io Diana, prendo te, Filippo Carlo Arturo Giorgio, come mio sposo...» L'errore di Diana di invertire il nome di Carlo con quello del principe Filippo, valse una battuta di Andrea, fratello minore del principe del Galles: «Hai appena sposato mio padre» le disse.

La ventata di freschezza portata dall'arrivo della principessa del Galles si trasformò ben presto in una tempesta su Buckingham Palace. Dopo un matrimonio infelice e travagliato, il 12 dicembre 1992 fu il primo ministro John Major a comunicare dalla Camera dei Comuni: «I principi del Galles hanno annunciato l'intenzione di separarsi». Fu l'evento che alzò l'asticella dello scontro tra marito e moglie. Divenne una battaglia mediatica, combattuta su tutti i fronti possibili, con Lady Diana, abile a manovrare la stampa perfino contro la monarchia, se necessario, in notevole vantaggio sul marito Carlo. Camilla fu presente dal primo all'ultimo giorno. «In quel matrimonio eravamo in tre» commentò Diana durante una famosa intervista, estortale con l'inganno da Martin Bashir della BBC nel 1995, che riassumeva perfettamente il suo inferno dietro gli stucchi del Palazzo.

Per salvare la Corona, fu la regina Elisabetta II in persona a ordinare il divorzio dell'erede al trono.

E così, dalle spoglie della principessa del Galles nacque la Principessa del Popolo, le cui debolezze divennero il manifesto reale alternativo. Libera, giovane, bella e impegnata nel sociale, Diana fece dell'aiuto agli ultimi del mondo una missione di vita, senza dimenticare di ricostruire sé stessa. Dopo gli anni della frustrazione e della solitudine, dentro un matrimonio e un ruolo che le andavano stretti, trovò la forza di reinventarsi diventando un'icona, anche di stile.

Ai suoi figli William e Harry insegnò a guardare oltre la vita dorata di Palazzo. Non bastava stringere mani e tagliare nastri. Dalla posizione privilegiata che occupavano potevano portare un aiuto concreto, come era decisa a fare lei. Imparò a sfruttare la sua popolarità per sbattere in faccia al mondo le ingiustizie delle Terra. Fu il primo membro della famiglia reale a inginocchiarsi per parlare a un bambino dalla stessa altezza; nel 1987 infranse tabù come stringere le mani ai malati di aids, oscurando anche nella beneficenza le attività dei Windsor. Le sue azioni nei luoghi caldi del pianeta sono state riprese ovunque, la campagna contro le mine antiuomo conquistò le prime pagine quanto i suoi nuovi amori, reali o presunti.

Sbagliò, e parecchio, anche lei, inanellando una serie di maldestri amanti che misero in evidenza il lato fragile di una principessa triste.

Fino all'arrivo di Dodi: per lui, Diana non fu semplicemente una splendida conquista. Per tutti gli Al Fayed, discussi miliardari egiziani cui la Gran Bretagna aveva negato la cittadinanza, la presenza della principessa al loro fianco significava il riscatto di una vita.

Nel luglio del 1997 Dodi e Diana vennero fotografati insieme per la prima volta. Non si conoscevano. Lei, l'11 di quel mese, era andata ospite nella villa di St Tropez, Castel Sainte-Thérèse, di proprietà del padre di Dodi, Mohamed Al Fayed, self-made man a capo di un impero che andava dal mitico Ritz di Parigi ai grandi magazzini Harrods di Londra, passando per possedimenti immobiliari che celavano affari meno trasparenti, da tempo inviso alla Casa Reale inglese.

Dopo il divorzio nel 1996 dall'erede al trono d'Inghilterra, i tabloid non davano tregua alla principessa, che per questo non rifiutò l'invito di Mohamed di trascorrere una settimana nella comoda e protettissima villa sulla spiaggia di Pamplonne con discesa al mare privata, insieme ai giovani William e Harry.

Nel Regno Unito, intanto, il principe Carlo era pronto a festeggiare, il 18 luglio, il cinquantesimo compleanno di Camilla. L'evento in onore della donna ritenuta la causa dell'infelicità della principessa del Galles era considerato clamoroso, e Diana, per non rischiare di essere messa in ombra sui giornali, sfruttò i fotografi ormeggiati di fronte alla villa francese servendo loro su un vassoio d'argento lo show di lei in moto d'acqua con i figli. Era diventata più abile della stampa nell'usare e farsi usare.

Ma mentre Diana escogitava nuove azioni di disturbo contro il Palazzo, alle sue spalle Mohamed Al Fayed tesseva la rete per farla incontrare con suo figlio.

Dodi fu convocato nella villa mentre si trovava in vacanza in Costa Azzurra su uno yacht del padre con la fidanzata di turno, la modella americana Kelly Fischer.

Era una storia come tante, al tramonto, mentre un nuovo sole stava per sorgere.

La stampa non aspettava altro. Sesso, soldi e successo,

le tre S della ricetta alchemica perfetta per trasformare una notizia in un capolavoro; c'erano tutte e la favola era servita.

In realtà, pare che il cuore di Diana palpitasse ancora per il cardiochirurgo di origine pachistana Hasnat Khan, segretamente legato a lei da due anni. La storia era finita poche settimane prima, ma aveva lasciato il segno.

Così l'estate della principessa del Galles, complice la stampa, centrò il doppio obiettivo di oscurare le attività della famiglia reale e, probabilmente, di far ingelosire il suo medico rimasto a Londra.

Ma in quei giorni un altro evento era destinato a coinvolgere emotivamente la principessa: l'assassinio a Miami del suo amico Gianni Versace.

Il 22 luglio del 1997, Diana arrivò al Duomo di Milano per dare l'ultimo saluto all'amico, cui doveva gran parte del merito della sua trasformazione da crisalide a farfalla. Il fratello dello stilista, Santo Versace, ricorda ancora la dolcezza usata nei suoi confronti dalla principessa del Galles quando la accolse in via del Gesù prima della funzione religiosa, dove la famiglia aveva ospitato gli amici più intimi di Gianni.

Poi, il 31 luglio, sbarcò in Sardegna da sola per trascorrere una settimana di vacanze a bordo dello Jonikal con Dodi. Chi poteva immaginare che mancasse un mese esatto alla fine di entrambi.

Il 10 agosto, la foto di Dodi e Diana che si baciano a bordo dello yacht finì sulla prima pagina del *Sunday Mirror*. Era l'immagine che i giornali aspettavano da quando la principessa del Galles era stata avvistata con il miliardario egiziano nel sud della Francia. Lo scoop di Mario Brenna fu venduto in esclusiva mondiale al tabloid britannico per duecentocinquantamila sterline, settecentoventi milioni di vecchie lire.

Nella foto la principessa del Galles, di spalle con un costume intero rosa a fiori, abbraccia Dodi, in pantaloncini bianchi e occhiali da sole, che la bacia.

Per l'establishment britannico fu un colpo durissimo. Ai royal correspondents sembrava più un film horror che un romanzo rosa, ma ormai si era scatenata la Diana&Dodi-mania e le maggiori testate offrivano cifre da capogiro per immagini sempre nuove della coppia dell'anno. I giornali si tuffarono a capofitto nella vita dorata di Dodi Al Fayed, il cui nome brillava negli ambienti più esclusivi ma poco nelle cronache mondane.

Nonostante i quarant'anni passati, per gli amici Dodi era «il ragazzo». Il soprannome gli fu affibbiato per i suoi atteggiamenti e lo stile di vita. Sebbene generoso e attento, era anche molto impulsivo, a tratti insensibile, ma soprattutto viziato e desideroso di attenzioni.

Nato il 15 aprile 1955 ad Alessandria d'Egitto, era l'unico figlio di Mohamed Al Fayed e della sua prima moglie Samira Khashoggi, sorella di quell'Adnan Khashoggi che sarebbe diventato, negli anni successivi, il multimiliardario trafficante d'armi conosciuto perfino dalle cronache mondane. Quando i genitori divorziarono nel 1959, Dodi fu affidato al padre, ma furono soprattutto i domestici a occuparsi di lui, mentre Al Fayed girava il mondo per i suoi viaggi d'affari. Era stato un bambino estremamente ricco, ricoperto di giocattoli, ma molto solo. A tredici anni suo padre lo iscrisse a Le Rosey, l'esclusivo collegio svizzero più famoso per il trimestre sulle piste da sci di Gstaad che per i risultati accademici degli studenti. A quindici, si dice che Mohammed Al Fayed lo sistemò in un appartamento al 60 di Park Lane a Londra, in un palazzo di sua proprietà, con Rolls-Royce e servitù a disposizione. A diciannove, infine, arrivò il momento dell'accademia militare di Sandhurst, quella dei re. Ma fu la vita notturna della capitale la vera passione di Dodi. Erano gli anni Ottanta, Reagan era alla Casa Bianca, la Thatcher a Downing Street, il mondo infondeva ottimismo e lo sfarzo era celebrato come stile di vita. Dodi si calò perfettamente nella parte. D'altronde, come racconteranno alcuni amici, la sua vita sembrava quella del protagonista di un film, splendida e brillante. Divideva il tempo tra le proprietà di famiglia, da Londra a St Tropez, passando per Parigi e Gstaad, allungandosi fino agli Stati Uniti. Lì i suoi pied-à-terre erano a cinque stelle: per la Costa Est il Pierre di New York e per quella Ovest il Beverly Hills di Los Angeles. Frequentava pochi indirizzi, ma quelli giusti. Cohiba in mano e vodka Stolichnaya nel bicchiere, era facile incontrarlo ai tavoli del The Ivy a LA e a quelli di Annabels o del Tramp a Londra.

Contemporaneamente, iniziò la sua carriera da playboy. Grazie alle produzioni cinematografiche del padre, Hollywood divenne il terreno di caccia preferito. Il suo carnet di conquiste vantava attrici come Ali MacGraw, Brooke Shields, Mimi Rogers, Winona Ryder, modelle e *socialite*, perfino la nipote di Winston Churchill. Non avendo mai raggiunto alcun brillante risultato professionale, lo definivano le donne con cui si accompagnava: più erano belle e famose meglio era.

Finanziariamente, anche da adulto, rimaneva completamente dipendente dal padre, con una «paghetta» da centomila dollari al mese e, mentre le foto con la principessa del Galles diventavano l'argomento dell'estate, la stampa scopriva che negli anni Dodi aveva accumulato una fila di debiti lunga quanto quella delle sue amanti. Manie di grandezza che nel 1994 lo portarono a una causa con l'American Express per non aver saldato spese per centosedicimila dollari. Si aggiunsero, mesi dopo, debiti per altre centinaia di migliaia di dollari, tra tasse e affitti. Anche negli hobby emergeva il lato infantile che gli valse il soprannome di «ragazzo»: cappellini da baseball e memorabilia militari erano per lui una vera ossessione. Leggeva poco e soprattutto non esprimeva mai opinioni. Gli amici ricordano che sui giornali le uniche pagine che catturavano la sua attenzione erano quelle delle cronache mondane. Ciò che succedeva al di fuori, nel mondo, non lo interessava per niente, a meno che non lo riguardasse da vicino.

I soldi erano l'unico modo che Dodi conoscesse per splendere, e per questo erano il mezzo di cui si serviva anche per dimostrare e conquistare l'affetto degli altri. A proposito dei suoi costosi regali, Diana avrebbe confidato: «Non mi fanno sentire a mio agio. Non voglio essere comprata. Cerco qualcuno che si occupi di me, che mi faccia sentire al sicuro». Ma i soldi erano l'unico mezzo che Dodi conoscesse per splendere.

Venerdì 8 agosto 1997, il viaggio di Diana in Bosnia per sensibilizzare l'opinione pubblica sul problema delle mine antiuomo registrò il tutto esaurito di giornalisti. Ma più che la beneficenza, ad attirare ben centosei inviati al seguito era stata la love story dell'estate.

Intanto, dall'altra parte del mondo, a Los Angeles, il 14 agosto Kelly Fisher, la modella americana scaricata da Dodi con l'arrivo di Diana, convocava una conferenza stampa. Si presentò in lacrime, con il cuore a pezzi, chiedendo una vendetta in dollari. Per lei parlò il suo avvocato, Gloria Allred, che annunciò di voler citare in giudizio Dodi.

L'ultima mattina della sua vita, il 30 agosto, Diana si svegliò a bordo dello Jonikal, prima di salire con Dodi sull'aereo privato che da Olbia li avrebbe portati a Parigi, dove ad attenderli era schierato un esercito di paparazzi francesi, categoria evoluta e assai più incombente di quella italiana.

Il rosario delle «ultime volte» era iniziato.

Per Dodi e Diana la destinazione era il Ritz, hotel della famiglia Al-Fayed. Dentro, a disposizione, la camera 101, la Suite Imperiale: 218 mq di privacy totale; fuori i paparazzi, sempre in agguato. Ma Dodi attraversò lo stesso in macchina Place Vendôme, destinazione la gioielleria Repossi. Voleva un anello per Diana, mentre lei dalla suite faceva l'ultima telefonata ai figli a Balmoral: «Ci vediamo domani!» Non sarebbe stato così. Dopo la cena servita in camera, l'intenzione era di andare a casa di Dodi in Rue Arsène Houssaye. Un percorso di neanche quattro chilometri. Fuori dal Ritz, ai paparazzi si era aggiunta una folla di curiosi.

L'auto era pronta sul retro dell'hotel e l'autista, che aveva bevuto parecchio, optò per il Lungo Senna.

Alle 00.23, quattro minuti dopo aver lasciato l'hotel, gli amanti imboccavano il tunnel sotto il ponte dell'Alma. L'appuntamento con il destino era contro il pilone numero tredici.

Alle 00.54, un flash dell'agenzia Press Association irrompeva nelle redazioni con notizie da Parigi. Le prime immagini dello schianto arrivarono solo tre ore dopo.

Dodi e l'autista morirono sul colpo, per Diana, trasportata alla Pitié-Salpêtrière, si tentò un intervento disperato, ma non ci fu nulla da fare.

L'ospedale divenne il quartier generale di stampa e istituzioni e, alle 5.55, la principessa del Galles fu dichiarata morta.

La favola era finita, un tornado stava per abbattersi sulla Gran Bretagna. Ma la regina Elisabetta, in linea con il suo rigore, anche quella domenica mattina decise di proseguire con i rituali. Un convoglio di tre macchine, puntuale alle 11.25, lasciò Balmoral per dirigersi verso la Crathie Kirk, la piccola chiesa abitualmente frequentata dai Windsor. Da tutti i pulpiti del Paese fu ricordata Diana, tranne che nella loro cappella. La distanza tra Balmoral e Londra appariva siderale, in tutti i sensi.

Era ormai un lutto globale; il mondo voleva essere consolato e pretendeva compassione dall'unica persona che non era disposta a concederla: la regina.

L'erede al trono ottenne il permesso della sovrana per raggiungere la capitale francese, dove trovò il presidente Chirac ad accoglierlo all'ingresso dell'ospedale. Per l'ultimo volo i principi del Galles erano insieme. Alle 19 il feretro toccava il suolo britannico, davanti a diciannove milioni di persone sintonizzate in diretta tv. Lady D era tornata a casa.

I fatti che seguirono sarebbero diventati una lunga diretta televisiva, una serie di libri e persino di film.

In meno di ventiquattro ore, divenne evidente che la

morte della principessa del Galles non era un affare privato, né della famiglia Spencer, né della famiglia Windsor, ma un affare di Stato.

In quel solco che si stava aprendo tra la Corona, accusata di aver bistrattato la principessa, e i sudditi che l'amavano, si insinuò abilmente Tony Blair, il quarantaquattrenne neo premier labourista, smanioso di imprimere un nuovo corso alla storia. «She was the people princess» disse, era la Principessa del Popolo, battezzando così la formula con cui ancora oggi è universalmente ricordata Lady Diana.

A St James Palace, ormai, si contavano quarantatré faldoni di condoglianze. Era lì, in quella che era stata la residenza ufficiale dei re d'Inghilterra fino al 1840, che il feretro di Diana riposava da quando era stato riportato in patria.

Si percepiva un non so che di apocalittico nell'aria, come se dopo la morte di Lady D niente potesse essere più come prima. L'assenza della bandiera a mezz'asta su Buckingham Palace divenne il simbolo tangibile di questa crisi in atto. Il popolo e l'opinione pubblica pretendevano un gesto senza precedenti nella storia della Corona: fino ad allora, solo lo stendardo reale veniva issato sulla residenza ufficiale della regina, ed esclusivamente quando Sua Maestà si trovava in casa. In sua assenza nessun'altra bandiera sventolava sul Palazzo. Lo stendardo reale può essere issato o ammainato, ma mai a mezz'asta, nemmeno dopo la morte di un re, perché c'è sempre un sovrano sul trono d'Inghilterra.

La frattura tra la regina e il suo popolo sembrava insanabile.

Fu necessaria la mediazione di Tony Blair per far piegare Sua Maestà alla volontà dei sudditi.

«L'operazione empatia» ebbe inizio in Scozia, dove il 5 settembre i cancelli di Balmoral, ormai ricoperti ai lati dai mazzi di fiori lasciati in omaggio, si aprirono per mostrare al mondo i Windsor nei giorni del lutto. Dopo la messa nella Crathie Kirck, sulla collina di fronte al castello, la regina Elisabetta, con il figlio Carlo, i nipoti William e Harry e altri membri della famiglia reale si fecero vedere per la prima volta dal 31 agosto. Con la manina avvolta in quella del papà Carlo, Harry si abbassò per leggere alcuni biglietti che spiccavano in mezzo a quel tappeto di fiori. In quella tragica settimana del 1997, quella era esattamente l'immagine che l'opinione pubblica desiderava, e Sua Maestà fu costretta a cedere per la ragion di Stato.

Furono i due piccoli principi a pagare il prezzo più alto e, tra tutti, fu il nonno Filippo, tanto severo con la nuora Diana, a chiedere a William se se la sentisse di camminare dietro la bara. «Se cammino, cammini con me?» gli chiese.

Il pomeriggio del 5 settembre tutte le telecamere del mondo erano puntate su Londra. La regina Elisabetta sarebbe tornata nella capitale e alle 6 di sera avrebbe parlato alla nazione. C'era una domanda che intanto rimbalzava da una televisione all'altra: «Come sarà accolta Sua Maestà?»

Alle 16.30, davanti ai cancelli di Buckingham Palace, arrivò la risposta. La sola presenza della regina tra i suoi sudditi bastò per annullare l'ostilità dei giorni passati. Accompagnata dal marito, si fermò di fronte alla distesa di fiori deposti e al popolo davanti a Buckingham Palace per offrire la sua presenza e alle 18, dalla Chinese Drawing Room, il salone con affaccio sul Mall diventato un fiume di persone, parlò alla nazione in diretta televisiva. «Quello che ho da dirvi, ve lo dico come vostra regina e come nonna...» furono le parole che aprirono il suo discorso. Era la seconda volta nei suoi quarantacinque anni di regno che la sovrana si rivolgeva al popolo, oltre al tradizionale messaggio di Natale.

Il funerale che si celebrò il 6 settembre fu un evento senza precedenti, vista la complessa posizione sociale ricoperta da Diana, ex moglie dell'erede al trono d'Inghilterra, ma non più Altezza Reale in conseguenza del divorzio, e tuttavia uno dei personaggi più popolari del pianeta. Serviva dunque la massima attenzione nel pianificare ogni dettaglio. Fu deciso, allora, che il suo funerale sarebbe stato ispirato a quello previsto per la regina madre, il Tay Bridge.

Con un'opinione pubblica sempre più critica nei confronti dei Windsor, nessun errore poteva essere commesso.

Su Buckingham Palace venne issata la bandiera a mezz'asta, come chiesto dai sudditi, ma era la Union Jack, il vessillo del Regno Unito, e non quello della regina Elisabetta. Il fatto che ancora oggi, quando il sovrano è assente, sul Palazzo sventoli la Union Jack, lo si deve proprio a Diana.

All'alba del D-Day, le strade di Londra erano disseminate di tende e sacchi a pelo di persone arrivate da ogni dove: avevano trascorso la notte accampate al freddo per non perdere il posto in prima fila. La BBC si preparava a iniziare la lunga ed emozionante maratona televisiva che sarebbe iniziata alle 8.30 del mattino. Con centoquaranta telecamere, avrebbe diffuso le immagini in oltre quattrocento Paesi. Nonostante il milione di persone, l'unico rumore che si sentiva era quello dei passi.

Lo spazio aereo sulla città era stato chiuso per il tempo del funerale.

Tutto era pronto per l'ultimo saluto della principessa al suo popolo.

Alle 9.08 il feretro di Diana, su un affusto di cannone avvolto nello stendardo reale, lasciò Kensington Palace. Tra i colori spiccava il bianco dei fiori deposti sulla bara, i gigli della famiglia Spencer, trentasei narcisi come i suoi anni e una composizione di rose con il bigliettino «Mummy» scelta dai suoi ragazzi.

Alle 10.20 il corteo arrivò a Buckingham Palace e all'altezza della Porta Ovest trovò schierata in strada la famiglia reale vestita a lutto per il passaggio della bara. La regina Elisabetta abbassò il capo in segno di rispetto, un cenno atteso da due miliardi di telespettatori.

La processione durò un'ora e quarantasette minuti. Alle 11 in punto fu lo scoccare del Big Ben a segnare l'inizio della cerimonia a cui parteciparono in duemila.

Candle in the wind, cantata e suonata dall'amico Elton John, un riadattamento della canzone scritta nel 1973 e dedicata a Marilyn Monroe, divenne la colonna sonora di quella giornata e il singolo più venduto di tutti i tempi. «Arrivederci rosa d'Inghilterra, hai vissuto come una candela nel vento» è l'ultima metafora della Principessa del Popolo, che per il suo sonno eterno tornò alla casa di famiglia, ad Althorp.

Carlo e Camilla, un amore senza tempo

Ci sono storie d'amore impossibili dagli esiti imprevedibili. Quella di Carlo e Camilla è la storia impossibile per la quale nessuno, ma proprio nessuno, avrebbe previsto un finale tanto inaspettato. Neanche loro stessi.

Ci sono due fotografie simili che ritraggono gli stessi protagonisti, seduti in macchina una accanto all'altro, a quarantanove anni di distanza: una immortala due amanti, l'altra ci mostra un marito e una moglie.

Era il 13 febbraio 1975 quando lei, neosposa di Andrew Parker Bowles, era apparsa nella notte londinese su quell'auto al fianco del principe Carlo, l'erede al trono di casa Windsor, dopo aver trascorso una serata a teatro. Erano già amanti e, tuttavia, il problema era solo di Camilla, perché lui era ancora lo scapolo d'oro d'Inghilterra. Il principe del Galles aveva ventisei anni e il veto di Palazzo su quella donna che sedeva al suo fianco, quella che sarebbe diventata la donna della sua vita. Basi non proprio solide per una storia d'amore che causò uno dei maggiori scandali della corona del Regno Unito, in grado di far tremare perfino il trono di Elisabetta II.

Nata il 17 luglio 1947, Camilla era la prima dei tre figli di Bruce Shand e Rosalind Cubitt, che contavano ottime frequentazioni nell'alta società britannica. Sposati nel 1946, il valore del padre di Camilla glielo si leggeva sul petto pluridecorato da eroe di guerra, ma era il ramo materno a garantire quel lasciapassare sociale che nel regno non trascende la classe di appartenenza. Sua madre era una Cubitt, discendente di quel Thomas Cubitt, architetto, che, tra i tanti riconoscimenti, nella capitale progettò lo sviluppo del quartiere di Belgravia destinato a diventare l'epicentro della vita mondana di Londra. Nel 1939, l'ultima stagione di pace prima dello scoppio della Seconda guerra mondiale, le cronache riportano di un trionfo in società della signorina Rosalind, la mamma di Camilla, che fu eletta debuttante dell'anno dopo il ballo in suo onore cui parteciparono anche re Giorgio VI e la moglie, la regina Elisabetta, i nonni di Carlo.

Il debutto della figlia Camilla, nel 1965, non fu altrettanto fastoso, ma segnò l'inizio del suo fitto calendario mondano. Cresciuta nella campagna inglese, con un passaggio in Svizzera in una tipica scuola per signorine della buona società specializzata in economia domestica, Camilla, a diciassette anni, grazie alla sua forte personalità e allo spiccato senso dell'umorismo, divenne ben presto una delle protagoniste della vita sociale di Londra. Il successo con i ragazzi arrivò di conseguenza.

Tramite il padre conobbe Andrew Parker Bowles, un ufficiale dell'esercito britannico, il cui successo nelle imprese militari faceva a gara con quello riscosso in ambito amoroso, e l'ottima introduzione presso la famiglia reale inglese ne facevano un eccellente partito, uno degli scapoli più ambiti tra le ragazze in età da marito. Era stato paggetto all'incoronazione di Elisabetta II nel 1953 e adesso giocava nella stessa squadra di polo del principe Carlo, una passione che il figlio della regina aveva ereditato dal padre Filippo.

La relazione tra Parker Bowles e Camilla trasformò la ragazza in un'habitué delle competizioni di polo, anche se lei non era l'unica presenza femminile al fianco di Andrew.

Questa è la cornice in cui iniziò la frequentazione di Camilla con l'erede al trono del Regno Unito.

È la primavera del 1970 quando il principe Carlo, il ventunenne scapolo più ambito del pianeta, conosce durante una partita di polo a Windsor Camilla Shand, di un anno più grande, tanto sfrontata e magnetica quanto lui timido e insicuro. Sarebbe stata la spavalderia con cui esordì: «La mia trisnonna Alice Keppel era amante del tuo trisnonno, re Edoardo VII. Abbiamo qualcosa in comune» a conquistare l'erede al trono d'Inghilterra. O almeno, così racconta la leggenda.

Un'altra, invece, narra che sarebbe stata un'amica in comune a presentare Carlo e Camilla nell'estate del 1972 durante i sei mesi di licenza dalla Royal Navy del figlio di Elisabetta II.

Al mistero sul loro primo, vero incontro segue la certezza di una passione senza confini.

Lui in lei trovò non solo una compagna di divertimenti, ma una persona in grado di offrirgli quella comprensione e quel conforto che gli erano sempre mancati.

Forse, in lei sentiva quel sostegno che aveva conosciuto solo con la nonna, la regina madre, il rifugio dorato di Carlo fin dalla nascita. Affettuosa e disponibile, ricoprì il nipote di quelle attenzioni che la ragion di Stato non permetteva alla madre.

«È stata la miglior nonna che si potesse desiderare, la adoravo fin da piccolo. Nelle sue case c'era sempre un'atmosfera accogliente e divertente» disse di lei quando morì nel 2002, a centouno anni.

Invece, Carlo aveva solo tre anni nella notte in cui, il 6 febbraio 1952, il nonno re Giorgio VI moriva all'improvviso a Sandringham, e sua madre, la principessa Elisabetta, a venticinque diventava regina d'Inghilterra.

Primo in linea di successione al trono, Carlo fu l'unico bambino del regno a ricevere un invito personalizzato per l'incoronazione della madre l'anno successivo. Partecipò nel coro dell'abbazia di Westminster, seduto tra la nonna e la zia, la principessa Margaret.

È nel suo animo di bambino sensibile che sono forgiate le passioni di oggi di re Carlo III. Fu la nonna ad avvicinarlo alla musica e alla letteratura, ma è stato il padre, il principe Filippo, a introdurlo alle tematiche ambientali. È a lui che Carlo guardava come un eroe: bello, alto, biondo e vincente, un leader nato. Tanto brillava Filippo, tanto pretendeva facesse lo stesso il suo primo figlio maschio. Per forgiare il carattere del ragazzo, Filippo insistette per mandarlo nel suo stesso collegio maschile, il Gordonstoun School in Scozia, in cui Filippo era stato una leggenda. Ma il carattere di Carlo mal si addiceva ai durissimi metodi educativi della scuola.

Dotato di poco spirito competitivo, per sfuggire agli scontri, anche fisici, con gli altri alunni, si rifugiava sempre più spesso nei libri. Così Shakespeare divenne il miglior compagno di studi possibile. La scelta di quell'istituto ne fece un bambino infelice; tuttavia, alcune delle peculiarità di Gordonstoun fanno tutt'oggi parte della routine di Carlo: per esempio, quella di iniziare la giornata con una doccia ghiacciata.

Nel 1958, quando aveva dieci anni, Carlo fu insignito del titolo di principe del Galles, ma l'investitura ufficiale avvenne solo nel 1969 al castello di Caernavon, nel Galles, poco prima del suo ventunesimo compleanno. Così decise sua madre, perché il giovane potesse comprendere a pieno il significato di quel titolo. Risale al 1301 e fu creato da re Edoardo I che, a seguito della conquista del Galles, per rendere meno ostile la popolazione di quella terra nei confronti dell'Inghilterra, decise di insignire così l'erede al trono, in questo caso suo figlio, il futuro Edoardo II. Durante i suoi studi a Cambridge, il principe Carlo trascorse dieci settimane in Galles all'università di Aberystwyth, dove si impegnò nello studio della lingua per farsi trovare preparato all'appuntamento.

Tutto questo percorso si svolgeva sotto gli occhi dello zio paterno Louis Mountbatten, lo stratega della vita sentimentale della madre, e anche della sua. L'erede era maggiorenne e l'Inghilterra aspettava una principessa del Galles. Si moltiplicavano le donne fotografate al suo fianco. Tra le candidate spiccava Jane Wellesley, di tre anni più giovane del principe, figlia dell'ottavo duca di Wellington, discendente dell'eroe della battaglia di Waterloo, artefice della sconfitta di Napoleone Bonaparte. Ma era su Amanda Knatchbull che puntava Lord Mountbatten. Se fosse riuscito a sistemare sua nipote con l'erede al trono d'Inghilterra, sarebbe stato l'autore non di uno, ma di due matrimoni reali.

È con queste premesse che avviene l'incontro di Carlo con Camilla. E all'immediata attrazione iniziale subentrano presto gli ostacoli: oltre alla frequentazione di Camilla con Andrew Parker Bowles, si aggiungono pressioni esterne per il curriculum poco adatto della ragazza per diventare la moglie del futuro re d'Inghilterra: troppo popolare tra i ragazzi e senza sangue blu.

Nel giro di sei mesi, Carlo riprende servizio alla Royal Navy, questa volta dispiegato nei Caraibi, e Camilla accetta la proposta di matrimonio di Andrew Parker Bowles, con cui si sposerà il 4 luglio 1973. Il principe è proprio ai Caraibi, ospite degli zii Mountbatten, quando viene informato della notizia, e ad aumentare il suo sconforto è il comunicato del Palazzo in cui viene annunciato il royal wedding di sua sorella minore, la principessa Anna, per il mese di novembre con il capitano Mark Phillips.

Anna, sarcastica come il padre e determinata come la madre, era stata il più grande sostegno di Carlo all'interno dell'istituzione. Era con lei al suo fianco che il principe aveva esordito nel 1971 in occasione del primo viaggio in America e adesso, nel giro di pochi mesi di distanza, perdeva la compagnia di due delle donne più importanti della sua vita.

Tutto sembrava finito, e invece il tempo rivelò che niente e nessuno poteva interrompere quel legame invisibile che trascendeva rango e castelli. Le prossime tappe della vita di Carlo e Camilla non avrebbero fatto altro che rendere ancora più indissolubile quel rapporto che la ragion di Stato non permetteva.

Nel 1974 il principe Carlo divenne il padrino di battesimo del primo figlio di Camilla e Andrew, Tom.

Costretto a trovare la moglie giusta, più per il Palazzo che per lui, il matrimonio di Carlo con Lady Diana Spencer il 29 luglio 1981 sembrò regalare al regno la favola moderna di cui i Windsor avevano bisogno per assicurare un futuro solido alla dinastia.

Ma fin dalla vigilia delle nozze, la presenza di Camilla condizionò il successo di quel matrimonio, e il braccialetto trovato da Diana con le iniziali dei soprannomi dei due amanti rischiò di far saltare le nozze. «Che importa, il tempo, il ruolo e la ragione sono dalla tua parte» arrivò in soccorso la famiglia reale, per cui quell'unione era troppo importante. «Abbi pazienza. Passerà.» Nulla di più sbagliato. L'amore di Carlo per Camilla non passò mai, e viceversa. Un amore clandestino da sempre. Le loro strade sembravano destinate a diventare sotterranee e parallele, ma il destino, a volte, riserva colpi di scena straordinari al punto che perfino l'impensabile diventa possibile.

Il reality da sogno di Carlo e Diana venduto in mondovisione si scontrava, però, con una realtà da incubo tra le mura del Palazzo. L'incompatibilità caratteriale tra i principi del Galles era devastante. Avevano interessi differenti, età differenti, amici differenti e, soprattutto, sentimenti differenti. Ben presto, nel matrimonio reale incominciò a predominare l'insofferenza reciproca, o almeno quella di Carlo nei confronti della moglie, che diventava sempre più evidente, difficile da celare.

Nonostante fosse Camilla la donna che continuava a rendere felice il principe del Galles, era anche quella costretta a vivere nell'ombra. La residenza di Highgrove, nella campagna inglese, tanto odiata da Diana, divenne il rifugio dei due amanti. Secondo i pettegolezzi, la tenuta fu acquistata dall'erede al trono nel 1980 per stare vicino a Camilla, che ne possedeva una non distante, anche se in verità tutto il suo inner circle di amici aveva una proprietà nelle Costwolds, la campagna preferita dall'aristocrazia. Tra i più affezionati alla coppia di adulteri c'erano Emily e Hugh Van Cutsem, al punto da diventare i loro primi protettori. Conoscevano Carlo dai tempi dell'università e li univa la passione per la vita di campagna, tuttavia non mancarono contrasti tra le rispettive compagne. Si racconta che Emily affrontò Camilla dicendole che suo figlio Tom fosse una pessima compagnia per il principe William per la vita un po' troppo sopra le righe. Carlo rimase distante dal pettegolezzo.

L'amante era anche l'unica persona a cui il principe del Galles permettesse di passeggiare nell'orto della tenuta di Highgrove, tra i prodotti che Sua Altezza coltivava personalmente, una delle grandi passioni di Carlo, compresa da Camilla, per niente da Diana.

La sua devozione nei confronti di Camilla era totale, fino al dichiarare di volersi immedesimare nell'inimmedesimabile (un tampone intimo) pur di non allontanarsi mai da lei – come hanno rivelato clamorose intercettazioni telefoniche – dimenticandosi dei propri doveri di marito e, con la stampa sempre in agguato, esponendo la monarchia a un gioco pericoloso. Finché il gioco fu scoperto.

Come già detto, fu l'annuncio del primo ministro John Major a comunicare la fine del matrimonio di Carlo e Diana. Ed è stata poi un'intervista di Diana nel 1995 a rendere di dominio pubblico quello che le persone già sapevano, e cioè che in quel matrimonio erano in tre: lei e Camilla, le donne di Carlo, quella ufficiale e l'altra, già sposata, già madre. La forza dirompente di questo scandalo sta tutta nella banalità del tradimento su scala reale, alla portata dei sudditi, della gente comune e dei giornali che adottarono Diana e la sua sofferenza contro Camilla, «la rovina famiglie», la divorziata, in un Paese bigotto che fino al 1955 li bandiva perfino dal Royal enclosure di Ascot, il settore frequentato dal re. Il danno all'immagine della Corona causato dalla guerra mediatica dei principi del Galles era devastante e fu la regina Elisabetta II in persona a ordinare il divorzio, firmato il 28 agosto 1996. Ci vollero anni, lutti e strategie per ribaltare e riabilitare il giudizio su Camilla fino ad arrivare a farla percepire come la donna del destino di Carlo. Diana è stata l'inciampo, il piegarsi dell'erede alla volontà superiore della ragion di Stato. Diana è frutto della debolezza di Carlo, Camilla della sua tenacia.

Ancora oggi è la stampa, che per anni ha vissuto di odio alimentato dalla stampa stessa, a non rassegnarsi che quella corona, in realtà, sia sempre stata sulla strada di Camilla. La morte di Diana il 31 agosto 1997 segnò il punto più basso per la popolarità della corona d'Inghilterra e Camilla Parker Bowles divenne la nemica numero uno dell'opinione pubblica.

Dopo la prima estate da divorziato per il principe del Galles, trascorsa con Camilla al suo fianco, e un sondaggio che appoggiava un eventuale matrimonio tra i due storici amanti, per Carlo e Camilla era tutto da rifare.

Senza trascurare le sue responsabilità di padre e di erede, per il principe del Galles Camilla era diventata non negoziabile. Per far sì che il Palazzo accettasse la donna colpevole di aver fatto tremare la corona del Regno Unito, era fondamentale che la sua immagine cambiasse nella percezione popolare. Mark Bolland fu lo stratega della comunicazione arruolato nel team dell'erede al trono per compiere questa impresa. Soprannominata «Operation PB», operazione Parker Bowles, era un piano che contemplava perfino la fuga di notizie. Come il primo incontro di Camilla con il figlio di Carlo e suo erede William nella primavera del 1998, rapidamente riportato e pubblicato sui giornali come un successo.

Per la prima apparizione pubblica insieme bisognerà aspettare l'anno successivo e l'occasione fu individuata nei festeggiamenti per il compleanno della sorella di Camilla, Annabel Elliot, uno degli architetti più influenti d'Inghilterra, nonché curatrice dei progetti delle comunità green voluti dal re. Era il 28 gennaio 1999 e il Ritz di Londra si era trasformato nel quartier generale della stampa mondiale. Tutti in attesa dello storico scatto che ufficializzava la presenza di Camilla al fianco dell'erede al trono.

Per Camilla, Buckingham Palace rimaneva off limits, soprattutto a causa della regina madre, la nonna di Carlo, non perché avesse qualcosa in particolare contro la donna che rendeva felice suo nipote, ma perché semplicemente considerava un nemico chiunque costituisse un pericolo per la Corona. Si piegò invece alla volontà del figlio Elisabetta II, che dopo anni di divieti accettò la presenza di Camilla al compleanno del cugino, l'ex re di Grecia Costantino II. Per la prima volta dopo la tempesta, le due donne si trovavano allo stesso evento.

Le vacanze insieme ai figli di Carlo trascorse sullo yacht

Alexander rilanciarono l'idea di una piena accettazione di Camilla tra le mura domestiche. Intervenne perfino la casa di moda Versace, la cui direzione creativa era passata alla sorella di Gianni, Donatella, per vestire Camilla in occasione della prima serata di gala per il Prince Trust al fianco di Carlo. E il bacio in pubblico tra i due, a giugno del 2001, sigillò la strategia mediatica.

Tuttavia, per il pieno coronamento del sogno d'amore rimaneva ancora lo stesso insormontabile ostacolo che meno di un secolo prima aveva creato una delle più gravi crisi costituzionali nel Paese. La chiesa d'Inghilterra, di cui il sovrano è il capo temporale, non permetteva un'unione tra divorziati il cui ex coniuge fosse ancora in vita, e nel 1936 questo divenne il principio che mise fine al regno del prozio del principe Carlo. Era l'11 dicembre quando Edoardo VIII rinunciò al trono del Regno Unito e al più grande impero che il mondo avesse mai conosciuto per Wallis Simpson, la donna della sua vita nonché pluridivorizata americana filonazista.

Se la morte della principessa del Galles rendeva Carlo un uomo libero di risposarsi, Andrew Parker Bowles, marito di Camilla fino al 1995 e amico intimo della famiglia reale, rendeva impensabile il matrimonio.

Fu necessario uno straordinario lavoro diplomatico di Elisabetta II e il cambio nel 2002, da parte della Chiesa, di questo principio per permettere a Carlo di sposare la sua Camilla.

Trentacinque anni dopo il loro primo incontro, il 10 febbraio 2005 Clarence House annunciava il fidanzamento ufficiale del principe Carlo con Camilla Parker Bowles. E la futura regina mostrò tutta l'ironia che l'aveva sempre caratterizzata quando la stampa le chiese: «Il principe Carlo si è inginocchiato per la proposta di matrimonio?» Lei rispose scherzando: «Certo».

I vertici dei massimi sistemi britannici, dall'arcivescovo di Canterbury al Governo di Tony Blair, espressero il pieno supporto a una notizia senza precedenti nella storia del regno. Per ovviare a un altro problema che riguardava la location del matrimonio, fu deciso che la cerimonia si sarebbe svolta con un rito civile al municipio di Windsor e sarebbe stata seguita da una benedizione alla cappella di St George, a cui avrebbe partecipato anche Elisabetta II. E la data scelta era l'8 aprile 2005.

Ma mancava ancora qualcosa per giungere al lieto fine di una delle più sofferte e combattute storie d'amore che si ricordino: il colpo di scena. Che arrivò puntuale sabato 2 aprile, a meno di una settimana dalle nozze fissate da tre mesi.

A Roma, nella Città del Vaticano, dopo un lungo pontificato, si spense Sua Santità Giovanni Paolo II e le esequie solenni si sarebbero celebrate proprio venerdì 8 aprile. Carlo doveva partecipare in rappresentanza della Corona d'Inghilterra.

Un giorno! Il matrimonio doveva slittare ancora di un giorno.

Sabato 9 aprile 2005.

Dopo trentacinque anni, un matrimonio e due figli ciascuno, battaglie titaniche contro la storia e le sue regole, dopo aver scardinato i dogmi che da secoli regolano il Palazzo, Carlo e Camilla sono finalmente sposi e futuri re e regina del Regno Unito.

Così vogliono le favole moderne: attraverso mille vicissitudini, imprevisti, tragedie, la forza dei sentimenti ha la meglio sulla ragion di Stato.

A quasi vent'anni di distanza, è stata accettata dagli inglesi, ma non solo. È divenuta regina del Regno Unito e una delle colonne portanti del regno di suo marito, Carlo III.

Come è stato possibile? Senz'altro, la straordinaria abilità di Camilla è stata quella di non ostinarsi a tentare di competere con il fantasma di Diana, ma di riuscire a costruire un modello alternativo. Dopo il royal wedding del 2005 con il principe Carlo, scelse di usare come titolo quello di duchessa di Cornovaglia, lasciando libera la formula che spetta alla moglie dell'erede al trono, principessa del Galles, per la quale è universalmente ricordata Diana.

Ma più di tutto, ciò che emerge fortemente da questa vicenda e che forse ha intenerito il cuore dei sudditi, è una storia d'amore straordinaria, caparbiamente e tenacemente rincorsa, voluta è strappata a un destino che spingeva da un'altra parte. Un amore che probabilmente avrebbe avuto lo stesso finale, anche senza il sacrificio di Diana.

Tra quelle due foto è trascorso un mezzo secolo che ha catapultato Camilla da outsider, invisa al regno e al Palazzo, a roccia del suo re. Il mese è lo stesso, febbraio. Camilla è seduta ancora in macchina accanto al suo amore, nel giorno successivo al nefasto annuncio di Buckingham Palace che ufficializzava la notizia della malattia di re Carlo.

Nella gioia e nel dolore, in salute e in malattia, finché Dio lo vorrà.

William e Catherine, i principi del Galles

Londra. Abbazia di Westminster. C'è il mondo che guarda: sta per andare in scena la favola del nuovo millennio.

Il 29 aprile 2011 la signorina Catherine Elizabeth Middleton, ventinove anni, da Reading, profondo Berkshire, sposa Sua Altezza Reale il principe William Arthur Philip Louis del Galles, secondo in linea di successione al trono del Regno Unito.

«Commoner» è la parola più usata da giornali e commentatori per definire la portata di una rivoluzione epocale. Una normale, semplice borghese, la signorina Middleton, appunto, con antenati minatori, un giorno sarebbe diventata regina. Ecco cosa significava quel matrimonio. Non c'erano precedenti nella storia del Regno Unito.

Celebrato in mondovisione davanti a una platea di due miliardi di telespettatori, il matrimonio è stato definito l'evento più atteso del secolo per quel sogno d'amore che raccontava: giovane, moderno, sovversivo, ma allo stesso tempo attento alla tradizione della più antica monarchia regnante.

Catherine per il principe, Kate per il popolo, era perfetta per quel ruolo. Calcando impeccabilmente la navata, a ogni passo, si tramutava da signorina qualsiasi ad Altezza Reale. Lo si era intuito fin da subito, ma si capirà meglio con gli anni: Kate è una prima della classe, anzi, una fuoriclasse.

Quel 29 aprile 2011, l'entusiasmo riscosso dalla fresca moglie del principe William si respirava nell'aria, tra il mare di folla che lungo tutto il Mall arrivava davanti a Buckingham Palace in attesa di vedere il bacio sul balcone dei due sposi.

William e Kate, diventati duchi di Cambridge, rappresentavano il futuro del casato dei Windsor, e la moglie scelta dal principe era la perfetta sintesi di quel nuovo mondo su cui si stava affacciando la successione della monarchia.

Senza una goccia di sangue blu, Catherine era la prima figlia di due ex impiegati della British Airways diventati artefici della loro stessa fortuna. Dei self-made men che hanno «fatto i soldi», e molti, partendo dal garage della loro casa di Reading, nella contea del Berkshire, a quarantacinque chilometri dal castello Windsor.

Qui, Carole e Michael Middleton, pionieri del commercio online, hanno fondato nel 1987 la Party Pieces, una società di vendita per corrispondenza di articoli per le feste che nel giro di pochi anni avrebbe cambiato il loro destino e quello dell'intera famiglia.

Per i figli Catherine, Philippa, detta Pippa, e James si aprivano le porte dei college più prestigiosi.

Tuttavia, il conto in banca dei genitori, per il selettivo *milieu* aristocratico britannico, non sarebbe stato sufficiente per riconoscere loro quell'inclusione che nel regno non trascende dalla classe sociale di appartenenza. Per dirla in una parola, dei *parvenue*, in due, dei *nouveaux riches*. In italiano, degli arricchiti.

Ma la buona stella era sempre stata dalla parte di Kate. Nel 1995, a tredici anni, durante una recita scolastica, sul palco del teatro, un chiromante mascherato gliel'aveva detto: «Tu sposerai un gentiluomo bello e ricco... Insomma, un principe azzurro».

Mentre Kate si esibiva a scuola, davanti ai genitori, facendosi leggere il destino, un pugno di chilometri più a est, le telecamere di tutto il mondo riprendevano l'iscrizione al college del principe William. Accompagnato dal papà Carlo, dalla mamma Diana e dal fratello minore Harry, per la prima volta un futuro re del Regno Unito sarebbe andato a studiare a Eton, la scuola che sforna l'élite britannica da sei secoli, proprio di fronte al castello di Windsor, la residenza preferita di sua nonna, la regina Elisabetta II.

Nato il 21 giugno 1982 alla Lindo Wing del St Mary Hospital di Londra, William era secondo in linea di successione al trono d'Inghilterra, dopo la nonna e il padre. Il suo posto era già scritto nella storia e la stampa la raccontò fin dal principio.

Cresciuto sotto l'occhio delle telecamere, era a lui che guardava l'opinione pubblica dopo il clamoroso divorzio dei genitori, carico di veleno e tradimenti reciproci. Il danno d'immagine per la corona era enorme e nel 1996, a soli quattordici anni, William divenne il perno del futuro dei Windsor, con i più autorevoli giornali del mondo che si chiedevano, nei titoli a caratteri cubitali, se questo ragazzino avrebbe salvato la monarchia.

Nonostante la vicinanza, le strade di William e Kate, per nascita e frequentazioni, sembravano destinate a non incrociarsi mai. E invece, come nella più classica delle favole, si mise in mezzo il fato: dopo un anno sabbatico trascorso rispettivamente William in Sud America, dov'era impegnato in attività di volontariato, e Kate in Europa, con un passaggio di tre mesi in Italia, a Firenze, per studiare arte, entrambi, nel settembre del 2001, si iscrissero all'università di St Andrews, in Scozia, alla facoltà di Storia dell'arte.

L'incontro con il principe avvenne, così, tra i banchi di scuola, ma la scintilla sarebbe scattata al Fairmont Resort il 27 marzo 2002, quando Kate partecipò a una serata di beneficenza sfilando davanti a William con un trasparentissimo vestito nero. E dopo qualche mese di frequentazione, al secondo anno di università, arrivò anche il loro il primo indirizzo insieme, al numero 13 di Hope Street. Ma sono pochi i testimoni della vita della *royal couple* a St Andrews perché, come raccontano alcuni professori, l'università aveva garantito la massima privacy e protezione al principe. «Le telecamere sono state ammesse solo il giorno della laurea» hanno spiegato.

In realtà, a St Andrews, Cupido sembra essere di casa: secondo le stime dell'ateneo, infatti, uno studente su dieci sposa un compagno di corso. E il matrimonio tra William e Catherine non fa che accrescere la leggenda: da allora, le iscrizioni sono quintuplicate, soprattutto tra gli americani, da sempre sensibili al fascino delle corone.

L'incantesimo della Scozia, per William, non si è mai spezzato, come ebbe modo di confermare lo stesso principe nel 2021, quando rappresentò sua nonna, Elisabetta II, all'assemblea generale della chiesa di Scozia. «La Scozia è incredibilmente importante per me e avrà sempre un posto speciale nel mio cuore. È qui in Scozia che esattamente vent'anni fa ho conosciuto Catherine. Inutile dire che il luogo in cui incontri la tua futura moglie ha un posto molto speciale nel tuo cuore» dichiarò.

Nel 2004, fu uno scoop del *Sun* a rivelare al mondo la presenza di una ragazza nella vita del principe. Le foto furono scattate sulle piste da sci di Kloster, in Svizzera, dove la famiglia reale era di casa. Il Palazzo era furibondo per la privacy violata: quelle immagini rompevano l'accordo di fiducia tra i Windsor e la stampa, secondo cui all'inizio di ogni vacanza Carlo, con i figli William e Harry, si prestava a scattare qualche foto in cambio di una tregua nei giorni successivi.

Il tabloid si giustificò dicendo che lo scoop gli fu offerto da un fotografo freelance, ma il mondo dell'informazione unito insorse dicendo che qualsiasi ragazza accanto al principe William diventava un affare di Stato e quindi di interesse pubblico, in quanto potenziale futura regina d'Inghilterra. Non sapevano ancora quanto ci fossero andati vicino!

Poche fotografie bastarono per catapultare Kate nell'Olimpo delle celebrità e scatenare una tempesta di attenzioni sulla famiglia Middleton. I borghesi, arricchitisi con l'e-commerce: soldi freschi, tanti e subito. Per la stampa, in cerca di una protagonista che potesse colmare il vuoto lasciato dopo la morte di Lady Diana, erano una miniera d'oro.

Così, se l'università era riuscita a tutelare la privacy dei due ragazzi, una volta laureati e tornati a Londra, Catherine divenne il bersaglio numero uno dei flash, mentre l'attenzione di William era sempre più concentrata sulla carriera militare.

Tanto aumentava il tempo d'attesa per una proposta di matrimonio che sembrava non arrivare mai, così si allungava la lista di soprannomi poco lusinghieri affibbiati dai tabloid ai membri della famiglia Middleton: Catherine fu ribattezzata «Waity Katy», Kate che aspetta, e con la sorella Pippa erano diventate le «Wisteria Sisters», le sorelle glicine, sempre belle e bravissime ad «arrampicarsi»...

Crescevano poi le speculazioni su altre donne nella vita del principe e, ad aprile del 2007, la storia sembrava al capolinea. A venticinque anni, finiva la favola della commoner che aveva sfiorato il sogno di diventare principessa.

Ma l'abile stratega della vita sentimentale di Kate, mamma Carole, suggerì alla figlia di sfruttare la propria popolarità stellare per far ingelosire il principe, e farlo tornare da lei. E fece bingo! Il 16 novembre 2010, Clarence House annunciò il fidanzamento ufficiale. Il cinismo dei media indugiò sulla lentezza della proposta di matrimonio. La compunta Kate sembrava remissiva al peso della Corona e alla potenza dei flash, ma l'asso nella manica, anzi al dito, lo teneva lei.

Si presentarono insieme, quel pomeriggio, davanti alla stampa in un salone di Clarence House per dare l'annuncio, mostrare l'anello e rispondere alle domande dei giornalisti. William replicò ironico sulle tempistiche: «Non avevo capito fosse una gara, altrimenti sarei stato più veloce» disse, prima di aggiungere in tono più solenne. «Era adesso il momento giusto.»

Sull'anulare di Catherine brillava lo stesso zaffiro blu

da 12 carati che ventinove anni prima il principe Carlo aveva donato come anello di fidanzamento a Lady Diana Spencer. E il richiamo alla madre di William non sfuggì certo alle telecamere. A questo proposito il principe aggiunse: «È molto importante per me, così come adesso lo è Kate. Era anche un modo per essere sicuri che mia mamma potesse essere presente nella giornata di oggi e festeggiare il fatto che passeremo il resto delle nostre vite insieme».

Quello dell'anello di fidanzamento, per Kate, non sarebbe stato che il primo di una vita di parallelismi con l'inarrivabile principessa del Galles. Parallelismi, più che paragoni. Messaggi subliminali che l'abile Kate ha trasmesso fin da subito. Il vestito a pois indossato nel 2013 per la nascita del primogenito, il principe George, rimandò subito a quello con cui Diana presentò al mondo, sulle scale dello stesso ospedale, il principe William, nel 1982.

Dall'Ayers Rock in Australia al Taj Mahal in India, ogni royal tour di William e Kate avrebbe rinviato a un inevitabile confronto tra passato e presente ma, allo stesso tempo, avrebbe mostrato anche la grande differenza tra le due coppie reali.

Nel 1992, con il matrimonio ormai al capolinea, l'immagine di Diana seduta da sola davanti al Taj Mahal, la più monumentale rappresentazione dell'amore, era diventata il manifesto della sua tristezza. Esattamente il contrario della complicità che trapelava dalla fotografia scattata a William e Kate durante il loro viaggio in India nel 2016.

In questo continuo richiamo alla principessa del Galles non fanno eccezione i gioielli. Su tutti, la *Lover's Knot Tiara*, la tiara che dal 2015 vediamo splendere sulla testa di Kate durante i pranzi di Stato e che nel 1981 Elisabetta II offrì a Diana come regalo di matrimonio.

È stata la stessa Kate a suggellare con le sue parole, nel giorno del fidanzamento, il ruolo fondamentale di William per imparare a svolgere il compito che l'aspettava e diventare la principessa di tutti, proprio come lo era stata Lady D: «William mi insegnerà, è un ottimo maestro» dichiarò davanti alla stampa. E il principe ironizzò: «È un'ottima adulatrice».

Il giorno del matrimonio, a colpire fu la perfezione di Kate, ma ancora di più la silhouette della sorella Pippa: la stampa aveva fantasticato che, alla fine, due coppie fossero meglio di una, imbastendo una storia d'amore (mai esistita) tra Harry e Pippa, gli «spare» dei rispettivi numeri uno. È andata diversamente, come tutti sappiamo. Ma quel giorno, dall'alto del balcone di Buckingham Palace, le «sorelle glicine» avevano senz'altro fatto la migliore arrampicata della loro vita.

La posizione a corte di Catherine, come il principe chiama la moglie, la negoziò egli stesso con la regina fin dal principio. D'altronde erano stati proprio i nonni, Elisabetta e Filippo, a mettere il nipote tentennante davanti a un bivio: «O la sposi o la lasci andare».

E così Elisabetta concesse alla moglie del nipote il tempo necessario, lontano da Palazzo, per imparare il ruolo e il mestiere. È nell'isola a largo delle coste del Galles, Anglesey, che Catherine Middleton mosse i suoi primi passi da Altezza Reale. Il principe William era di stanza lì dal 2010 come pilota di elicotteri di soccorso della Raf e fu proprio lui a decidere che il primo impegno pubblico ufficiale come coppia, dopo l'annuncio del fidanzamento con Kate, si sarebbe svolto sull'isola. A febbraio del 2011, davanti a centinaia di sudditi, la royal coppia varò un nuovo gommone di salvataggio a Trearddur Bay e il momento più simbolico, quello dello champagne che innaffia la barca, fu affidato all'allora Miss Middleton. Per i tre anni trascorsi ad Anglesey, William e Kate vissero a Bordogan Estate, il più grande possedimento della regione di proprietà dall'amico di famiglia Sir George Meyrick, che a settecentocinquanta sterline al mese affittò loro un cottage all'interno dei suoi terreni. Poco dopo la nascita di George, a luglio del 2013, William e Catherine lasciarono Anglesey per trasferirsi a Londra nell'appartamento 1A di Kensington Palace, un trasloco che li avvicinava di più al trono.

Entrata in punta di piedi, promossa per matrimonio a duchessa di Cambridge, dopo la morte della regina e con re Carlo succeduto alla madre, Kate è oggi, ufficialmente, principessa del Galles, pilastro dei Windsor. Il passo che precede quello di regina.

Tuttavia, dopo anni relativamente tranquilli, anche lei all'inizio del 2024 è stata travolta dalla tempesta. Il 22 marzo, il messaggio in cui dichiarava: «Ho il cancro», registrato due giorni prima a Windsor dalle telecamere della BBC, metteva fine a una girandola di illazioni iniziate il 17 gennaio, con l'annuncio di Kensington Palace di un ricovero alla London Clinic che si era reso necessario per una non meglio specificata operazione all'addome già eseguita, che avrebbe imposto alla principessa del Galles quindici giorni di degenza e tre mesi di convalescenza.

Quel comunicato lacunoso e apprensivo era stato un errore, studiato male e scritto peggio. Il Paese, che non aveva ancora superato il lutto per la perdita della regina Elisabetta, rimase scioccato. Ma come? Proprio lei? Kate! Quella che partoriva e in mezza giornata tornava a casa? La Wonder Woman dei Windsor ha bisogno di tre mesi di riposo per un'operazione all'addome? Cosa le è successo veramente?

Alla domanda non seguì nessuna risposta ufficiale su Kate, ma in compenso un altro comunicato, questa volta di Buckingham Palace, informava con dovizia di particolari dell'operazione alla prostata del sovrano. Una coincidenza che portò a mettere a confronto proprio il linguaggio usato per diffondere le due notizie: il primo misterioso ed ermetico, il secondo chiaro come mai era successo in precedenza per la salute di un sovrano. Anche questo accese più di un dubbio sulle reali condizioni di salute di Catherine Middleton, principessa del Galles e futura regina del Regno Unito.

Ancor meno ufficialmente, circolò l'informazione che non si trattava di un tumore. In realtà, la clinica scelta per l'intervento, con un padiglione oncologico d'eccellenza inaugurato proprio dalla regina Elisabetta II, avrebbe dovuto destare più di un sospetto.

In mancanza di reali indizi sulla verità e con l'ultima apparizione pubblica della principessa che risaliva al giorno di Natale, dalla salute si passò rapidamente al gossip di bottega: «William ha un'amante!» Le indiscrezioni su una supposta storia con Rose Hanbury compaiono periodicamente sulle pagine dei tabloid britannici già dal 2019. E questa era una buona occasione per rilanciare il sospetto del tradimento del principe. La coppia reale, d'un tratto, non era più quella dei fidanzatini dei disegni di Peynet e nemmeno quella della pubblicità del Mulino Bianco, il loro era diventato un matrimonio in crisi con un grosso problema, forse due, da risolvere.

La foto ritoccata di Catherine con i tre figli, diffusa dall'account Instagram dei principi del Galles in occasione della festa della mamma, il 10 marzo 2024, fu l'espediente che i media, soprattutto americani, attendevano per accendere la miccia e far esplodere la bomba che avrebbe rivelato la verità, dopo settimane di informazioni distorte lasciate trapelare da Kensington Palace.

Messa alle strette, la principessa del Galles scelse di porre fine alle congetture e alle supposizioni mostrandosi in video, seduta su una panchina di legno, maglioncino alla marinara e capelli sciolti, insolitamente lunghi, per raccontare la sua verità: «Voglio cogliere l'occasione per ringraziarvi, personalmente, per tutti i meravigliosi messaggi di sostegno e per la vostra comprensione mentre mi stavo riprendendo dall'intervento. Sono stati due mesi incredibilmente difficili per tutta la nostra famiglia, ma ho avuto un fantastico team medico che si è preso molta cura di me, cosa di cui sono molto grata. A gennaio ho subito un importante intervento chirurgico all'addome a Londra e all'epoca si pensava che la malattia non fosse una forma tumorale. L'intervento ha avuto successo. Tuttavia, i test effettuati dopo l'operazione hanno rilevato che era presente un cancro. Il mio team medico mi ha quindi consigliato di sottopormi a un ciclo di chemioterapia preventiva e ora sono nelle fasi iniziali di tale trattamento. Questo, ovviamente, è stato un enorme shock, e William e io abbiamo fatto tutto il possibile per elaborare e gestire la cosa in privato per il bene della nostra giovane famiglia. Come potete immaginare, ci è voluto del tempo. Mi ci è voluto del tempo per riprendermi da un intervento chirurgico importante e iniziare il trattamento. Ma, soprattutto, ci è voluto del tempo per spiegare tutto a George, Charlotte e Louis in un modo appropriato per loro e per rassicurarli che starò bene. Come ho detto loro, sto bene e divento più forte ogni giorno, concentrandomi sulle cose che mi aiuteranno a guarire; nella mia mente, nel mio corpo e nel mio spirito. Avere William al mio fianco è anche una grande fonte di conforto e rassicurazione. Così come lo è l'amore, il sostegno e la gentilezza che sono stati dimostrati da tanti di voi. Significa molto per entrambi. Speriamo che capiate che, come famiglia, ora abbiamo bisogno di un po' di tempo, spazio e privacy, mentre completo il trattamento. Il mio lavoro mi ha sempre dato un profondo senso di gioia e non vedo l'ora di tornare quando potrò, ma per ora mi devo concentrare sul mio recupero completo. In questo momento, penso anche a tutti coloro le cui vite sono state colpite dal cancro. Per tutti coloro che affrontano questa malattia, in qualunque forma, non perdete fede o speranza. Non siete soli».

Fino a quel momento, in dodici anni di matrimonio, William e Catherine avevano saputo costruire e proiettare la loro immagine senza mai una pecca né uno scandalo a macchiare l'apparenza di una famiglia contemporanea, affiatata, numerosa, un modello per le nuove generazioni, capace di macinare consensi e scalare le classifiche dei royals più amati di sempre.

Kate ha sempre alternato informalità e sostanza. Ha preso la parola per presentare William nelle occasioni più amichevoli, come durante una videochiamata con gli alunni di alcune scuole durante i mesi della pandemia da Covid-19, ma è stata attenta a non oscurarlo mai in quelle ufficiali. Ha sempre occupato una posizione al fianco di suo marito, senza sovrastarlo. Una lezione appresa dal principe Filippo, secondo cui la famiglia reale non è uno sprint di popolarità, ma una maratona, dove ciascuno lavora per un unico obiettivo: la Corona.

Iniziata con cinquantacinque appuntamenti in calendario nel 2011, l'agenda di Kate si è infittita gradualmente, seppur scegliendo con cura le cause da sostenere, oltrepassando i cento impegni nel 2019.

Con il marito e il cognato Harry, erano i «ragazzi» di casa Windsor, in grado di trasformare ogni iniziativa in un successo, confermandosi di volta in volta il trio delle meraviglie. Fu soprattutto il tema della salute mentale a unire i due fratelli a Kate, con il lancio nel 2016 della campagna *Heads Together*.

Una parentesi di serenità destinata a durare poco.

Fin dalla culla i destini dei due principi erano divisi, «The Heir and the Spare», l'erede e la scorta, come la stampa aveva ribattezzato William e Harry, fin dall'inizio. Scorta! È evidente oggi quanto quel soprannome debba aver lasciato il segno, scavando un solco profondo fra i due fratelli. Così come il rapporto con mamma Diana, che pur attenta a non fare distinzioni, aveva finito per riempire di attenzioni Harry e riversare su William, l'adorato figlio maggiore, tutte le frustrazioni del suo matrimonio.

Con la morte di Diana, rimasti soli, William è passato ad assumere il ruolo di angelo custode del fratello che, a soli dodici anni, era il piccoletto di famiglia. Indimenticabile l'immagine di lui in prima fila al funerale di Diana, a camminare, come William, con la testa bassa dietro la bara della madre. Da allora, per tutti, quei fratelli avrebbero rappresentato un duo inseparabile e Harry sarebbe stato considerato il più fedele alleato di William. Due principi, due destini, ma una vita insieme, comunque vada. E invece no.

Ancora una volta, i «guai» arrivarono da oltreoceano, incarnati da una giovane statunitense, proprio come avvenne per il proprozio Edoardo VIII, che nel 1936 abdicò al trono del Regno Unito per sposare Wallis Simpson.

Il matrimonio di Harry con Meghan Markle, nel 2018, cambiò tutto. Da fratelli a nemici il passo fu breve e la dichiarazione di guerra dei duchi di Sussex arrivò con quella che venne chiamata ironicamente «Megxit», l'8 gennaio 2020.

Harry e Meghan avevano deciso: avrebbero lasciato la Gran Bretagna e la posizione di working royals all'interno della famiglia reale per trasferirsi in America e da lì sferrare attacchi a intermittenza, carichi di veleno e di risentimento, all'indirizzo dei Windsor.

Se tra i fratelli è stata un'escalation di tensione, anche tra le due cognate, diverse per cultura e educazione, non scorreva certo buon sangue. Inevitabile, considerando che anche i presupposti dell'ingresso in casa Windsor erano assai differenti. Kate ne ha fatto una missione per la vita, Meghan una battaglia per liberarsene.

La lealtà di Catherine nei confronti del marito e dei suoi compiti non ha mai traballato, neanche nei momenti più complicati. È diventata la roccia della loro unione e un pilastro dei Windsor. Così, il vuoto lasciato da un principe di nascita, è stato colmato da una principessa costruita a tavolino. Fino al punto di svolta: l'annuncio della malattia, che pur non avendo fatto altro che accrescere l'amore dei sudditi per Kate, ha messo in discussione la vulnerabilità di un personaggio che sembrava invincibile, e che i media hanno contribuito a rendere familiare facendolo entrare tutti i giorni nelle case dei britannici. Una soap opera, insomma, dal finale non scritto.

È stato un successo il ritorno in pubblico della principessa del Galles il 15 giugno 2024 in occasione di Trooping The Colour, il compleanno ufficiale del re. Nonostante i festeggiamenti per Carlo III, anche lui malato di cancro, erano per lei gli occhi di sudditi, curiosi e telecamere, quando è apparsa con il resto della famiglia reale sul balcone di Buckingham Palace. L'immagine più iconica per i Windsor. Il re aveva già espresso il suo orgoglio per il coraggio dimostrato da Catherine nel condividere pubblicamente la sua malattia e il giorno del rientro pubblico l'ha voluta al suo fianco per l'affaccio più importante. Manuale dei Windsor alla mano, quella sul balcone era l'apparizione più strategica possibile per il ritorno di Kate, che avrebbe centrato il doppio risultato di far brillare la Corona, vista la presenza della principessa del Galles, e al tempo stesso riuscire a proteggerla, con il Palazzo alle sue spalle e gli obiettivi distanti. Nonostante Kensington Palace avesse annunciato che quell'impegno non significasse un ritorno all'attività di working royal perché Catherine era ancora sotto trattamenti medici, la principessa del Galles, a un mese di distanza, partecipò all'evento più significativo della sua agenda reale: la finale del torneo di Wimbledon. Grande appassionata di tennis, è succeduta alla regina Elisabetta II alla guida dell'All England Tennis Club nel 2016 e da allora l'immagine di Kate è fortemente legata alla competizione. Da otto anni premia il vincitore, è la stella del royal box e la sua popolarità galattica è stata un volano a trecentosessanta gradi per il mondo del tennis.

È stata una lunga standing ovation, ampiamente meritata, quella che ha accompagnato l'ingresso della principessa del Galles sul campo centrale dell'All England Tennis Club domenica 14 luglio per la finale del torneo di Wimbledon, mentre scendeva i gradini per raggiungere il suo posto nella prima fila del royal box. Non ha giocato, ma si è messa in gioco, per questo il pubblico le ha consegnato un trofeo ideale prima del torneo, in segno di stima e di affetto, per la tempra dimostrata in sei lunghi mesi di malattia.

Catherine era accompagnata dalla sorella Pippa e dalla figlia, la principessa Charlotte, ed è stata proprio lei ad assistere con orgoglio al trionfo di sua mamma, ripreso in mondovisione. Le è stato tributato un lungo applauso, capace di offuscare perfino la portata della sfida sul campo tra Carlitos Alcaraz e Novak Djokovic.

Nel giorno di Trooping The Colour, Kate rubò i riflettori perfino al re, ma è stato il barometro degli applausi di Wimbledon a dimostrare la potenza della principessa che ormai cammina da sola.

Altezza Reale dal 2011, principessa del Galles dal 2022, è nella dignità della sua malattia che si cela la grandezza di Catherine Middleton. La magia del far apparire naturale la perfezione di ogni sua uscita pubblica la conoscevamo già, fin dal suo matrimonio con il principe William, come l'abilità, non scontata, di dimostrarsi più forte delle insidie di Palazzo, ma adesso Kate ha fatto di più, trovandosi a gestire un inedito nella millenaria storia della corona britannica: la malattia della futura regina d'Inghilterra, nonché donna più famosa del mondo. Prima di lei erano stati gli scandali, di letto o di soldi, a caratterizzare i front runner della monarchia britannica. L'annuncio della fine della chemioterapia di Catherine è stato il maggiore esempio del nuovo approccio alla comunicazione scelto dai principi del Galles. Il 9 settembre 2024 un video pubblicato sui canali social di Kensington Palace in cui appariva l'intera famiglia Wales, William e Kate con i figli George, Charlotte e Louis mostrava scene di vita quotidiana inedite quanto riservate, accompagnate dalla voce narrante di Catherine che raccontava il suo percorso. Il video è stato realizzato da Will Warr, filmaker arruolato nel team Wales nel 2021, che aveva già realizzato diversi lavori per loro. Il suo nome era stato suggerito da Matt Potreous, fotografo di fiducia di William e Catherine, e lo scopo è quello di presentare un'immagine più informale della famiglia dell'erede al trono. Dopo l'insuccesso del tour tra Giamaica e Bahamas, marcato dalle accuse di schiavismo, dal 2022 a capo delle pubbliche relazioni di William e Catherine c'è Lee Thompson, già asso della comunicazione del network americano NBC e adesso stratega del nuovo corso dei principi del Galles.

Come la moglie, anche il principe William resta uno dei royals più amati nel regno. E anche la sua agenda di impegni istituzionali si è infittita negli anni. Nel maggio del 2022, per esempio, era stato lui ad accompagnare il padre

Carlo in quella che è considerata una delle massime prerogative del sovrano: la cerimonia di apertura del Parlamento, quando questi aveva dovuto sostituirsi alla regina Elisabetta II, che a novantasei anni e con la salute compromessa aveva delegato sempre più impegni al suo erede.

In William prevale il senso del dovere, che unito alla compassione ereditata dalla mamma lo ha avvicinato agli ultimi del mondo, sostenendo alcune cause umanitarie. Il suo impegno maggiore è quello a favore dei senzatetto. Nel 2023 attraverso la Royal Foundation of the Prince and Princess of Wales lanciò il progetto quinquennale Homewards Inititative per trovare una soluzione dignitosa per le persone senza fissa dimora. Fu la mamma, Diana, ad avvicinarlo a questa piaga della società quando nel 1993, a soli undici anni, lo portò a visitare Centerpoint, una charity da lei patrocinata che si occupava proprio del problema dei senzatetto tra i giovani. Da allora il rapporto tra il principe e l'associazione è strettissimo, tanto che nel 2011, in occasione del royal wedding con Catherine, William fu talmente toccato dal racconto di una ragazza salvata dalla strada, Shozna, che la invitò al suo matrimonio.

Di lui piace l'approccio più moderno verso i bambini, simile a quello di un genitore qualsiasi. Lo lasciò intendere il 12 settembre 2013, quando in occasione della prima uscita dopo la nascita di George, rivolgendosi alla platea, disse: «Scusate se controllo sempre il telefono, ma è la prima volta che usciamo la sera» e lo confermò il 22 giugno 2024 quando con i suoi due figli più grandi, i principi George e Charlotte, era al concerto a Londra di Taylor Swift. Tuttavia, la differenza sta nella foto scattata nel backstage della cantante con i principi, che dopo essere stata pubblicata su Instagram ha riscosso lo stesso entusiasmo tra royal watchers e swifities.

Dicono che Catherine sia stata la pedina fondamentale per rafforzare il rapporto tra William, arrogante e irascibile, e il padre Carlo e smorzare alcune gelosie del re proprio nei confronti dei genitori Middleton, i quali, secondo indiscrezioni, avrebbero avuto maggiore accesso ai nipoti rispetto a lui, impegnato negli anni nel suo ruolo di erede al trono.

Dopo George, sono arrivati Charlotte e Louis, rispettivamente terzo e quarto in linea di successione al trono. Da settembre 2022 la famiglia ha lasciato Londra per vivere a Windsor, all'Adelaide cottage, proprio a due passi dal castello.

Un trasloco che rientrava in una ristrutturazione organizzativa della monarchia. Lasciato Buckingham Palace nel 2020, a causa della pandemia e dell'inizio di imponenti lavori di ristrutturazione, Elisabetta II aveva scelto il castello di Windsor come sua residenza principale. William e Catherine, con i figli che crescevano, l'avrebbero poi raggiunta, in modo da favorire l'apprendistato di chi sarebbe venuto dopo di lei, ma le cose non sono andate così. Quando il regno si è trovato sprovvisto della sua roccia di stabilità, dopo la morte di Elisabetta, è toccato a re Carlo III offrire ai sudditi l'immagine della Corona del futuro, cosa che ha fatto il 9 settembre 2022 nel suo primo messaggio alla nazione dai saloni di Buckingham Palace: «Come mio erede sono fiero di investire William del titolo di principe del Galles, un titolo legato a una terra che ho avuto il privilegio di servire. Con Catherine al suo fianco, sono sicuro che i nuovi principi del Galles continueranno a ispirare e a guidare la nostra comunità e riusciranno a dare quell'aiuto fondamentale dove sarà necessario. Voglio anche esprimere il mio amore per Harry e Meghan, mentre continuano a costruire la loro vita oltreoceano».

Ma come spesso si dice «la realtà ha più fantasia di qualsiasi scrittore». Quale penna poteva immaginare che dietro all'apparenza idilliaca della famiglia reale si nascondessero tante insidie? La più subdola è, senz'altro, la malattia.

Quella di Catherine ha rotto l'incantesimo che avvolgeva i Windsor. Adesso sappiamo che anche le principesse moderne sono vittime dei guai comuni all'intera umanità, ma questa parte in commedia preferiscono non recitarla pubblicamente, ritirandosi dietro le mura protettive dei castelli per mantenere quell'aura di mistero e intangibilità che avvolge la Corona. Cosa succederà adesso?

Harry e Meghan, i duchi americani

È proprio dalla sua posizione di numero due rispetto al fratello maggiore William, principe del Galles e primo in linea di successione al trono del Regno Unito, una volta alleato e complice mentre ora inviso, che prende il titolo l'autobiografia del principe Harry, *Spare, il minore*, uscita a gennaio del 2023 battendo ogni record di vendite. Quattrocentosedici pagine in cui Harry si racconta come l'uomo che è diventato e non il principe che è nato.

Questa «royal fatica letteraria» è arrivata a un mese di distanza dalla docuserie di Harry e Meghan che, dal dicembre del 2022, aveva monopolizzato le polemiche intorno ai Windsor per le accuse che i Sussex hanno continuato a lanciare dalla California contro la famiglia reale e l'istituzione.

Insomma, Harry e Meghan non sono nuovi a colpi di scena teatrali, e l'inizio dell'anno sembra essere per loro un periodo fecondo per partire con il botto. Era, infatti, l'8 gennaio 2020 quando presero in contropiede stampa e monarchia, annunciando, con un post su Instagram, la decisione di fare un passo indietro rispetto alla posizione di «senior royals» all'interno della famiglia reale inglese. La notizia fu ribattezzata «Megxit» e fece il giro del mondo.

Da tempo Meghan si era mostrata insofferente e sofferente per la nuova vita che il matrimonio con il principe Harry le stava offrendo, ed era sempre più palese la sua incompatibilità con i Windsor, la corte, l'etichetta, l'Inghilterra ma, soprattutto, con la stampa britannica.

In verità, all'inizio si pensava che la favola del principe con la sua principessa americana avrebbe scritto un nuovo capitolo da sogno della saga dei Windsor, e non un reality a puntate sulla sfortuna di essere nato in mezzo a loro!

Il 4 agosto 1981, mentre il Regno Unito era ancora inebriato di euforia per il matrimonio del principe Carlo con Lady Diana Spencer, celebrato nella cattedrale di St Paul qualche giorno prima e seguito in mondovisione da settecentocinquanta milioni di telespettatori, la regina madre, Elisabetta, si era ritirata nella tenuta di Sandringham nel Norfolk per festeggiare in maniera privata il suo ottantunesimo compleanno, prima di volare in Scozia dove avrebbe raggiunto la figlia, Elisabetta II, a Balmoral per le vacanze estive. Una routine schedulata da tradizioni immutabili.

Lo stesso giorno, il 4 agosto 1981, a novemila chilometri di distanza, in un altro continente, al West Park Hospital di Los Angeles in California nasceva Meghan Markle, prima e unica figlia di Doria Ragland e Thomas Markle. Lui lavorava dove i sogni sono abituati a fabbricarli, a Hollywood. Era il direttore delle luci di molte produzioni cinematografiche e televisive, e proprio sul set della serie tv *General Hospital*, con cui nel 1986 avrebbe vinto un Emmy, nel 1979 conobbe la madre di Meghan, Doria.

Thomas Markle aveva già altri due figli, Samantha e Thomas Jr, nati dal primo matrimonio, e Meghan fin da subito si abituò a crescere in una famiglia allargata. Con la fine del matrimonio dei genitori, anche il sogno di Meghan di vivere in una grande famiglia svanì e Doria divenne l'unico perno della vita della figlia. Nessuna delle due poteva sapere che, anni dopo, quella fitta rete di parenti sarebbe finita al centro dell'attenzione del mondo insieme alla stessa Meghan, nei giorni in cui il suo nome appariva a caratteri cubitali su tutti i giornali.

Dato che il cinema l'aveva avuto in casa fin da piccola, per Meghan fu quasi scontato scegliere, con l'aiuto del padre, la strada della recitazione. Il successo arrivò nel 2011, quando fu la serie televisiva *Suits* ad aprirle le porte del mondo dello star system formato piccolo schermo. Aveva trent'anni e una carriera brillante davanti a sé, che stava abilmente costruendo: amicizie giuste, cause sociali da sostenere, luoghi da frequentare, preferenze politiche, tutto era studiato per spianarle la strada verso la celebrità.

Nello stesso anno, il principe Harry, a ventisette anni, era diventato lo scapolo più ambito del pianeta da quando suo fratello maggiore ed erede al trono aveva sposato Kate Middleton.

Per l'istituzione, l'ingresso di Catherine, borghese e con antenati minatori, nella famiglia reale era la carta vincente per tenere i Windsor al passo con i tempi e con un mondo in continua evoluzione. William, Kate e Harry, i giovani della famiglia, divennero il trio delle meraviglie che la Corona schierava nelle più importanti occasioni pubbliche.

In realtà, nel privato le strade dei due fratelli iniziavano a separarsi. Quella di William puntava dritta verso il trono, e la nascita dell'erede, il principe George, il 22 luglio 2013, relegò Harry, definitivamente, al ramo cadetto della dinastia.

Fu forse anche questo essere rimasto «solo», con William che costruiva la propria famiglia e il proprio futuro, a spingerlo tra le braccia dell'attrice americana. La scintilla scattò durante un appuntamento al buio organizzato da un'amica comune, il 6 luglio 2016 alla Soho House di Dean Street a Londra, un club per soli soci con sedi sparse in tutto il mondo. La capitale britannica era una delle tante tappe che Meghan Markle avrebbe toccato durante la sua estate in Europa, un viaggio propedeutico per espandere quella rete di conoscenze che avevano già trasformato la Markle in una celebrità a Toronto, dove c'era il set della serie *Suits*. In pratica, era un'operazione di pubbliche relazioni mascherata da vacanza. Durante la settimana in Spagna trascorsa tra Ibiza e Formentera, bastò un biglietto scherzoso inviatole al tavolo da un gruppo di ragazzi romani seduti nel suo stesso ristorante perché Meghan cogliesse al volo l'opportunità di stringere amicizia con loro, tanto da pensare di seguirli nella loro vacanza sulle Dolomiti di fine agosto. Le cose non sono andate così, perché nel frattempo, dopo il loro incontro di inizio luglio, era arrivata la telefonata dal principe Harry che la invitata in Botswana per trascorrere una vacanza, da soli.

Il fatto che quella ragazza fosse agli antipodi rispetto alla Corona, alla vecchia Inghilterra e a cosa ci si aspettava da lui, fece capire subito a Harry di aver trovato l'altra metà della mela.

Tra i tanti flirt del principe spiccavano due ex fidanzate, Chelsea Davy e Cressida Bonas, entrambe bionde, ricche, ben inserite nell'alta società britannica e ottime candidate per entrare a far parte della famiglia reale. Ma più dei minuetti d'amore era stato lo spirito ribelle a contraddistinguere la gioventù del principe Harry.

Nato il 14 settembre 1984 alla Lindo Wing del St Mary Hospital di Londra, era il secondogenito dei principi del Galles e terzo in linea di successione al trono del Regno Unito, dopo suo padre e suo fratello.

Empatico come la madre Diana, spiritoso come il nonno Filippo, era il tallone d'Achille della nonna, Elisabetta, pronta a perdonargli qualsiasi esuberanza. Eppure, in quanto a scandali, ha tenuto alto il nome dei Windsor: dalle scazzottate con i fotografi fuori dai night club al travestimento da nazista per una festa in maschera, senza dimenticare lo strip poker a Las Vegas accompagnato da un puntuale reportage fotografico. «Cose da ragazzi!» si dirà per scusare l'intemperanza e, al tempo stesso, per continuare ad approfittare di una fonte di notizie che prometteva scintille dopo la perdita della madre Diana.

L'insofferenza di Harry nei confronti dei media, già colpevoli, secondo lui, dei tormenti di sua mamma, si trasformò in una vera ossessione. Nel 2013, durante un incontro con la stampa, dopo i suoi quattro mesi trascorsi a combattere per Sua Maestà in Oriente, in cui era assolutamente necessario che la notizia di un Windsor al fronte non filtrasse sui giornali per non compromettere la sicurezza dell'intera squadra, disse loro: «Siete qui solo perché in cambio avevate promesso di non rompere l'embargo sul mio arruolamento in Afghanistan».

L'esercito, infatti, era diventato la sua priorità da

quando, il 15 dicembre 2006, si era diplomato alla prestigiosa accademia militare di Sandhurst, la scuola dei re, davanti a sua nonna, Elisabetta II.

Per il problematico Harry, quindi, Meghan Markle rappresentava la risposta a tutte le sue insicurezze. Il 27 novembre 2017 venne annunciato il fidanzamento ufficiale e durante l'intervista Meghan Markle dichiarò immediatamente che in America non c'è la stessa consapevolezza che esiste in Gran Bretagna riguardo alla famiglia reale.

Kensington Palace divenne il loro nido d'amore e centro di gravità permanente dell'interesse della stampa per la portata rivoluzionaria della notizia. Meghan Markle, attrice di origine afroamericane, già sposata e già divorziata, paladina dei diritti umani, attivista e democratica, stava per entrare a far parte della famiglia reale britannica, la più antica monarchia al mondo. Era una prima volta assoluta e il Paese ne fu entusiasta. Per la stampa e la Corona le origini di Meghan erano la perfetta sintesi dei due miliardi di abitanti del Commonwealth. L'eccitazione si diffuse al di qua e al di là dell'Atlantico. Il vicedirettore del magazine *People* commentò entusiasta la notizia: «Gli americani sono ossessionati dai reali e l'attenzione è altissima anche per il fatto che Meghan Markle rappresenta una novità assoluta per Buckingham Palace».

Con un solo annuncio, Meghan Markle passò da attrice a caccia di un posto al sole ai vertici delle classifiche più disparate. Nel 2017 per Google divenne la seconda persona più cercata sul web. La Meghan-mania era esplosa, come spesso succede alle donne che entrano a far parte della famiglia reale, palcoscenico mondiale ineguagliabile per prestigio e notorietà. Nello stesso anno, la Markle fu invitata a trascorrere il Natale a Sandringham con i Windsor. Mai era stato concesso un simile onore a una fidanzata o fidanzato, se pur ufficiale.

Del matrimonio da favola, celebrato al castello di Windsor il 18 maggio 2018 in diretta tv, rimarrà l'immagine del principe del Galles, oggi re Carlo III, padre dello sposo che, nella cappella di St George, accompagna all'altare la futura moglie di suo figlio dopo il clamoroso forfait di Thomas Markle, padre della sposa, arrivato a pochi giorni dalle nozze.

La regina Elisabetta II regalò alla coppia il titolo di duchi di Sussex. Ma più che l'etichetta e lo spirito di servizio, a Meghan interessava imprimere il suo stampo di donna forte, emancipata e femminista al nuovo corso della Corona. Una rivoluzione che mal si addiceva alla millenaria storia dell'istituzione monarchica. Dopo i trionfi mediatici dei royal tour e l'annuncio dell'arrivo dell'erede, fu proprio la nascita del primo royal baby, il 6 maggio 2019, a interrompere la luna di miele tra la stampa britannica e la duchessa americana. Dalla CNN in giù, il castello di Windsor era diventato il quartier generale della stampa mondiale, tutta in attesa di poter raccontare la nascita di un bambino che per diritto sarebbe stato sia un potenziale re d'Inghilterra, in quanto sesto in linea di successione, sia un potenziale presidente degli Stati Uniti, in quanto figlio di madre americana. La barriera di protezione alla privacy alzata dai duchi di Sussex con poche informazioni lasciate filtrare solo tramite Gayle King e Omid Scobie, giornalisti amici, fedelissimi alla coppia, indisponevano non poco il circolo del Royal Rota, ovvero la stampa accreditata presso il Palazzo, il cui compito è quello di coprire tutti gli eventi legati alla monarchia britannica. Con la nascita di Archie e l'imposizione della riservatezza fu chiaro che per i duchi di Sussex la privacy era diventata un'ossessione. Un controsenso per chi, per mestiere, rappresenta un Paese.

L'escalation di tensione culminò l'8 gennaio 2020 con la comunicazione a sorpresa della rinuncia alla posizione di senior royals all'interno della famiglia, appena diciotto mesi dopo il matrimonio e otto dopo la nascita di Archie. Non prima, però, di aver dichiarato guerra alla stampa, con una corposa causa ai tabloid britannici al termine del tour in Sud Africa nell'ottobre del 2019, e aver ammesso che il rapporto con il fratello con William si era incrinato. Il dado era tratto.

Se fossimo nel Medioevo si potrebbe immaginare una guerra fratricida come quelle tramandate dalla storia, ma la Megxit si risolse in un «banale» trasloco. Oltreoceano. Il piano B di Meghan Markle in caso di fuga dal regno stava prendendo forma. L'obiettivo era una vera e propria corsa all'oro da mettere in pratica in California, per trasformare la corona dei Windsor nel bancomat dei Sussex.

Questo piano, però, era incompatibile con la visione di Elisabetta II, la quale dettò al nipote condizioni durissime per la Megxit. I duchi di Sussex furono privati della scorta governativa, del diritto di utilizzare il rango di Altezza Reale e di commercializzare la corona del Regno Unito. A Harry vennero tolti anche i gradi militari, un'umiliazione troppo grande per un principe che aveva servito fedelmente l'esercito e combattuto in Afghanistan. Prima di lui, quando nel 1936 fu il suo ben più famoso proprozio Edoardo VIII a scegliere l'esilio rinunciando al trono d'Inghilterra per sposare la donna della sua vita, Wallis Simpson, americana, pluridivorziata e dalle simpatie filo-naziste, la madre, la regina Mary, definì chiaramente la priorità della Corona su qualunque emozione, anche le più profonde. Gli scrisse: «I miei sentimenti per te come madre rimangono gli stessi e la nostra separazione mi addolora. Dopotutto, ho messo il mio Paese al di sopra di ogni cosa per tutta la vita e semplicemente non posso cambiare adesso».

Harry aveva meno da perdere ma, al contrario, ha messo le esigenze di Meghan sopra ogni cosa, sopra la monarchia, la sua famiglia e la sua patria.

Così, è da marzo del 2021 che, dalla nuova residenza in California, i Sussex lanciano continue accuse all'indirizzo dei Windsor: dal razzismo alla precaria salute mentale di Meghan, hanno calato sul tavolo tutti i temi sensibili per l'opinione pubblica, senza fornire una prova alle accuse. Sono passati quattro anni, una figlia, Lilibet Diana, due funerali, di Filippo ed Elisabetta, un nuovo re, Carlo III, e bollettini medici preoccupanti riguardanti il re stesso e la detestata cognata Catherine. Anni in cui la coppia ha prodotto un'intervista esclusiva con Oprah Winfrey, una serie tv Netflix e un libro bestseller, tutti sull'esperienza di vivere da Windsor lontani dai Windsor. Freud avrebbe il suo da fare, mentre nonna Elisabetta, fedele al motto «never complain, never explain», mai lamentarsi, mai dare spiegazioni, non approverebbe.

Ma il punto è: saccheggiato a pagamento l'album dei ricordi, cosa si inventeranno i Sussex per continuare a esistere nel nome e nel segno di una Corona ormai lontanissima da loro?

Voleva la libertà, il principe Harry. L'ha avuta. Ma a quanto pare non gli basta.

L'unica soddisfazione per il principe sembra arrivare dalle aule di giustizia del Regno Unito, con l'Alta Corte di Londra che il 15 dicembre 2023 ha emesso un importante verdetto favorevole al duca di Sussex nella sua battaglia contro i tabloid per l'intrusione nella sua vita privata. Il giudice Timothy Fancourt ha condannato il gruppo MGN, editore del *Daily Mirror*, a risarcire il figlio del re con centoquarantamila sterline per aver ottenuto informazioni su Harry adoperando mezzi illegali tra il 2006 e il 2011. Sono quindici, rispetto ai trentatré denunciati, gli articoli in cui l'uso delle intercettazioni è stato provato in tribunale, quasi uno su due.

Diventato uno straniero in casa propria, per Harry i viaggi nel Regno Unito ormai sottolineano solo la distanza sempre più marcata tra lui e la famiglia reale. Con l'*annus horribilis* che ha colpito i Windsor, tra la malattia della principessa del Galles e quella di re Carlo, Harry è volato in patria a febbraio del 2024, all'indomani dell'annuncio del cancro del sovrano, per un incontro di quarantacinque minuti con suo padre. Ma un successivo viaggio a Londra, l'8 maggio 2024, per i dieci anni degli Invictus Games, l'associazione da lui fondata, ha evidenziato in modo inequivocabile l'isolamento familiare del principe. Alla messa nella cattedrale di St Paul per festeggiare l'anniversario della sua associazione lo hanno accompagnato solo gli zii materni, il fratello e le sorelle di Diana, mentre a pochi chilometri di distanza, alla stessa ora, la famiglia reale quasi al completo partecipava al Garden Party di Buckingham Palace. Non solo. L'ufficio stampa del principe Harry ha reso noto che al duca avrebbe fatto piacere incontrare il padre ma, purtroppo, l'agenda del re era già fitta di impegni. Peccato che, ancora una volta, quando si tratta dei Sussex «i ricordi possono variare» (come dichiarato da Buckingham Palace a proposito dell'intervista di Harry e Meghan con Oprah). Secondo altre ricostruzioni, infatti, al principe, che ha l'obbligo di notificare la sua presenza nel regno con ventotto giorni di anticipo per poter usufruire della scorta governativa e degli appartamenti di Palazzo, era stata offerta una sistemazione dal re che lui avrebbe gentilmente declinato.

Ad aumentare il distacco tra Sussex e Windsor c'è la moglie Meghan, che ha accuratamente evitato la tappa in Gran Bretagna per raggiungere il marito all'aeroporto di Heathrow e da lì partire per un tour in Nigeria. L'appuntamento era alla Windsor Suite del Terminal 5, quella frequentata dalla famiglia reale e dai personaggi più illustri del panorama mondiale di passaggio dalla capitale, che al costo di milleseicento sterline l'ora offre vetri antiproiettile, menù firmato dalla stella Michelin Jason Atherton e privacy totale, a prova di paparazzo. Il comfort è apprezzato dai «rich&famous» del pianeta e la duchessa di Sussex non fa eccezione. Da lì, un volo notturno della British Airways li ha portati ad Abuja dove per i tre giorni successivi si sono comportati come una royal coppia impegnata in un royal tour come quelli di casa Windsor, tra entusiasmo della popolazione e scetticismo dell'opinione pubblica. A tenere banco sulla stampa, come sempre, è stato il guardaroba della moglie del principe Harry, che per settantadue ore avrebbe sfiorato la somma di centoventimila sterline, quarantamila al giorno, ma anche l'aereo scelto dai Sussex per spostarsi all'interno del Paese. La compagnia usata, la Air Peace, fa capo ad Allen Onyema, finito nel mirino della giustizia americana nel 2019 per bancarotta e riciclaggio per venti milioni di dollari.

L'entourage dei Sussex si è affrettato a specificare che il viaggio è stato organizzato totalmente dallo staff del capo della Difesa della Nigeria, ma questo dettaglio non sarebbe mai sfuggito alla perfetta macchina dell'organizzazione di Buckingham Palace. Ecco perché si racconta che il re e il suo erede William siano furibondi per questa continua ambiguità di Harry e Meghan, che giocano a vestire e svestire i panni reali per ogni tornaconto personale.

Meno rischiosa sembra la nuova avventura commerciale della Markle, American Orchard, il sito di lifestyle apparso sul mercato a marzo del 2024 e lanciato con una strategica operazione di marketing: cinquanta vasetti di marmellata alle fragole numerati e consegnati a una selezionata lista di amiche della duchessa di Sussex in persona. Tra questi, la confezione numero dieci è stata regalata a Delfina Blaquier, la *socialite* argentina moglie del giocatore di polo Nacho Figueras, la numero tredici a Kris Jenner, madre delle sorelle Kardashian, e la numero diciassette a Tracy Robbins, moglie di Brian Robbins, numero uno della Paramount.

Interviste, libri, reality, accuse, royal tour e marmellate... La sensazione è di una coppia smarrita e agitata, alla ricerca di un'autonomia identitaria lontana a venire.

Natale a casa Windsor

È nel segno della tradizione che si celebra il Natale dei Windsor, e così anche Carlo III ha seguito un percorso già tracciato. Come usava fare sua madre, Elisabetta II, e prima di lei suo nonno, Giorgio VI, e anche il suo bisnonno, Giorgio V, il re ha scelto la residenza di Sandringham nel Norfolk per trascorrere le festività. È una proprietà privata della famiglia reale dal 1852. È qui che i Windsor trascorrono il Natale ed è sempre qui che il 25 dicembre si offrono al pubblico, dopo la messa di Natale alla St Mary Magdalene Church.

Quello del 2023, in particolare, verrà ricordato per essere stato il giorno in cui la principessa Catherine ha smesso di essere la donna invulnerabile e perfetta che è sempre stata descritta. L'immagine indelebile è quella di lei, impeccabile nel suo cappotto blu, a piedi, con William e i suoi bambini, mentre ritorna tra due ali di folla verso la dimora di Sandringham, dopo la Santa Messa alla St Mary Magdalene Church, per il pranzo di Natale. Quello è stato l'ultimo giorno di quella Kate prima di sapere della malattia, la cui notizia è arrivata quindici giorni dopo attraverso un comunicato stampa di Kensington Palace.

Ne passeranno altri settanta per rivederla annunciare in tv, seduta su una panchina, di essere malata di cancro.

Sandringham conferma, così, di essere una pietra miliare per alcuni avvenimenti, anche funesti, che hanno segnato una parte della storia dei Windsor. È sempre nella stessa residenza che il 13 gennaio del 2020 sono state trattate le condizioni per l'uscita dei duchi di Sussex dalla famiglia reale. Fu convocato un vertice dalla regina Elisabetta in persona. Prima incontrò il nipote Harry per un faccia a faccia lungo due ore e poi, alla presenza dei suoi due eredi, Carlo e William, fu accordato ai Sussex un periodo di transizione prima di lasciare oneri e onori che il ruolo di senior royal assegnava loro.

La proprietà si espande su un'area di 8000 ettari, una superficie poco più grande del lago d'Iseo, su cui sorgono circa trecento edifici, tra case ed esercizi commerciali. Oltre all'immancabile negozio di souvenir, gli altri immobili vengono affittati a selezionati inquilini o venivano offerti da Elisabetta II ai componenti della famiglia, come la tenuta di Amner Hall che la sovrana regalò a William e Catherine in occasione del loro matrimonio nel 2011 o il cottage di Wood Farm, scelto dal principe Filippo nel 2017, a novantasei anni, come buen retiro dopo una carriera in prima linea al fianco di sua moglie.

L'area che circonda la residenza di Sandringham dal mese di novembre è chiusa ai turisti perché lo staff è al lavoro per prepararsi ad accogliere la famiglia reale britannica e mandare in scena un susseguirsi di rituali natalizi.

Negli ultimi trentadue anni, i Windsor non hanno mancato un Natale a Sandrigham, eccezion fatta per il 2020 e 2021, quando il Covid-19 li ha costretti a interrompere la tradizione, ripresa nel 2022 dal nuovo padrone di casa, re Carlo III.

Le origini delle usanze dei Windsor si perdono nei secoli, ma è con Elisabetta II che le settantadue ore di festeggiamenti con la famiglia vennero pianificate nei minimi dettagli da un'agenda che scandisce tutt'ora il tempo a suon di cambi d'abito. Dall'ordine di arrivo degli ospiti il 24 dicembre, alla durata della colazione di Natale, fino alla partenza il giorno successivo, nulla è lasciato al caso. L'appuntamento per la sovrana era alla stazione di King's Cross a Londra alle 11:25, il giovedì che seguiva il ricevimento offerto in onore dei corpi diplomatici a Buckingham Palace, da dove aveva l'abitudine di partire in treno per King's Lynn, la stazione a venti minuti da Sandringham. Lì, alla vigilia di Natale, gli invitati erano liberi di raggiungere la residenza nel Norfolk come preferivano, ma venivano ricevuti rigorosamente in ordine di importanza. Prima arrivavi e meno contavi. Per intenderci: l'allora erede al trono, il principe Carlo e la moglie Camilla, erano gli ultimi a varcare il cancello. Una volta accolta tutta la grande famiglia reale, arrivava l'ora del tè, seguita dal momento più atteso dai bambini: lo scambio dei regali nella White Room davanti al grande albero e all'imponente camino. Le modalità risalgono ai tempi della regina Vittoria, trisavola di Elisabetta, ma il contenuto dei doni si è adattato via via fino a quelli attuali.

Fu il principe Albert, marito di Vittoria, a iniziare la tradizione di esporre tutti i regali su un grande tavolo di una stanza che veniva aperta il 24 pomeriggio, quando la famiglia era riunita, e così ognuno correva a cercare il proprio pacchetto. Venivano offerti per lo più quadri o gioielli, come la spilla che Albert disegnò per la moglie con il ritratto della loro prima figlia, Vittoria. Nei tempi moderni, invece, di questo appuntamento si raccontano miti e leggende. Si dice, per esempio, che, non conoscendo le regole di casa Windsor, secondo cui i regali più sono economici e divertenti, più vengono apprezzati, Diana al suo primo Natale tra i royals rimase sconvolta dalla modestia dei pacchetti. Lei regalò golf di cashmere a tutti e in cambio ricevette rotoli di carta igienica. È stato un successo, poi, il primo Natale di Kate Middleton con la famiglia reale, nell'inverno del 2011. Il chutney, salsa che accompagna i piatti di carne, preparato da lei stessa seguendo la ricetta di nonna Middleton e regalato alla regina, fu portato addirittura a tavola il 25 dicembre. Fece scalpore, invece, il primo Natale trascorso a Sandringham nel 2017 da Meghan Markle, quando non era ancora la moglie del principe Harry. Mai era stato concesso un tale onore a un fidanzato o una fidanzata, seppur ufficiale. Dopo di lei, nel 2019 lo stesso privilegio toccò a Edoardo Mapelli Mozzi, l'immobiliarista di origine italiana che a luglio 2020 avrebbe sposato la principessa Beatrice York.

Come Kate, anche Meghan indovinò il regalo per Sua Maestà e il peluche a forma di criceto che cantava buffe canzoni conquistò sia la regina sia i suoi corgi.

Anche quella dell'albero di Natale è una tradizione che risale ai tempi di Vittoria. In realtà, fu la regina Charlotte, la moglie di re Giorgio III, a inaugurare ufficialmente l'usanza degli abeti verdi alla corte britannica per abbellire il Natale e la Vigilia quando, nel 1800, al Royal Lodge di Windsor fu allestito quello che viene ricordato come il primo albero di Natale del Regno Unito. Da allora in poi, divenne una moda tra l'aristocrazia del tempo, ma è solo sotto il regno di Vittoria, circa cent'anni dopo, con il principe Albert e l'intera famiglia ritratti davanti all'albero, che decorare l'abete divenne un'usanza popolare. Come i suoi trisavoli Vittoria e Albert, anche Elisabetta II, durante il suo regno, ha donato alberi di Natale a tutte le scuole e le chiese intorno alla residenza di Sandringham. Suo omaggio erano anche i quattro abeti offerti a Londra, all'abbazia di Westminster e alla cattedrale di St Paul e, a Edimburgo, a quella di St Giles e alla Canongate Kirk.

«Il menù di Natale richiede settimane di preparativi» ha raccontato lo chef di Sua Maestà, Darren McGrady, al servizio di Elisabetta II dal 1982 a 1993. Ugualmente importante è la puntualità. Ci si siede a tavola alle 13.15 per un massimo di cinquanta minuti.

La portata principale è il tacchino, accompagnato dalle verdure che provengono rigorosamente dalla tenuta reale, ma il piatto più famoso è il pudding di Natale che, secondo la tradizione del Regno Unito, va preparato dalla famiglia al completo l'ultimo giovedì di novembre.

Un'iniziativa che ha coinvolto anche i Windsor quando, a Natale del 2019, Elisabetta II si è offerta alla stampa in compagnia dei suoi tre eredi diretti, Carlo, William e George, impegnati a sovraintendere all'impasto. Il più entusiasta dell'idea era sembrato senza dubbio il principe George.

Proprio il pudding è il regalo che Elisabetta II usava fare ai millecinquecento membri del suo staff. Venivano acquistati da Fortnum & Mason, il tempio della gastronomia di Londra e fornitore ufficiale della Casa Reale, anche se dal 2017 il Palazzo ha optato per quelli della grande catena Tesco, che a otto sterline l'uno sembravano più economici e più in linea con i tempi.

Tutti i pudding venivano consegnati ai membri dello staff dalla sovrana in persona e anche per i dipendenti, per l'incontro con la regina, valeva l'ordine di anzianità di servizio. Con gli auguri, oltre al biglietto che accompagnava il dolce, al personale più stretto di Sua Maestà veniva consegnata anche una busta con un extra natalizio.

La stessa attenzione è stata adottata anche da re Carlo III, che nel 2022 ha deciso di offrire dal suo portafoglio personale un bonus extra di seicento sterline cadauno al suo staff, per fronteggiare il carovita del Paese provocato dalla crisi.

È proprio la beneficenza a impegnare maggiormente l'agenda dei royals nella stagione delle feste.

Dall'albero di Natale di Clarence House, che Camilla ha l'abitudine di addobbare insieme ai bambini malati che ricevono aiuto da due associazioni patrocinate da lei, all'orsetto Paddington, grande protagonista del 2022: del Giubileo, del funerale e del Natale. Interprete al fianco di Elisabetta II del momento più iconico dei festeggiamenti per i settant'anni di regno, all'indomani della morte della sovrana è stato l'orsetto uno dei tributi scelti dai sudditi per omaggiare la regina. Tutti quelli disseminati nei parchi di Londra in quei giorni sono stati raccolti dallo staff di Palazzo e, una volta puliti, regalati dalla regina consorte ai bambini di alcune charity da lei supportate.

A proposito di Camilla, la salita al trono del nuovo re ha visto l'arrivo di due new entry a Sandringham, Laura e Tom Parker Bowels, ovvero i figli della regina e del suo primo marito Andrew Parker Bowles. Affezionato a loro da sempre, re Carlo è anche il padrino di battesimo di Tom, ma per questione di opportunità non erano mai stati invitati a trascorrere il Natale con i Windsor. Sempre l'opportunità aveva escluso Sarah Ferguson dalla lista degli invitati a Sandringham dopo il divorzio dal principe Andrea, nel 1996. Ma, dal 2023, il re ha aggiunto un posto a tavola anche per la duchessa di York.

Assenti, invece, dal 2019 i duchi di Sussex, Harry, Meghan e i figli Archie e Lilibet.

L'attenzione per le tradizioni di Natale non lascia niente al caso, e la Christmas Card non fa eccezione. L'usanza risale al 1914 quando re Giorgio V e la regina Mary inviarono la prima foto natalizia alle truppe britanniche al fronte durante la Grande Guerra come segno di riconoscenza e supporto. I costumi e le mode hanno poi fatto il resto, rendendo la Christmas Card uno status del Natale. La regina Elisabetta e Filippo ne inviavano ogni anno settecentocinquanta. Per la prima del suo regno, nel 2022, Carlo III ha scelto una foto scattata in Scozia l'estate precedente, durante i Braemer Games.

Il concerto di Natale organizzato dalla principessa del Galles il 15 dicembre 2022 nell'abbazia di Westminster, che ha riunito gran parte della famiglia reale, è stato dedicato alla memoria della sovrana. Schierato in prima fila c'era re Carlo III, da sempre gran sostenitore della nuora Kate.

Catherine, attenta alle tematiche familiari, a partire dal 2021 ha infatti incluso nella ricorrenza del Natale i Christmas Carols. Si è fatta così promotrice dei canti natalizi, «Insieme a Natale», che organizza nell'abbazia di

Westminster. Il servizio è registrato e va in onda alle 19.45 della vigilia di Natale, quando la famiglia reale è già riunita a Sandringham.

Il giorno successivo è Carlo con il suo erede William, accompagnati dalle rispettive mogli, ad aprire la sfilata reale verso la Messa di Natale. L'appuntamento, per telecamere e curiosi, con la tradizionale passeggiata dei Windsor verso la St Mary Magdalene Church, la piccola chiesa all'interno della proprietà reale, è alle 11 di mattina del 25 dicembre. Terminata la funzione, il re e la sua famiglia incontrano la folla. E questa è l'unica occasione, nei tre giorni delle festività natalizie, durante la quale i Windsor si offrono al pubblico, dopo di che Sandringham, esclusa l'area turistica che ospita i negozi, rimane rigorosamente off limits.

Rimangono, invece, aperte per tutto il periodo natalizio le altre residenze reali, dal castello di Windsor a Holyroodhouse in Scozia, addobbate per il Natale come se il re dovesse arrivare da un momento all'altro. Al costo di ventisei sterline a persona, novanta per Buckingham Palace, i Christmas tour tra i palazzi riscuotono un tale successo da aver costretto lo staff ad aggiungere ulteriori date per le visite.

Me nel calendario dei Windsor niente è importante come il messaggio televisivo che il sovrano dirige ai sudditi alle 3 del pomeriggio del giorno di Natale.

Eccezion fatta per il 1969 (quando fu diffuso un comunicato di auguri stampato, per non sovraesporre i Windsor, già protagonisti, quell'anno, di un documentario), durante tutto il suo regno Elisabetta II ha inviato il messaggio di Natale in tv ogni anno, fino al 2021, l'ultimo. E fino al

1991 questa è stata anche l'unica occasione dell'anno in cui la sovrana si rivolgeva ai suoi sudditi.

L'attesa nel 2022 era per quello di Carlo III, il primo da re, e per i temi che avrebbe toccato il nuovo sovrano nel suo discorso. Registrato nella cappella di St George a Windsor, è stato seguito da oltre dieci milioni di telespettatori.

Il messaggio di Natale è sempre stato il riflesso puntuale della società e ha camminato di pari passo con i traguardi tagliati dal progresso, senza dimenticare storia e tradizione. Finora è stata l'occasione in cui i sovrani hanno approfittato per rivolgere uno sguardo all'anno trascorso e tracciare il cammino per quello a venire, sulla linea di quello che il nostro presidente della Repubblica rivolge agli italiani a Capodanno.

Dal 1957 è trasmesso in televisione e nel 2007, per il cinquantesimo anniversario di questa ricorrenza, Elisabetta II è apparsa al fianco dello stesso apparecchio utilizzato mezzo secolo prima. Progresso e tradizione in un'immagine sola, che poi è il manifesto del regno dei Windsor.

I BORBONE

La Corona di Spagna, da Juan Carlos a Felipe

C'è una tragedia più drammatica di altre alla base della vita di Juan Carlos Alfonso Víctor María de Borbón y Borbón-Dos Sicilia, nato in esilio in Italia, diventato re di Spagna e tornato in esilio ad Abu Dhabi.

Marzo 1956, Estoril, Portogallo. Villa Giralda è il luogo dell'esilio dorato dei conti di Barcellona, la famiglia reale spagnola raminga in Europa. Un colpo di pistola uccide a quindici anni l'infante Alfonso di Borbone, secondo in linea di successione di un trono che non c'è più. Chi ha sparato? L'ambasciata spagnola rilasciò uno scarno comunicato: «Mentre Sua Altezza l'Infante Alfonso stava pulendo con suo fratello un revolver la scorsa sera, un colpo è partito raggiungendolo alla fronte e uccidendolo in pochi minuti». Il fratello era Juan Carlos di Borbone, aveva diciotto anni, e fin dall'inizio si sussurrò che a sparare fosse stato lui.

Sono stati i tumulti a segnare gli ultimi cento anni di storia della corona di Spagna. La monarchia, abolita nel 1931 con la nascita della Seconda Repubblica che costrinse re Alfonso XIII, nonno di Juan Carlos, all'esilio, fece il suo ritorno nel Paese nel 1975 con Juan Carlos. In mezzo passarono la guerra civile e la dittatura. Con il generale Francisco Franco, il dittatore alla guida della Spagna dal 1939, che si autoproclamò reggente e favorì il rientro degli eredi Borbone.

Tutto ricominciò nell'estate del 1969, quando a Madrid, durante una seduta speciale del Parlamento, il 18 luglio, Juan Carlos giurò di fronte al Caudillo come principe di Spagna, anziché delle Asturie. Era un'investitura anomala per il futuro re, la cui dinastia viveva in esilio ormai dal 1931. Juan Carlos era stato designato dal dittatore come suo successore alla guida del Paese. Ma furono necessari altri sei anni prima che, il 22 novembre 1975, due giorni dopo la morte di Francisco Franco, Juan Carlos di Borbone fosse proclamato re di Spagna.

Aveva trentasette anni e per i successivi quattro decenni il regno, che lui traghettò dalla dittatura a una monarchia costituzionale su modello inglese, gli fu talmente devoto che si parlò della Spagna come terra di juancarlisti più che di sudditi. Affascinante e carismatico, divenne il vanto e l'orgoglio del suo popolo finché gli scandali che lo travolsero ne decretarono la rovina, fino all'abdicazione nel 2014 e perfino, ancora una volta, l'esilio, nel 2020, quando in una notte d'estate fuggì a bordo di un aereo privato verso Abu Dhabi.

C'è molta Italia nella vita della corona dei Borbone, come disse Juan Carlos durante una visita a Roma nel 2018: «Io sono un vero romano di Roma». Scelta dal nonno come terra d'esilio, Juan Carlos, il futuro re di Spagna, nacque a Roma, di cui è cittadino onorario, il 5 gennaio 1938, al

311 di via Nomentana, in quella che allora era una clinica angloamericana e oggi è una casa di cura.

I suoi genitori sono Don Juan di Borbone, erede al trono di Spagna in una teorica linea di successione dopo la rinuncia dei suoi due fratelli maggiori, e Maria Mercedes Borbone delle due Sicilie, che si erano sposati a Roma il 12 ottobre 1935 nella basilica di Santa Maria degli Angeli. La coppia si era conosciuta solo qualche mese prima, a gennaio, al ballo per il matrimonio del principe Alessandro Torlonia con l'Infanta Beatrice, sorella di Don Juan e zia di Juan Carlos. Per il battesimo fu scelta la cappella dell'ordine di Malta in via Condotti, perché si trovava a due passi da Palazzo Torlonia che ospitò il ricevimento alla presenza, perfino, della regina d'Italia, Elena del Montenegro. A officiare il rito fu chiamato Monsignor Pacelli, il futuro Papa Pio XII.

È nel quartiere residenziale dei Parioli che si stabilirono a vivere i genitori di Juan Carlos, con la famiglia che si stava allargando. Per i suoi primi tre anni di vita, Juan Carlos abitò al 112 di viale Parioli. Lì, in un appartamento in un palazzo della borghesia romana, cresceva il futuro re di Spagna.

L'entrata in guerra dell'Italia nel 1940 al fianco della Germania nazista fu determinante per la decisione dei Borbone di lasciare il Paese e trasferirsi in Svizzera, mettendo così la maggior distanza possibile tra loro e il regime fascista, nemico della Gran Bretagna, per Don Juan la sua seconda patria. Il padre di Juan Carlos, ex ufficiale della Royal Navy, diplomato all'accademia navale di Darmouth, era nipote, da parte di madre, della regina Vittoria, considerata la grande «nonna d'Europa».

È infatti lei la celebre trisavola in comune tra Juan Carlos di Borbone ed Elisabetta Windsor, cugini di settimo grado ed eredi di due dei più grandi imperi della storia. Saliti al trono entrambi per una scelta più altrui che propria, fu il generale Francisco Franco a decidere il destino di Juan Carlos nel 1948. Dopo vari colloqui e un incontro, il primo di persona, tra Don Juan e il dittatore, nel mese di agosto a bordo di un'imbarcazione al largo della costa spagnola per discutere della restaurazione della monarchia nel Paese, fu il Caudillo a dettare le condizioni: Juan Carlos avrebbe studiato in Spagna per ricevere un'istruzione spagnola e far sì che, quando sarebbe arrivato il momento, non fosse considerato uno straniero in patria.

Il 9 novembre 1948, a dieci anni, per la prima volta in vita sua, Juan Carlos toccava, così, il suolo spagnolo. Avrebbe completato qui l'intero percorso scolastico, fino all'accademia militare di Saragozza, quella dei re di Spagna, diplomandosi primo luogotenente nel 1959.

Il successo con le donne non tardò ad arrivare e la fama del playboy ne consacrò il personaggio, tanto da far diventare, con il tempo, leggendario il numero delle sue amanti, dicono più di cinquemila, prima che gli scandali lo travolgessero, decretando la fine del suo regno.

È stata la moglie Sofia a determinare il successo di Juan Carlos sul trono di Spagna. Nata principessa di Grecia e Danimarca, sposata nel 1962 ad Atene con due riti differenti, cattolico e ortodosso, per abbracciare entrambe le fedi. Si erano conosciuti il 22 agosto 1954 durante una crociera sul Mediterraneo organizzata dalla madre di Sofia, la regina Federica di Grecia, a bordo dello yacht Agamennone salpato da Venezia con altri centodieci ospiti tra le teste coronate d'Europa. Fu ribattezzata «la crociera dei re». Juan Carlos aveva sedici anni, Sofia quindici ed era la primogenita di re Pavlos di Grecia, discendente anche lui della regina Vittoria. Questa rete di parentele faceva sì che pure Sofia e Juan Carlos fossero lontani cugini. Oltre alla celebre trisavola, li univa la passione per lo sport, la vela in particolare, ed entrambi avrebbero partecipato a una Olimpiade: Sofia nel 1960 a Roma e Juan Carlos nel 1972 a Monaco.

Sposato dal 1962 con Sofia e sempre in bilico tra un disegno di restaurazione, che tanto sacrificio era costato ai Borbone nell'attesa che si verificasse, e la prospettiva di una vita agiata vissuta in un esilio dorato, Juan Carlos scelse la strada che contemplava la sottomissione al volere di Franco ma che, alla lunga, lo avrebbe portato sul trono di Spagna. Con la moglie furono sistemati alla Zarzuela, il Palazzo reale alle porte di Madrid che negli anni Sessanta, di reale, aveva ben poco. Lui e Sofia non facevano parte della nomenclatura franchista, eppure ne erano totalmente dipendenti. Inoltre, il dittatore si rifiutò di riconoscere a Juan Carlos il titolo che spetta all'erede al trono di Spagna, quello di principe delle Asturie, ma nel 1969 arrivò la tanto attesa investitura a successore designato.

Nel frattempo, nacquero tre figli: due femmine, Elena e Cristina, e nel 1968, finalmente, l'erede maschio, Felipe. I Borbone, per volere del dittatore, divennero il volto pubblico della Spagna nel mondo, anche per provare ad annullare quella diffidenza che il regime del generale Franco aveva suscitato nelle maggiori cancellerie occidentali. Il ritorno di un vero re Borbone, dopo trentaquattro anni, inaugurò poi una nuova era per il Paese. Architetto e stratega della sua Spagna, Juan Carlos intraprese un cammino per distaccarsi dall'eredità di Franco e assicurarsi l'appoggio laddove i suoi predecessori avevano fallito, come quello del mondo intellettuale, una delle classi responsabili, secondo lui, della caduta di Alfonso XIII. Nel 1977 furono indette le prime elezioni libere nel Paese, nel 1978 nacque la Costituzione, nel 1986 la Spagna entrò nell'Unione europea. Il riposizionamento a livello internazionale, tanto quanto la costruzione di un patto di fiducia con il popolo spagnolo, rappresentarono le maggiori sfide dell'età juancarlista. Gli spiriti indipendentisti delle regioni autonome invece risultarono essere un problema, tutt'ora irrisolto.

Cresciuti da sempre alla scuola dei re, i Borbone sono stati educati per eccellere nell'arte della diplomazia, per rafforzare o ricucire alleanze e servire il proprio Paese. Nessuno lo sa fare meglio di loro. Il passo internazionale di Juan Carlos non fece eccezione, tanto che il presidente francese Giscard d'Estaing lo elesse come suo unico interlocutore in Spagna, nonostante la presenza di un primo ministro a guidare politicamente la nazione.

Lo sventato colpo di stato del colonnello Tejero nel 1981 fece del re un eroe nazionale. I matrimoni delle figlie, le principesse Elena e Cristina e l'attenzione che circondava Felipe, principe delle Asturie, tra gli scapoli più ambiti del pianeta, alimentò la magia intorno alla monarchia. E nel 1995 la popolarità della corona dei Borbone raggiunse il suo apice, con un gradimento tra gli spagnoli del 74%.

Le estati alle Baleari, dove i Borbone si dividevano tra passione e passioni, su tutte la vela, diventarono sinonimo di glamour. Il buen retiro si chiama Marivent, il palazzo che le autorità provinciali di Mallorca offrirono alla famiglia reale nel 1973. Custode di molte memorie, lì Juan Carlos riusciva a conciliare le vacanze con dovere e piacere. «Se non fosse per il mio ufficio alla Zarzuela, a Madrid, non trascorrerei neanche un giorno lontano dal mare» raccontò il re nel 1983. Da oltre quarant'anni l'appuntamento dell'estate sull'isola è ancora la Copa del Rey, la regata inaugurata da Juan Carlos nel 1982 e portata avanti adesso dal figlio Felipe.

Furono anni dorati quelli che precedettero gli altri, orribili, che sarebbero venuti quando iniziò il declino, che nell'arco di un ventennio trascinò Juan Carlos dal punto più alto a quello più basso del gradimento, fino all'abdicazione il 19 giugno 2014. Fu un atto necessario per la sopravvivenza stessa del trono. In mezzo c'erano state tutte le debolezze di un re.

L'abdicazione è stata solo l'inizio del terzo tempo della vita di Juan Carlos, quello che nemmeno la Costituzione aveva previsto, tanto da rendere necessario un emendamento per poter permettere il passo indietro del re. L'eroe nazionale aveva lasciato spazio a un sovrano corrotto e traditore.

La protagonista del capitolo del declino del re è Corinna Larsen, un'avventuriera tedesca riconvertita, per matrimonio, in principessa zu Sayng-Wittgenstein, che ha fatto della scalata sociale una vera e propria professione. Classe 1965, amante del re per dieci anni, fu l'incontro nel 2004 nella tenuta del duca di Westminster in Spagna, La Garganta, ad avvicinare Corinna Larsen a Juan Carlos, ma fu l'incidente di caccia in Botswana in cui rimase coinvolto il sovrano nel 2012 a squarciare il silenzio sulla vita privata di Sua Maestà. Travolto dallo scandalo, Juan

Carlos si scusò pubblicamente per il suo comportamento, ma i vizi del re, in una Spagna piegata dalla crisi economica, fanalino di coda dell'Unione europea e con lo spettro della Troika a prendere in mano ciò che restava del Paese, erano mal tollerati in patria e la Corona divenne il nemico pubblico numero uno.

Corinna è la donna per cui Juan Carlos avrebbe addirittura messo in discussione il matrimonio reale nel 2009 pur di poterla sposare, così ha raccontato la Larsen nel 2019. A garantire privacy e protezione alla coppia ci ha pensato l'entourage vicino al re; l'imprenditore Miguel Arias, proprietario di alcuni dei ristoranti preferiti di Juan Carlos, come quello di Madrid Las Cuatro Estaciones, adesso chiuso, contava tra i suoi migliori clienti il re e Corinna Larsen, grandi appassionati di uova in camicia con caviale di salmone. Per Alvaro de Orléans, uomo di fiducia nonché cugino di Juan Carlos, si trattava di una relazione tossica che influiva anche sull'umore del sovrano.

Sicuramente era più di una semplice amante. Era una presenza costante che turbava persino il Governo di Madrid, tanto da essere trattata come un affare di Stato. A differenza della discrezione che ha caratterizzato le altre compagnie femminili al fianco di Juan Carlos, era stata la scaltrezza di Corinna e la sua inclinazione a sfruttare il re per concludere affari a preoccupare la Moncloa, sede del primo ministro spagnolo. I risultati di questa frequentazione si sono trasformati in un romanzo a puntate che ha toccato tutte le sfumature degli scandali: intercettazioni, tangenti e molestie, con gli atti d'accusa contro il re che triangolavano nei tribunali di tre diversi Paesi: Spagna, Svizzera e Inghilterra.

L'esilio forzato del sovrano ad Abu Dhabi nel 2020 si era reso necessario dopo l'inchiesta aperta dalla magistratura svizzera su una tangente di cento milioni di dollari arrivati dal Ministero delle Finanze dell'Arabia Saudita e destinata a due enti che avevano tra i beneficiari il re emerito Juan Carlos. In mezzo c'erano anche le minacce tra i due ex amanti, Juan Carlos e Corinna, per sessantacinque milioni di dollari che lui, nel 2012, avrebbe trasferito su un conto a lei intestato, mai resi dopo la rottura. Al centro della bufera, suo malgrado, è finito il Palazzo reale, costretto, nel 2020, a adottare pesanti contromisure per allontanarsi da ogni scandalo e assicurare un futuro alla corona di Spagna, adesso sulla testa di Felipe VI e un giorno su quella di sua figlia, la principessa delle Asturie, Leonor. L'azzeramento dello stipendio di centonovantaquattromila euro che Juan Carlos percepiva come membro della Casa Reale e la rinuncia da parte di Felipe VI a qualsiasi eredità futura sono state le mosse più incisive.

Il patteggiamento nel 2021 con il fisco spagnolo per 4,4 milioni di euro ha evitato a Juan Carlos l'imputazione per evasione fiscale, ma è risultato comunque essere un rimedio non sufficiente a fronteggiare la crisi di credibilità che aveva causato.

A raccogliere la pesante eredità di una monarchia crollata al 49% del consenso, che faticava a dimostrare la ragione di esistere e di resistere ancora, è toccato proprio al figlio, salito al trono come re Felipe VI. Lui, con la moglie Letizia e le due figlie al fianco, ha rilanciato il prestigio della Corona, fino a superare oggi il 60% di popolarità. Era necessario adottare un profilo più serio e meno glamour di quello che ha accompagnato la vita dell'augusto genitore per riacquistare la credibilità perduta e stringere di nuovo un patto di fiducia con il suo popolo, e re Felipe con tutta la sua famiglia lo ha fatto. Seguì una linea dura anche nei confronti della sorella, l'Infanta Cristina e il marito, Iñaki Urdangarin, ex campione di pallamano, coinvolti nello scandalo finanziario della società di comunicazione Noos. Dopo la decisione del giudice del tribunale di Palma di rinviare a processo l'Infanta Cristina, una prima assoluta per un membro della famiglia reale, nel 2015 Felipe revocò alla sorella e al cognato privilegi e titoli, quello di duchi di Palma, offerto da Juan Carlos come regalo di nozze nel 1997. Lei fu assolta dal processo penale, ma la condanna a sei anni per corruzione nel 2017 di Iñaki Urdangarin aveva poi contribuito ulteriormente a minare la credibilità del trono dei Borbone, obbligando la stessa famiglia reale a schierarsi su fronti opposti.

Non solo soldi, ci sono anche i tradimenti, veri o presunti, ad accompagnare il cammino a ostacoli del sovrano.

Felipe è solo a reggere il peso della Corona. Accanto a lui, alla Zarzuela, ci sono la moglie, la regina Letizia, ex giornalista che però fatica ancora oggi dopo vent'anni di matrimonio a riscuotere simpatie tra i sudditi, e le giovani figlie Leonor e Sofia che incominciano solo ora, piano piano, a camminare sul grande palcoscenico reale.

Il ritratto di una regina traditrice e immatura emergerebbe del libro scandalo *Letizia y yo* scritto dalla firma di *El Mundo* Jaime Peñafiel, che fin dall'annuncio del fidanzamento nel 2003 non aveva risparmiato critiche alla moglie di Felipe. Pubblicato il manoscritto il 21 novembre 2023, il giornalista è stato accompagnato alla porta dell'autorevole quotidiano due mesi più tardi. Il libro racconterebbe il tradimento di Letizia con Jaime del Burgo, marito di sua sorella Telma dal 2012 al 2016. Le rivelazioni arrivano proprio dall'ex cognato della regina di Spagna che, senza fornire una prova all'accusa, ha raccontato che i due si sarebbero conosciuti nel 2000 e la relazione sarebbe andata avanti fino al 2004, per poi essere bruscamente interrotta alla vigilia del royal wedding tra il principe delle Asturie e Letizia Ortiz. Tuttavia, Jaime Del Burgo non si sarebbe mai allontanato molto dalla vita di Letizia, anzi divenne un confidente anche del futuro re di Spagna. E tra il 2010 e il 2011 la storia clandestina sarebbe ripresa prima di essere interrotta un'altra volta da Letizia. Queste rivelazioni hanno fatto il giro del mondo e riportato l'attenzione alle stelle intorno agli scandali della corona dei Borbone che, dopo gli anni agitati con l'ex sovrano Juan Carlos, stava trascorrendo un periodo di apparente serenità. Tuttavia, il comportamento tenuto dai diretti interessati della vicenda ha azzerato le polemiche. Telma, la sorella della regina, intercettata a gennaio del 2024 da un giornalista a una serata al Club Financiero Genova di Madrid, a cui partecipava anche Hillary Clinton, ha detto di ammirare molto il lavoro portato avanti da Letizia. La famiglia reale non commenta e non sembra preoccuparsi di quelli che considera pettegolezzi.

A giugno del 2024, re Felipe ha tagliato con successo il traguardo dei dieci anni di regno, affacciandosi, con il resto della famiglia, dallo stesso balcone del Palazzo reale da cui nel 2014 incominciò faticosamente, con un saluto ai sudditi e un cammino in salita, a fare il re.

Fondamentali per il riscatto della Corona dai tanti scandali che avevano preceduto l'avvio del suo regno sono state alcune figure femminili che, per la prima volta, andavano a occupare ruoli chiave nella casa reale. Nel 2015 Beatrix Rodriguez, classe 1971, una laurea in economia d'impresa all'università Autonoma di Madrid e una carriera nella burocrazia di Stato, divenne revisore dei conti della Corona, ovvero controllore dei circa otto milioni di euro che il Governo spagnolo versa al re Borbone, e nel 2024 Maria Dolores, ex avvocato di Stato, è stata scelta dalla regina come responsabile della sua segreteria. Delle undici persone a capo dello staff della *Casa Real*, due sono donne.

Il basso profilo dei sovrani ha contribuito al successo di Felipe come guida del Paese. È un sovrano apparentemente semplice, che ama la Spagna, la famiglia, la vela e il cinema. Condivide quest'ultima passione con la moglie Letizia e, quando gli impegni di corte lo permettono, non è raro incontrarli nelle sale cinematografiche di Madrid come una coppia qualsiasi, o con le figlie, le principesse Leonor e Sofia, come una famiglia «normale». Ma non lo è.

Loro sono i Borbone, la casa reale spagnola, che sta promuovendo la nuova immagine della monarchia di Spagna.

Come in ogni regno il gradimento del sovrano è variabile di regione in regione. In Andalusia la popolarità di Felipe raggiunge l'apice e, senza alcuna sorpresa, crolla in Catalogna, dove solo il 18% della popolazione approva il lavoro del monarca. D'altronde, proprio quella regione dai forti spiriti indipendentisti ha rappresentato una delle maggiori minacce dei primi dieci anni di regno di Felipe. Il referendum indetto nel 2017 dalla Generalitat de Catalunya violava apertamente la Costituzione spagnola, che non consente di votare sull'indipendenza di alcuna comunità autonoma nel Paese, e il caos scatenato dall'elezione costrinse re Felipe a intervenire con un messaggio alla nazione in cui ha usato parole dure per condannare la slealtà dei leader della Catalogna nei confronti dello Stato.

Su tutti veglia la regina Sofia che, nel solco della storia, ha imparato il mestiere a cui la vita l'aveva predestinata. Figlia di re, sorella di re, moglie di re e madre di re è nel comportamento esemplare che emerge la grandezza della sua persona, devota a una sola causa, il trono dei Borbone.

Con una popolarità, nella vecchia e nella nuova patria, che sfiora quella del figlio al 69%, è lei la vera roccia della Corona. Lezioni non apprese dalla nuora Letizia, insofferente, in passato, alla presenza assidua e centrale della suocera nella vita di Felipe e delle piccole principesse.

Se pur da lontano, la regina Sofia resta una costante anche nella vita di Juan Carlos, al contrario di chi sperava in un divorzio dopo gli scandali del sovrano. Con il re si sentono quasi quotidianamente e, negli ultimi anni, è stata sempre al suo fianco in ogni apparizione pubblica e ufficiale di Juan Carlos: in Giordania, ad Amman, in occasione del matrimonio reale del principe ereditario Hussein; ad Atene in occasione del funerale del fratello Costantino II, l'ultimo re di Grecia, e a Londra per quello della cugina Elisabetta II, funerale al quale Juan Carlos ha partecipato nonostante l'opposizione del Governo spagnolo, seduto in seconda fila tra i reali di tutto il mondo.

La ricerca di riscatto di Juan Carlos, dopo l'archiviazione dell'inchiesta svizzera, è passata anche attraverso il primo ritorno in patria a maggio del 2022, dopo due anni di esilio volontario. Il re atterrò in Galizia, lungo la costa atlantica, solo per pochi giorni in occasione della regata del Bribón, il veliero con il quale era stato campione del mondo, e per una visita al figlio a Palazzo, senza toccare le Baleari, croce e delizia dei Borbone.

La promozione turistica fu all'origine dello scandalo che coinvolse la società di Urdangarin, ma fu sempre a Maiorca che si riconciliarono i Borbone e i Windsor, dopo la crisi su Gibilterra, l'enclave inglese in territorio spagnolo, che nel 1981 aveva portato al forfait del re e della regina di Spagna al matrimonio di Carlo e Diana per questioni diplomatiche. Poi, nel 1986, i principi del Galles furono ospiti dei Borbone insieme ai figli William e Harry. Quella visita fu propedeutica a un'altra, storica, nel 1988, quando la regina Elisabetta si recò in Spagna per il primo incontro ufficiale fra i discendenti dei due più importanti imperi della storia, lasciando aperto il contenzioso su Gibilterra, ma ponendo fine, di fatto, a cinque secoli di guerre tra i due Stati. In fondo erano cugini, no?

È proprio in virtù di quel rispetto che Juan Carlos ha sempre portato a Elisabetta che non è voluto mancare all'addio a Londra prima di tornare al suo esilio volontario.

L'ultimo re di Spagna a morire in patria fu il suo bisnonno, Alfonso XII, nel 1885. Suo padre, Don Juan, morì a Pamplona nel 1993, ma non fu mai re. Nella certezza di mettere la corona al sicuro sulla testa di Juan Carlos, rinunciò lui stesso a diventarlo per il bene supremo della monarchia.

Un sacrificio, quello del padre, che sarà risuonato nella mente di Juan Carlos, insieme a tutto il rosario di errori commessi nella vita da re, prima di abdicare in favore di suo figlio e firmare la sua fine.

I GRIMALDI

La saga di Grace e Ranieri

Il Principato di Monaco era in festa. Il 31 maggio 2023, con un anniversario «tondo», i cent'anni dalla nascita di Ranieri III, si inaugurava la grande stagione estiva di Monte-Carlo, un'occasione per rispolverare il glamour del tempo che fu.

Nel 1923, un secolo prima, la Costa Azzurra era all'apice della sua mondanità. Scelta come meta prediletta dall'alta nobiltà britannica di fine Settecento, era diventata il centro di gravità del jet set internazionale. Si passava di villa in villa, tra calici di champagne, e la vita scorreva lieve. La Prima guerra mondiale era alle spalle e la Seconda ancora lontana.

Lungo i suoi 120 chilometri di costa abbondavano le feste, organizzate dalle padrone di case meravigliose che contavano tra i loro ospiti i nomi più illustri del palcoscenico globale: da Winston Churchill a Ernst Hemingway, da Sarah Bernhardt a La Belle Otero, passando per tutte le teste coronate d'Europa. Ad accompagnare gli incontri erano le conversazioni brillanti e i pettegolezzi in egual misura. Quell'estate del 1923, a tener banco nei salotti dell'alta società erano le chiacchiere su Coco Chanel e Hugh Grosvenor, secondo duca di Westminster, in aria di divorzio dalla moglie numero due e, per la stampa, uno degli uomini più ricchi del mondo che, dopo aver conosciuto la stilista a una festa sulla Riviera, se ne era innamorato perdutamente.

Erano i ruggenti anni Venti e la Costa Azzurra stava per scrivere un nuovo capitolo della sua storia.

Il 31 maggio 1923, nello Stato più piccolo del mondo, secondo solo al Vaticano, fervevano i festeggiamenti per la nascita dell'erede al trono, Sua Altezza Serenissima il principe Ranieri di Monaco. Il lieto evento, in verità, metteva fine a tumultuosi anni di scontri sulla successione.

Salito al trono nel 1949 sarà, poi, il suo matrimonio con Grace Kelly, nel 1956, a cambiare il destino del principato, trasformando uno Stato in uno status.

C'è uno scandalo all'origine del regno di Ranieri, ed è d'altronde attraverso scandali più o meno eccellenti che si srotolando gli ultimi cento anni del principato.

Il problema era la successione al trono. La questione teneva banco nella Monaco di inizio Novecento sotto il regno di Alberto I, il cui figlio era senza discendenti. Il nonno di Ranieri, infatti, il principe Luigi, non aveva un erede legittimo e, dopo sei secoli di dominio Grimaldi, il trono rischiava di passare ai cugini del sovrano in Germania, a Guglielmo, secondo duca di Urach. Una prospettiva catastrofica per la dinastia e per la Francia che, con la Prima guerra mondiale alle porte, non poteva immaginare scenario peggiore di un principe tedesco alla guida del Principato di Monaco, un'enclave autonoma in pieno territorio francese.

È nella figlia illegittima del principe Luigi, Charlotte,

nata nel 1898 dalla relazione con la sua amante Marie Juliette Louvet che, nel 1911, fu individuata la miglior soluzione possibile.

Così nel 1922, anno della salita al trono di Luigi, riconosciuta ufficialmente dal padre con una forzatura alla Costituzione, Charlotte fu proclamata principessa ereditaria di Monaco.

Dal suo matrimonio con il conte Pierre de Polignac nel 1920 nacquero due figli, la principessa Antoinette e, nel 1923, l'erede, il principe Ranieri. La dinastia era salva! I Grimaldi avrebbero continuato ancora a regnare su quello spicchio di terra e rocce incastonato nel mare, noto nel mondo come «le Rocher». Uno scoglio sì, ma dorato.

Salito al trono alla morte del nonno, nel 1949, Ranieri, a ventisei anni, ereditava un principato dal futuro incerto. Gli strascichi della Seconda guerra mondiale avevano segnato una battuta d'arresto per il grande business del casinò creato dal suo trisavolo Carlo III, che aveva riempito le casse dello Stato e gettato le basi di quel paradiso fiscale che avrebbe attratto i grandi portafogli del mondo.

Crocevia di intrighi internazionali e di patrimoni tanto grandi quanto discutibili, fu appunto l'armatore greco Aristotele Onassis, amico personale del principe, a dettare la strategia vincente. I suoi investimenti nel principato, attraverso la Societé des Bains de Mer, la società che tutt'ora possiede alberghi, casinò, terreni, di fatto la cassaforte di casa Grimaldi, erano talmente importanti e la sua influenza sul principe talmente grande da essere considerato il regnante ombra di Monte-Carlo.

Lui a Monaco portava donne e soldi e suggerì a Ranieri che, per le ambizioni del piccolo principato, come padrona di casa sarebbe stata perfetta una grande diva. Sbagliò di poco. Gli suggerì Marilyn, ma il principe incontrò Grace, l'attrice americana, musa di Alfred Hitchcock, che da principessa di Hollywood si trasformò in principessa di Monaco.

Era il 1955. Era la Croisette. A Cannes, per il festival del cinema, fresca di Oscar come miglior attrice protagonista ne *La ragazza di campagna* sbarcò Grace Kelly al seguito della delegazione americana. Bella, glamour, famosa, di Philadelphia, quindi snob come solo un americano ricco sa esserlo. Pierre Galante, il marito di Olivia de Havilland, si era offerto di accompagnarla a Monte-Carlo in compagnia del direttore di *Paris Match*, Gaston Bonheur, per alcuni scatti nei giardini del Palais Princier, dove avrebbe incontrato Sua Altezza Serenissima il principe Ranieri III che governava il piccolo principato. Quelle foto segnarono la fine di una carriera e l'inizio di una storia d'amore. *Monaco, 6 maggio 1955, storia di un incontro* è la data, ma è anche il nome della mostra che il principato ha dedicato a quel preciso istante che ha cambiato il destino del Rocher. Ranieri e Grace erano due cuori solitari sempre in copertina, due scapoli da milioni di sogni. Sembrò naturale che si unissero. Era la degna conclusione di una favola.

Un abito a fiori, una stretta di mano, uno sguardo. Iniziò così, con un colpo di fulmine. Per Grace fu il principe, per il principe fu la dea.

La rivide a Cannes e poi la raggiunse in America dove, durante le vacanze di Natale, la chiese in moglie. Grace ricevette ben due anelli di fidanzamento: un gioiello di famiglia e un diamante di 10 carati che l'attrice indossò all'anulare durante tutte le riprese del film *Alta Società*. L'ultimo del suo prestigioso palmares.

Leggendario fu lo sbarco della diva a Monaco, accolta da ventimila monegaschi in festa, giunta per le nozze a bordo della SS Constitution con un seguito di sessantacinque persone tra amici e familiari. Si sposarono il 19 aprile 1956, undici mesi dopo essersi conosciuti e, secondo la tradizione di casa Grimaldi, lo sposo raggiunse la sposa all'altare. Quel matrimonio fu definito il matrimonio del secolo, ripreso dalla Metro Goldwyn Meyer e visto da trenta milioni di persone. Lei nel principato portò due milioni di dollari di dote e ciò che a Monaco ancora mancava, il prestigio su scala mondiale.

La favola poteva continuare.

A settant'anni di distanza dall'origine del mito di Monte-Carlo, rimane il sogno di quello che fu il principato più glamour fra i regni, accompagnato da personaggi leggendari.

Indimenticabile Winston Churchill che, all'indomani della fine della Seconda guerra mondiale, quando il suo Paese figurava tra le potenze vincitrici del conflitto, entrando al casinò disse: «Signori, riprendiamo da dove avevamo lasciato». Quella sera vinse due milioni di franchi.

Grace cambiò la percezione del principato nel mondo e per il piccolo Stato la principessa divenne il miglior ambasciatore possibile. Che si trattasse di delicati affari internazionali, come la crisi con la Francia nel 1962, culminata con il blocco stradale del principato voluto da De Gaulle, o di cause benefiche, c'era il volto di Grace Kelly dietro il trionfo di Monte-Carlo.

Suo è stato il successo del *Bal de la Rose*, il ballo in calendario nel mese di marzo che tutt'ora inaugura la stagione mondana estiva, come del Ballo della Croce Rossa, di cui la principessa è stata presidente fin dal suo arrivo in Europa. Si ballava a Monaco, eccome! Ogni occasione era buona per organizzare un grande ballo, soprattutto nel nome della beneficenza.

Grace Kelly era a tal punto simbolo di quel modo di vivere di cui ciascuno avrebbe voluto far parte da diventare addirittura il nome di una borsa. La maison Hermès ribattezzò «Kelly» quella usata dalla principessa per nascondere, in uno scatto, la gravidanza. Sarebbe stato l'inizio di un altro mito, quello della borsa destinata a diventare l'oggetto del desiderio di milioni di donne.

Tanto la principessa contribuiva al glamour di Monaco, tanto Ranieri III pianificava il nuovo volto del suo principato.

Lo chiamavano «il principe costruttore» per la visione moderna del suo Stato: l'estensione del territorio e il riposizionamento di Monte-Carlo su scala internazionale, senza mai intaccare il rinomato sistema fiscale, furono il capolavoro dei suoi cinquantasei anni sul trono.

Ma non è tutto oro quello che luccica. Dopo la nascita dei tre figli, i principi Caroline, Alberto e Stephanie, il matrimonio reale attraversò diverse crisi. Le regole di Palazzo e la nostalgia per il cinema di cui Grace era stata regina crearono non pochi scontri tra il principe e la principessa.

L'oracolo di Grace si chiamava Carroll Righter, l'astrologo delle star che realizzava piani astrali per varie celebrità. Grace Kelly non era l'unica a Hollywood a consultarlo e, trasferitasi in Europa, non aveva perso l'abitudine di chiamarlo nei momenti di crisi. L'interesse della principessa per l'astrologia era tale che in occasione del suo quarantesimo compleanno decise di festeggiare con un ballo a tema in cui tutti gli invitati condividessero con lei il segno zodiacale: lo Scorpio Ball. Tra gli ottanta ospiti all'hotel Hermitage, quel 15 novembre 1969 figuravano solo persone nate sotto il segno dello scorpione. Un'eccezione fu fatta per Liz Taylor, fuori tema per il segno, ma invitata alla festa perché sposata con Richard Burton, anche lui dello Scorpione.

Le frizioni domestiche tra Grace e Ranieri, tuttavia, non scalfirono la popolarità del principato, diventato alla velocità della luce il luogo per eccellenza dove vedere e farsi vedere.

La settimana del Gran Premio di Monaco divenne la sintesi di tutto ciò che il principato rappresentava: soldi, barche, donne, motori, Costa Azzurra e dolce vita. Immancabile la tappa al noto locale Jimmy'z, vetrina del lusso e tempio del divertimento di Monaco. Il meglio del meglio al mondo passava o era passato da lì. Con il nuovo millennio, il principato è diventato un luogo di ritrovo mondano che si è evoluto con lo scorrere del tempo e delle mode. Alla fine degli anni Ottanta erano i jeans a far storcere il naso a Gaston, il mitico concierge del mitico Hotel de Paris, oggi chissà…

La favola finì il 14 settembre 1982. La principessa di Monaco morì in un incidente automobilistico sulla strada tra la residenza estiva dei Grimaldi, Roc Angel, e Monte-Carlo. Era lo stesso percorso che Grace Kelly aveva compiuto sul grande schermo nel 1955, nel film *Caccia al ladro*, quando tutto stava per incominciare.

Aveva solo cinquantadue anni. In macchina con lei

viaggiava la figlia Stephanie, minorenne. Alcuni giornali insinuarono che ci fosse lei alla guida e tutt'ora l'incidente rimane avvolto nel mistero.

Una stagione di tragedie stava per abbattersi sul principato.

Il Pacha è il racconto di un'altra grande storia d'amore. La barca fu l'ultimo regalo di Stefano Casiraghi alla sua principessa Caroline di Monaco prima della tragedia in cui l'italiano perse la vita nel 1990, in un incidente durante una gara di off shore nelle acque davanti a Cap Ferrat. Aveva trent'anni e con la moglie e i figli erano il ritratto della famiglia perfetta, della quale tutti erano innamorati. Il nome dello yacht è dedicato proprio a loro, i piccoli Casiraghi. È la sintesi delle iniziali di Pierre, Andrea e Charlotte: Pacha.

Da allora sono trascorsi oltre trent'anni e la barca è stata una delle più fotografate del Mediterraneo, sempre al centro delle cronache mondane, culla delle vacanze di Caroline e dei suoi ragazzi.

Al principio era stata la vita sentimentale della principessa a catturare l'attenzione della stampa e dei curiosi. Giovanissima si innamorò di Philippe Junot, brillante playboy francese inviso a Grace e a Ranieri, che la principessa sposò nel 1978. Ci fu il divorzio, altri incontri e poi quello con l'amore della vita, Stefano Casiraghi. Dopo la tragedia della morte di Stefano arrivò il principe Ernst di Hannover e, nel 1999, un altro matrimonio, il terzo, grazie al quale Caroline acquistò il rango di Altezza Reale.

Distanti dal trono e dai titoli, i tre figli Casiraghi sono cresciuti sotto gli occhi dei riflettori, ritagliandosi, adesso, quel ruolo di testimonial non solo del principato, ma anche di marchi commerciali, che calza a pennello a tutti i rami cadetti delle dinastie d'Europa.

È difficile creare un albero genealogico completo della famiglia Grimaldi, perché tutta la prole di Ranieri e Grace ha avuto figli da partner diversi. Come detto, si chiamano Jazmine Grace e Alexandre quelli di Alberto di Monaco nati fuori dal matrimonio, da due relazioni differenti.

Un debole per le guardie del corpo e per gli artisti circensi ha caratterizzato, invece, quelle di Stèphanie, che tra scandali provocati e scandali subiti, tra gli anni Ottanta e Novanta, ha dato spesso la sua vita in pasto alla stampa. Il più eclatante di questi fu quello causato dal primo marito Daniel Ducruet, una guardia del corpo riconvertita in uomo d'affari, padre di due dei suoi figli, Louis e Pauline. Il clamore della loro storia, invisa al Palazzo, fu nulla rispetto al tradimento di Ducruet con la spogliarellista belga Fili Houteman, immortalato in mondovisione dopo solo un anno di matrimonio. Il divorzio fu firmato in soli diciotto giorni e Ducruet venne accompagnato alla porta del principato senza troppi convenevoli.

Un'altra guardia del corpo, Jean Raymond Gottlieb, le regalerà la terza figlia, Camille, e poi un acrobata portoghese, Adans Lopez Perez, la porterà al secondo matrimonio, durato il tempo di un giro di valzer.

A cent'anni dalla nascita di Ranieri III, il principe che ha consegnato Monte-Carlo alla leggenda, il sogno è po' sbiadito. Alle élite internazionali si sono sostituiti patrimoni freschi che eccedono in zeri e difettano nell'uso di mondo.

Eredi di quello che fu il più glamour fra i regni, sono il

principe Alberto II, salito al trono alla morte del padre nel 2005, e sua moglie Charlene Wittstock, la campionessa di nuoto sudafricana sposata nel 2011 e diventata la nuova principessa di Monaco. La coppia ha due figli: l'erede, il principe Jacques, e sua sorella gemella, la principessa Gabrielle, nati nel 2014. Ma fin dal principio sono state più che altro le tristezze della moglie di Alberto a tenere banco sulle prime pagine dei giornali, iniziate con un triplice tentativo di fuga alla vigilia delle nozze e culminate con la misteriosa assenza di Charlene dal principato per dieci mesi, nel 2021, tra Sud Africa e una clinica in Svizzera. Il Palazzo parlò di problemi di salute della principessa e dal suo ritorno a Monte-Carlo abbondano immagini dei principi più sorridenti e complici che mai. Ma al di là delle foto sono state le voci di crisi domestiche a riempire le pagine delle cronache rosa.

D'altronde, come si racconta, il gossip è nato a Monaco, come gli scandali!

Era febbraio del 2024 quando il quotidiano francese *Le Monde* ha pubblicato i segreti della cassaforte del principato, segreti chiusi a chiave nel cassetto della scrivania del principe. La gola profonda è stata quella di Claude Palmero, per vent'anni amministratore dei beni di casa Grimaldi e accompagnato alla porta del Palazzo il 12 giugno 2023, sulla cui reputazione pesa, tra le altre, l'accusa di appropriazione indebita. Nella nota ufficiale si leggeva che il principe Alberto aveva accettato la richiesta di Monsieur Palmero di ritirarsi in pensione, ma da fonti interne era subito emerso che la questione era assai più complicata: «Gli è stato dato il ben servito in poche ore» avevano raccontato. E puntuale come un orologio svizzero, pochi mesi dopo, la vendetta: i segreti del principato avevano fatto il giro delle redazioni e dei salotti. Il contenuto dei cinque quaderni di appunti raccolti da Palmero nei suoi anni di servizio è diventato un romanzo a puntate che ha rischiato di lasciare una macchia indelebile sulla credibilità dei Grimaldi. Sarebbero le spese della principessa Charlene a essere considerate insostenibili da Palmero che, ad aprile del 2016, annotava: «Mi ha chiesto settantasettemila euro in contanti, sono meno dell'altra volta, ma sono comunque troppi». E poi appunti sulle spese domestiche riguardanti lo chef della principessa, con uno stipendio da trecento euro all'ora, e la colf filippina pagata in nero. Non solo, ci sarebbero versamenti fatti dal principe Alberto, all'insaputa della moglie, a favore dei due figli Alexandre e Jazmin Grace, avuti da due relazioni precedenti e ufficialmente riconosciuti.

Quanto a pettegolezzi, i Grimaldi hanno retto benissimo, se non meglio, la concorrenza dei Windsor; uno degli ingredienti essenziali che, insieme alla presenza di personaggi leggendari, ha contribuito a creare il mito di Monte-Carlo, di cui tutti ancora oggi parliamo.

Resta dunque nel passato la chiave del successo del Principato di Monaco. Lo sanno bene i giovani Casiraghi, che con la casa di produzione di Beatrice Borromeo, moglie di Pierre Casiraghi dal 2017, hanno deciso di studiare gli archivi di Palazzo per vendere la saga dei Grimaldi in tv. Un *The Crown* in Costa Azzurra per ricominciare a sognare.

RANIA E ABDULLAH DI GIORDANIA

Un regno nel deserto

Il 3 agosto 2024 la Giordania ha festeggiato il suo royal baby. Re Abdullah e la regina Rania sono diventati per la prima volta nonni. La nipotina è la principessa Iman, primogenita del principe ereditario Hussein e di sua moglie Rajwa Al Saif. In Giordania, come nel resto del mondo islamico, la successione si tramanda in linea maschile. Quindi questa nascita non allunga la linea di discendenza al trono, ma rimane il coronamento del royal wedding celebrato il 1° giugno 2023 tra Hussein e Rajwa. Un appuntamento che aveva riunito ad Amman le monarchie del mondo per il grande matrimonio reale.

Lui è il trentenne primogenito di re Abdullah e della regina Rania che un giorno guiderà l'ultimo regno hashemita della Terra, una delle corti più prestigiose nella regione, discendente diretto, secondo la tradizione, del bisnonno del Profeta Maometto.

Lei è saudita, laureata in architettura alla prestigiosa Syracuse University nello stato di New York. Nata il 28 aprile 1994, Rajwa è la più piccola di quattro fratelli; ha conosciuto il futuro re di Giordania tramite un amico comune, un compagno di scuola, ha precisato il principe Hussein.

Il benvenuto pubblico alla corte di Amman glielo diede la suocera Rania durante la cerimonia dell'henna, l'equivalente del nostro addio al nubilato, ma con rituali decisamente più simbolici: «Rajwa è nel mio cuore tanto quanto lo sono le mie figlie Iman e Salma» ha dichiarato la regina. «Mi ricordo la mia felicità quando Hussein è venuto da me e da Sua Maestà a dirci che si voleva sposare. Rajwa è più di quello che io potessi sperare per Hussein.»

Ha ragione la regina Rania, Rajwa in realtà significa moltissimo per la corte di Amman. È imparentata con la famiglia reale di Riyadh, i Saud, e l'Arabia Saudita è un Paese chiave per la sopravvivenza stessa della Giordania; mai come in quest'area del mondo le alleanze sono determinanti per gli equilibri anche globali, e il moderato regno di Amman è una pedina fondamentale tanto per l'Oriente quanto per l'Occidente.

La madre di Rajwa, Azza, appartiene, infatti, alla famiglia Al Sudairi, la stessa della madre dell'attuale re dell'Arabia Saudita, Hussa bint Ahmed Al Sudairi, mentre il padre, Khaled, scomparso nel 2023, era un abile imprenditore, fondatore della Al Seif Engineering Contracting, una delle principali società di costruzioni in Arabia Saudita, concorrente diretto dei Bin Laden.

Rajwa, dunque, non ha sangue blu e va ad aggiungersi al nutrito gruppo di regine, o future regine, provenienti dalla borghesia, in questo caso una borghesia che in Arabia Saudita va a braccetto con l'aristocrazia.

D'altronde sua suocera, la regina Rania, è il paragone che più le si avvicina. Anche lei borghese, impegnata nel sociale, soprattutto nell'educazione scolastica dei giovani e nelle tematiche che riguardano le donne, Rania offre l'immagine dell'universo islamico che tanto piace all'Occidente. Regina dal 1999, è un ponte perfetto tra l'Est e l'Ovest del mondo. A marzo del 2000 divenne presidente della commissione reale per i diritti dell'uomo nel Paese. Il 10 dicembre 2003 ha fortemente supportato le celebrazioni per la Giornata dei Diritti Umani in Giordania, partecipando a un incontro con le studentesse in una scuola ad Amman in cui vennero letti e dibattuti alcuni articoli della Dichiarazione dei Diritti dell'Uomo, in una parte di mondo dove i problemi delle libertà individuali rappresentano tuttora una piaga irrisolta. E nello stesso anno ha appoggiato anche le riforme di legge, poi bocciate in Parlamento, per l'eguaglianza dei diritti tra uomo e donna in caso di divorzio, e quella dell'innalzamento a diciotto anni, rispetto ai quindici previsti, dell'età minima per le ragazze per sposarsi. Di sé stessa ha sempre detto di voler essere giudicata per quello che fa, ma spesso è stata la sua immagine, in particolare il guardaroba, di regina moderna e sofisticata a catturare l'attenzione. Sposata da trent'anni, ha trovato nel marito, il re Abdullah II, il suo primo sostenitore.

Abdullah II governa su un pezzo di deserto diventato Stato nella sua forma attuale nel 1967, dopo la guerra dei Sei Giorni. Una terra sottomessa nei secoli da romani, bizantini, ottomani, arabi e attraversata da Alessandro Magno a Lawrence d'Arabia. Una terra divenuta regno grazie agli inglesi: il regno hashemita di Giordania, che nacque ufficialmente nel 1946. Re Abdullah II è il quarto monarca della sua dinastia.

Suo padre, Hussein, diventò re prima di compiere diciotto anni, ereditando nel 1952 dal padre Talal, schizofrenico, che governò per un solo anno, un territorio povero, arido e senza risorse. Hussein si affidò all'Occidente, in particolare alla Gran Bretagna e agli Stati Uniti, che lo aiutarono a rimettere in piedi un'economia sbilenca, frantumata dall'invasione di ottocentomila rifugiati palestinesi in fuga dalla colonizzazione di Israele. Si sposò quattro volte e diventò padre di undici figli.

Abdullah II è il primo discendente maschio, nominato erede a sorpresa due settimane prima della morte del padre nel 1999, soppiantando di fatto l'erede designato da decenni, lo zio Hassan, fratello del re.

Il padre, aveva incontrato la madre di Abdullah sul set delle riprese di *Lawrence d'Arabia*, dove lei faceva la segretaria di produzione e lui aveva prestato le truppe cammellate del suo esercito per recitare come comparse. Si chiamava Antoinette Avril Gardiner, era inglese. Divenne la seconda moglie del re nel 1961, prese il nome di Muna, ma non fu mai regina e la sua conversione all'Islam rimane tutt'ora una questione incerta. Divorziarono dieci anni dopo.

Abdullah II, nato in Giordania, crebbe all'estero, dove divise i suoi studi tra Inghilterra e Stati Uniti, completando il suo percorso all'accademia militare di Sandhurst, la scuola dei re.

Spesso accompagnava il padre negli impegni e negli incontri ufficiali e a volte, soprattutto quando la malattia del re lo costringeva a lunghi ricoveri negli Stati Uniti, lo sostituiva. Fu così che, tornato in patria per morire, re Hussein cambiò la sua scelta e nominò erede il figlio primogenito al posto del fratello.

Il 7 febbraio 1999, dopo quasi quarantasette anni di

regno, il più lungo del nuovo Medio Oriente, si spense re Hussein, terzo sovrano di Giordania, e ascese al trono re Abdullah II. Aveva trentasette anni. Furono le parole dell'allora presidente degli Stati Uniti, Bill Clinton, a benedire il suo regno: «Ho grande fiducia nel giovane re di Giordania» dichiarò Clinton alla stampa. «Ho avuto un ottimo colloquio con lui oggi. Ha chiaramente compreso la sua missione. Mi ha detto in modo molto toccante che lui e suoi fratelli hanno appreso tutti gli insegnamenti del padre.»

Apprezzato a livello internazionale, al suo fianco aveva già la moglie Rania, che ad appena ventotto anni era diventata regina e si ritrovava a occupare, alla fine del vecchio millennio, un ruolo che neanche il matrimonio reale aveva previsto, essendo quel trono destinato allo zio di suo marito.

Fu a un pranzo organizzato ad Amman nel gennaio del 1993 dalla principessa Aisha, sorella di Abdullah, che si incontrarono l'allora principe di Giordania e Rania Al Yassin, ventiduenne, dipendente della Apple, nata in Kuwait da genitori palestinesi e con in tasca una laurea in Gestione d'impresa conseguita all'università americana de Il Cairo. Per lui fu un colpo di fulmine «fin dal primo sguardo» racconterà il futuro sovrano; e il matrimonio si celebrò, infatti, solo sei mesi dopo, il 10 giugno 1993. Quell'unione si rivelò anche strategica per gli equilibri del Paese, essendo in quel momento la questione palestinese una delle più rilevati della regione.

L'importanza di rinsaldare alleanze passa anche attraverso i legami familiari e amicali. Lo sanno bene nei Palazzi reali, che affidano questa missione di generazione in generazione. Il royal wedding di giugno 2023 tra Hussein e Rajwa ha inaugurato le prove generali di queste nuove future amicizie. Inoltre, per la prima volta, al seguito dei genitori, a un matrimonio reale debuttavano sulla scena internazionale tante piccole future regine: da Elisabetta del Belgio a Catharina Amalia d'Olanda, muovendo così i primi passi per apprendere il mestiere di re.

William del Galles e Hussein di Giordania, entrambi principi ereditari, sono amici da tempo e hanno trovato nell'infanzia della moglie del principe William la chiave per avvicinare ancora di più Londra e Amman. Kate, ancora bambina, tra il 1984 e il 1986, aveva vissuto in Giordania proprio per il lavoro del padre.

In omaggio ai suoi trascorsi nel Paese, a giugno del 2018, quando William sbarcò ad Amman per la prima visita ufficiale in quell'area del mondo, fu proprio il principe Hussein ad accoglierlo per accompagnarlo a visitare il sito archeologico di Jerash, lo stesso luogo dove Catherine era stata fotografata tanti anni prima con il padre Michael e la sorella Pippa.

Dopo quell'incontro non sono mancati viaggi privati dell'intera famiglia Wales in Giordania e uno scatto in particolare destinato a diventare la loro cartolina di Natale 2021.

Calcio e scuole hanno avvicinato ulteriormente i due eredi. Insieme, durante la visita dell'erede dei Windsor, hanno visto vincere l'Inghilterra contro Panama ai Mondiali 2018 ed entrambi si sono diplomati all'accademia militare di Sandhurst. Li unisce anche l'attenzione che circonda le rispettive mogli, entrambe belle, borghesi, popolari. Rajwa è addirittura soprannominata la «Kate

Middleton d'Oriente». La fisionomia, in effetti, avvicina molto le due principesse: alte, magre, slanciate, atletiche, castane e con un taglio di capelli simile. Soprattutto il guardaroba rilancia il paragone tra la principessa Rajwa di Giordania e la principessa del Galles. Come accadde per Kate nel 2010, dopo il matrimonio reale è venuto il momento del «Rajwa effect» e a scatenarlo, ora per Rajwa come allora per Catherine, è stato proprio l'abito indossato al fidanzamento. Blu per tutte e due, quello di Rajwa, dal costo di millesettecento sterline, ha mandato in tilt il sito del marchio Christos Costalleros, che all'indomani della diffusione delle foto, il 18 agosto 2022, ha pubblicato un messaggio sui social network: «A causa dell'estremamente alto volume di ordini le spedizioni riprenderanno dopo il 22 agosto».

I vestiti parlano! Rappresentano, infatti, uno dei massimi strumenti di comunicazione, tanto da essere diventati un tassello importante persino della politica estera dei vari Paesi, indossati da regine e principesse come un manifesto. L'espressione «fashion diplomacy», diplomazia della moda, accompagna spesso i loro impegni fuori e dentro i confini nazionali. E se il buongiorno si vede dal mattino, sembra già che sua Altezza Reale Rajwa di Giordania intenda proseguire sulla strada della suocera regina. Fu proprio quel guardaroba dallo stile molto occidentale, che incantava il mondo intero, a far scalare a Rania di Giordania tutte le classifiche tra le donne meglio vestite del pianeta decretando, però, parecchi mugugni in patria. Erano gli anni successivi all'11 settembre 2001. La frattura fra i due mondi, Oriente e Occidente, era fresca e da sanare. Quello arabo è stato genericamente considerato come un grande punto interrogativo dall'Occidente, incapace di cogliere le differenze tra i diversi Stati che lo compongono, e la regina Rania decise di usare tutta la sua determinazione, fatta anche di intelligenza, bellezza ed eleganza, mostrando i capelli e vestendo in più occasioni abiti occidentali, per tentare di annullare le distanze e ricucire la frattura. Come nel novembre del 2002, quando inaugurò il secondo Summit delle Donne Arabe ad Amman con l'obiettivo di costruire ponti di comunicazione fra i loro Paesi così diversi l'uno dall'altro.

Tuttavia, il malcontento esplose nel 2011 sull'onda della Primavera araba, il movimento di proteste che Paese dopo Paese, come un virus, infiammò le piazze di quella parte di mondo affacciata sul Mediterraneo in rivolta contro i propri leader.

Bypassando Israele, contagiò anche la Giordania, una terra con un tasso di povertà molto alto e insofferente al passo deluxe, moderno e internazionale della regina. I festeggiamenti per il quarantesimo compleanno di Rania, celebrato a dicembre del 2010 con seicento invitati nel deserto del Whadi Rum, non fu percepito come uno spot per il Paese che avrebbe potuto incrementare viaggi e turismo, fonti sostanziali di benessere per la regione, anzi!

I camion cisterna pieni d'acqua fatti arrivare apposta in una delle zone più aride del mondo, dove la siccità rappresenta un problema costante, e i giochi di luce proiettati sulle rosse montagne del deserto stridevano con l'impossibilità dei villaggi vicini di ricevere energia elettrica, mettendo la regina al centro delle polemiche e scatenando reazioni negative in ogni strato della società giordana.

Per la prima volta nella storia, in un Paese dove criticare la monarchia è punibile per legge, trentasei leader tribali scrissero una lettera aperta contro la regina, accusandola di essere divisiva e corrotta.

I capi delle tribù ammonivano il re che senza riforme il suo regno sarebbe caduto, com'era appena successo in Tunisia con Ben Ali e in Egitto con Mubarak. Era una mossa pericolosa e senza precedenti, anche per il sostegno che le tribù avevano sempre offerto alla corte hashemita.

Il supporto dell'Occidente, con l'amministrazione Obama che intervenne immediatamente con un miliardo di dollari di aiuti, assicurò ad Abdullah II il trono e da quel momento la famiglia reale sposò la linea del basso profilo. Dopo quella festa e la conseguente crisi istituzionale, Rania si defilò parecchio dal palcoscenico internazionale e in patria ritornò a indossare pubblicamente abiti della tradizione. Il terrorismo internazionale dell'Isis, che dilagava nella regione, poi, rappresentò un nuovo pericolo per la Giordania.

Tuttavia, le insidie della corte hashemita erano anche dentro casa. Ad aprile del 2021, era stato il fratellastro di Abdullah, il principe Hamzah, figlio della quarta moglie di re Hussein, l'americana Lisa Halaby che per amore si convertì all'Islam con il nome di regina Noor, a partecipare insieme ad altre quindici persone a un tentativo di colpo di stato contro il re. Fu condannato agli arresti domiciliari. L'anno successivo presentò le sue scuse al sovrano, la rinuncia al titolo reale e a ogni pretesa al trono. All'origine di questo golpe fallito, ma dalle conseguenze potenzialmente devastanti per gli equilibri geopolitici della regione, c'è una questione tutta famigliare accennata in precedenza e risalente al 1999 quando, due settimane prima di morire, il re di Giordania Hussein, nonno dell'attuale erede al trono che si chiama come lui, nominò suo successore il figlio Abdullah al posto del fratello Hassan, e Hamzah principe ereditario, nonostante Abdullah e Rania fossero già genitori di un bambino, Hussein, nato il 28 giugno 1994, che allora non aveva ancora cinque anni.

Diventato re Abdullah, con la nuova famiglia reale in espansione, il problema delle due prime donne, le regine Rania e Noor, alla corte hashemita divise gli schieramenti. Tanto la regina Noor, vedova, tutelava il titolo di principe ereditario di suo figlio Hamzah, quanto la nuova regina di Giordania, Rania, difendeva il futuro del suo primogenito Hussein.

A novembre del 2004 il re rimosse il fratellastro ventiquattrenne dalla carica di principe ereditario e a luglio del 2009, dopo cinque anni di speculazioni su chi sarebbe stato il suo successore, nominò il figlio primogenito Hussein principe ereditario. Hussein a quel tempo aveva quindici anni. Ha studiato da re tra la corte di Amman e le scuole all'estero: Georgetown in America e, poi, l'accademia militare di Sandhurst, in Inghilterra. In patria, oggi, serve nell'esercito e, tramite la sua fondazione, la Crown Prince Foundation, sostiene iniziative legate all'istruzione dei giovani, soprattutto nel campo dell'innovazione e della tecnologia, e rappresenta la Corona al fianco o al posto del padre, come prevede l'apprendistato da re e come già aveva fatto suo padre con suo nonno.

All'immagine pubblica, i reali di Giordania alternano momenti di vita privati, condivisi su Instagram, dove il re e la regina con i loro quattro figli, i principi Hussein, Iman, Salma e Hashem appaiono una famiglia unita e affiatata. D'altronde, è la stessa Rania a definirsi sui profili social come «una mamma, una moglie con un lavoro molto figo!»

Re e regina sono immancabili a ogni ricorrenza che riguardi i figli, dai compleanni alle lauree. Nel 2020, a diciannove anni, è stata la loro terzogenita, la principessa Salma, a conquistare un posto nella storia del Paese, diventando la prima donna pilota militare in Giordania.

Ma, come in ogni famiglia reale che si rispetti, nemmeno in quella giordana sono mancati gli scandali, diventati affaire internazionali.

Nel 2019, la fuga a Londra della principessa Haya, sorellastra di re Abdullah II, scappata dal marito, lo sceicco Mohammed Al Maktoum, emiro di Dubai, primo ministro degli Emirati, con un patrimonio personale di cinque miliardi di dollari e presenza fissa tra l'élite britannica, si è trasformata in uno dei divorzi più mediatici di sempre con minacce di drammi e sfilate d'alta moda tra un'aula di tribunale e l'altra. Haya, figlia della terza moglie di re Hussein, morta in un incidente in elicottero quando lei aveva solo tre anni, diventò nel 2004, a trent'anni, la moglie numero sei dello sceicco. Dietro a questa fuga ci sarebbe stato l'interesse della principessa Haya per la sua guardia del corpo, Flowers, ex militare dell'esercito britannico di Sua Maestà in congedo, entrato in servizio nel 2016, e di conseguenza la voglia di seguirlo in tutti i viaggi ufficiali in giro per il mondo. A combattere per lei in tribunale c'era la baronessa Fiona Sheckelton, un'eccellenza nel diritto di famiglia, avvocato di fiducia della famiglia reale inglese e dei ricchi e potenti del Paese, i cui successi in tribunale le sono valsi la fama di avvocato più temuto del regno.

È stato un divorzio da milioni di dollari, settecento per l'esattezza, che Sua Altezza Haya si gode nella nuova vita londinese. La cifra, secondo *Celebrity Net Worth*, corrisponde all'equivalente del patrimonio di suo fratello re.

Tra le pagine di un'inchiesta pubblicata nel 2022 sui fondi esteri posseduti dal sovrano, duecentoquarantacinque milioni di dollari sarebbero depositati su uno dei sei conti che Abdullah II conserverebbe in Svizzera, due dei quali aperti nel 2011 per tutelare la famiglia reale all'indomani della Primavera araba che stava infiammando la regione. Tuttavia, il totale delle somme depositate resta avvolto nel mistero. Inoltre, da quanto risulta al team giornalistico investigativo dei Pandora Papers, Abdullah sarebbe proprietario di quattordici immobili di lusso tra Europa e Stati Uniti per un valore totale di centosei milioni di dollari. Questi argomenti, però, non hanno trovato grande spazio sulla stampa locale e sono stati bollati dal Palazzo come insinuazioni tese a destabilizzare il trono. I legali del sovrano, però, avevano dichiarato che nessuna legge era stata violata dal re, in quanto la maggior parte dei fondi in Svizzera erano stati lasciati in eredità dal padre Hussein al figlio Abdullah II e la Giordania non possiede alcuna tassa su tali proventi e, a ogni modo, più in generale nel Paese il re non paga nessuna tassa. Infine, dei sei conti aperti nella banca elvetica solo uno sarebbe ancora attivo.

In verità, Abdullah non si limita a fare il re a casa sua. È un uomo d'affari. Ha compartecipazioni in trentasei società internazionali ed è molto attivo sul piano diplomatico. È stato alla casa Bianca più di qualsiasi altro leader durante il mandato di Biden. Ha stretto alleanze strategiche per il proprio Paese dal fragile equilibrio, e per il suo prestigio personale.

Il 2023 è stata un'ottima annata di celebrazioni per la corte hashemita, protagonista di ben due matrimoni reali, quello del principe Hussein, come abbiamo visto, ma anche quello di sua sorella, la principessa Iman, e dei festeggiamenti per i trent'anni di matrimonio del re e della regina. Tutta questa allegria non ha, tuttavia, distolto l'attenzione della dinastia dalle sfide del futuro.

Il primo Giubileo di re Hussein, che il 7 febbraio 2024 ha celebrato i suoi venticinque anni di regno, non ha coinciso con un periodo felice a causa della scia di sangue che ha travolto la regione dopo gli attacchi terroristi di Hamas del 7 ottobre 2023: la Giordania è il più accreditato interlocutore di Israele tra i Paesi confinanti, ecco perché il matrimonio del principe Hussein con la principessa Rajwa, d'origine saudita, assume un valore strategico impareggiabile. Entrambi sanno bene che, se non privilegiano le alleanze strategiche, il loro futuro sul trono rischia di essere più simile a una insidiosa cavalcata nel deserto che a un sogno da *Le mille e una notte*.

ALTRI RE E REGINE

Monarchie dell'Est

Sono stati spesso i regni d'Oriente ad alimentare la fantasia di corti popolate da eroi indomiti, sultani, principi e principesse, dando vita a racconti e fiabe intramontabili.

Dalla diversità culturale e sociale, rispetto agli omologhi europei, sono nate figure come Aladdin, la principessa Jasmine, Sherazade, protagonista di *Le mille e una notte*, che trovano la loro origine nella tradizione e nell'opulenza orientale.

Anno domini 2024, giovedì 11 gennaio, il principe Mateen del Brunei si sposa con Anisha Rosnah. Un fidanzamento siglato con un diamante da 15 carati arrivato al dito della promessa sposa a ottobre del 2023. Il principe Mateen è il quarto maschio dei dieci figli del sultano del Brunei, Hassanal Bolkiah, l'uomo più ricco del mondo prima dell'avvento dei nuovi *tycoon* della Silicon Valley.

Mateen, nonostante sia solo sesto nella linea di successione al trono, è la superstar della famiglia reale: classe 1991, capitano delle forze armate del Brunei, pilota dell'aviazione e giocatore di polo, ha studiato in Inghilterra all'accademia militare di Sandhurst, come quasi tutti i rampolli reali, ed è considerato il principe azzurro d'Oriente. In passato non sono mancati paragoni con il principe Harry per il successo e la popolarità riscossa dentro e fuori i confini nazionali. Ma la scelta della moglie marca la sostanziale differenza tra i due. Nipote di Pehin Datuk Isa, uomo di fiducia del sultano, Anisha Rosnah è cresciuta all'ombra del Palazzo. Il fratello, Danial, è uno dei migliori amici del principe. Lei, un anno meno del marito, con studi in Inghilterra, ben introdotta nell'alta società della capitale, ha fondato una linea di moda, Silk Collective e, con un'amica, un'agenzia turistica, Authentirary, di cui non compare traccia sul web.

Seppur lontano dal trono, il principe Mateen ha camminato spesso al fianco del padre, accompagnandolo ai più importanti eventi in calendario sulla scena internazionale. Ospite con lui all'incoronazione di re Carlo, è al royal wedding dell'erede al trono di Giordania, il principe Hussein con Rajwa al Saif a giugno del 2023, che il principe Mateen ha conquistato anche la stampa occidentale e il titolo di scapolo più ambito. Un primato durato pochi mesi, visto che il Brunei ha festeggiato con un royal wedding lungo dieci giorni il suo matrimonio con Anisha Rosnah. Una maratona di sfarzo che ha sfilato tra le strade della capitale Bandar Seri Begwan e a cui hanno partecipato oltre cinquecento dignitari stranieri. Non c'era da aspettarsi niente di meno da un Paese che, con una delle maggiori riserve petrolifere, è l'undicesimo più ricco del pianeta.

Il Brunei, piccolo Stato islamico incastonato tra Malesia e Indonesia con meno di mezzo milione di abitanti, è anche una delle ultime monarchie assolute al mondo con un sultano dal nome tra i più lunghi di sempre:

Kebawah Duli Yang Maha Mulia Paduka Seri Baginda Sultan Haji Hassanal Bolkiah Mu 'Izzaddin Waddaulah Ibni Al-Marhum Sultan Haji Omar 'Ali Saifuddien Sa'adul Khairi Waddien Sultan Dan Yang Di-Pertuan Negara Brunei Darussalam.

Non c'è numero che lo riguardi che non infranga un record: regno, soldi, macchine, aerei… Hassanal Bolkiah, per gli amici, vanta ogni primato. Cinquantasette anni sul trono, a ottobre del 2024, fanno di lui il monarca vivente con il regno più lungo e il suo patrimonio, stimato in venti miliardi di dollari, quello più ricco. Con settemila macchine, di cui seicento Rolls-Royce, è sua la più grande collezione di auto al mondo e il suo Palazzo Volante, un Boeing 747 da duecentosessanta milioni di dollari con decori in oro e vasi in cristallo di Lalique, gli ha garantito anche il primato dell'aereo più costoso.

Ma non è tutto oro quello che luccica. Sono molte le ombre che si allungano sul piccolo Stato del Borneo, dove i diritti umani rimangono un tema controverso. Nel 2019, ha suscitato l'indignazione della comunità internazionale l'introduzione nel Paese della legge islamica, la sharia. Nonostante le parole di rassicurazione del sultano, un'ondata di proteste ha preso di mira i suoi possedimenti all'estero. In prima linea era schierato il mondo dello spettacolo, con George Clooney in testa che ha invitato a boicottare i nove alberghi della catena Dorchester, cinque stelle lusso sparsi per il globo, di proprietà del sultano. Peccato che nel regno di Hollywood, fondato su showbiz e ipocrisia, durante la settimana degli Oscar gli appuntamenti al Beverly Hills Hotel di Los Angeles, diamante della catena del sultano, rimangano i più i frequentati dallo star system.

Come in Brunei, quello dei diritti umani è un tema tutt'ora sensibile per molti Paesi del golfo i cui regni, sorti o sopravvissuti alle ceneri dell'Impero britannico, occupano la parte bassa delle classifiche in tema di libertà individuale. Tuttavia, non c'è tiranno al mondo che non abbia o abbia avuto un posto d'onore al Royal Ascot, al fianco del re d'Inghilterra.

L'emiro di Dubai e primo ministro degli Emirati è uno di loro. Mohamed Al Maktoum, con un patrimonio personale di cinque miliardi di dollari, è stato protagonista dello scandaloso divorzio dalla principessa Haya, diventato un affaire internazionale. Come abbiamo già detto, nel 2019 la fuga a Londra di una delle sue mogli, la principessa Haya, sorellastra del re di Giordania, si è trasformata in uno degli addii più mediatici di sempre, andato in scena nelle aule del tribunale tra minacce e uno sfoggio di abiti degno di una sfilata d'alta moda. Dietro questa fuga ci sarebbe l'interesse della principessa per la sua guardia del corpo, Flowers, ex militare dell'esercito britannico di Sua Maestà in congedo, ma le indiscrezioni trapelate sulla vita della principessa Haya a Dubai come seconda moglie dello sceicco ricordano più le scene di una prigione che di una casa.

È stato, poi, un altro divorzio a far riaccendere, il 16 luglio 2024, l'interesse mediatico sul piccolo emirato. È bastato un post su Instagram della Sheikha Mahra, trentenne figlia di Al Maktoum e di Zoe Grigarakos, una delle sei mogli dello sceicco che, insieme, gli hanno dato in tutto di più di venti figli, in cui ha annunciato il suo divorzio da Mana Al Maktoum, l'uomo d'affari di Dubai sposato nel 2023. Ad attirare l'attenzione, però, non è stata tanto la modalità quanto le parole usate dalla Sheikha Mahra, che per mettere fine al suo matrimonio ha scritto: «Caro marito, poiché sei occupato con altre donne, annuncio con la presente il nostro divorzio. Io divorzio da te. Io divorzio. Io divorzio. Abbi cura di te. La tua ex moglie». La potenza di questo gesto della sposa non sta nell'aver reso pubblica l'infedeltà del marito, ma nella espressione scelta «io divorzio» ripetuto tre volte, la formula che nella legislazione islamica viene utilizzata dall'uomo per ripudiare la moglie. Questa mossa rappresenta un inedito nella regione ma, soprattutto, un passo avanti sulla disastrata strada dei diritti delle donne in quella zona della Terra, vista la posizione ricoperta dalla Sheikha Mahra, figlia di uno dei massimi esponenti del mondo arabo.

Spesso la fortuna di questi Paesi, Giordania esclusa, nasce sottoterra e affonda le radici nel petrolio. Sangue e soldi accompagnano di frequente i titoli di giornali che li vedono protagonisti di fatti di cronaca. Le scalate ai vertici dei maggiori simboli dell'Occidente, acquistati firmando assegni a sette zeri, stridono con le continue violazioni dei diritti umani in patria.

L'Arabia Saudita non fa eccezione.

Il principe ereditario Mohamed Bin Salman, messo all'indice dall'opinione pubblica occidentale dopo essere stato individuato nel 2018 come sospetto mandante dell'omicidio del giornalista saudita Jamal Khashoggi a Istanbul, è proprietario di club sportivi nel Regno Unito e mira a diventare il maggior azionista dell'aeroporto di Heathrow, il più grande della capitale britannica e uno dei primi dieci scali al mondo. La famiglia Saud resta tra i migliori interlocutori dei Windsor, i cui incontri nell'ultimo decennio sono stati più di quaranta.

È nella Vecchia Europa che gli sceicchi del mondo fanno shopping di società e di multinazionali. Londra, in particolare, è il luna park preferito. Con un investimento di 1,2 miliardi di dollari attraverso il fondo sovrano del Qatar, la famiglia reale di Doha, gli Al-Thani, tra il 2000 e il 2013 sono diventati proprietari dei luoghi più iconici della città: mezza City, Harrods e perfino Park Lane sono solo alcuni degli asset che hanno cambiato proprietà e spostato l'indirizzo in Qatar, dove spesso si incrociano alla luce del sole, piuttosto che all'ombra dei palazzi, affari e trattative geopolitiche per i precari equilibri del Medio Oriente.

Passa dal Qatar, infatti, la mediazione tra Israele e Hamas e la sua narrazione viene affidata ad al Jazeera, il primo network all news del mondo arabo, uno strumento di propaganda tale da essere finito al centro di numerose controversie per presunti legami con i terroristi e messo al bando in diversi Paesi. Per non parlare delle nubi che si sono accumulate sul Qatar in occasione della discutibile organizzazione dei Mondiali di calcio 2022. Assegnati dalla Fifa nel 2010, a discapito dei favoritissimi Stati Uniti, erano state fin da subito le polemiche ad accompagnare quella scelta, su cui è aleggiato immediatamente il sospetto di corruzione. Un'inchiesta giornalistica pubblicata su *France Football* racconta di una massiccia operazione di lobbying messa in atto da Doha per raggiungere l'ambizioso obbiettivo, costata di spese di comunicazione solo nel 2010 trentaquattro milioni di euro. Dal Sud America all'Africa, passando per l'Europa, la strategia qatariota toccava diversi Paesi, i cui voti sarebbero stati determinanti per l'assegnazione prevista per il mese di dicembre di quell'anno. Non ultima la Francia dove, il 23 novembre 2010, il presidente Sarkozy ospitò a un pranzo all'Eliseo l'allora principe Tamim Al Thani, Michel Platini, al tempo presidente Uefa e membro del comitato esecutivo della Fifa, e Sébastian Bazin, il cui fondo Colony Capital possedeva la squadra di calcio del Paris Saint-Germain. Secondo la testata, la serata sarebbe ruotata intorno all'acquisto del Psg da parte del Qatar in cambio del voto favorevole di Michel Platini. Il 3 dicembre 2010 la Fifa assegna i Mondiali 2022 a Doha. Il 30 giugno 2011 il Fondo Sovrano del Qatar acquista il Psg. Non sarebbe stato che l'inizio di una polemica durata più di un decennio e ben oltre l'assegnazione del trofeo. In primo piano il rispetto dei diritti umani e dei lavoratori che hanno contribuito alla costruzione di stadi e infrastrutture necessari per lo svolgimento dei Mondiali in un'area geografica dove le temperature toccano i cinquanta gradi. Si parla di seimilacinquecento morti, cifra mai confermata e mai smentita, proprio per le dubbie procedure che hanno circondato lo svolgimento di questi Mondiali.

Tuttavia, sono le donne della famiglia reale a occupare posizioni chiave nello scenario della cultura mondiale. Individuata come straordinario elemento di *soft diplomacy*, è attraverso l'arte che il Qatar punta a costruirsi l'immagine di mecenate del Terzo millennio. Dietro questa strategia si cela il nome della sceicca Al-Mayassa, trentunenne sorella dell'attuale emiro, considerata la figura più potente nel mondo dell'arte. Nonostante non arrivi da studi dedicati, è il presidente del Qatar Museums, nella cui collezione ormai si contano le opere d'arte più prestigiose al mondo: da Damien Hirst a Andy Warhol. E c'è proprio la sua firma dietro l'acquisto per duecentocinquanta milioni di dollari del Cézanne *I giocatori di carte*, che nel 2011 è stato venduto dagli eredi dell'armatore greco George Embiricos.

Il volto glamour e illuminato del Paese è, però, quello della sceicca Moza, moglie numero due dell'ex emiro e madre dell'attuale sovrano, Tamim. Nata in Qatar sessantaquattro anni fa, laureata in sociologia e molto impegnata nel sociale, è uno dei personaggi più influenti alla corte di Doha. Si racconta che ci sia proprio lo zampino di Moza dietro l'acquisto della maison Valentino, uno dei marchi di moda più ambiti ed eleganti, comprato dal fondo del sovrano del Qatar nel 2010 per ottocentocinquanta milioni di dollari. La passione per la moda le ha fatto scalare le vette delle classifiche dei personaggi meglio vestiti al mondo e sui social network si moltiplicano gli account dedicati ai suoi look. Come madre dell'erede al trono, impegno sociale e icona di stile non sono mancati i paragoni con Lady Diana Spencer, ma a distinguerle è stata la consapevolezza del proprio ruolo, con Moza che ha sempre e solo servito il nome degli Al-Thani.

La chiamano la Kate Middleton dell'Himalaya: è Jetsun Pema, la regina del Bhutan, il piccolo stato con una superficie di soli 47.000 kmq, un sesto dell'Italia, definito «il più felice del mondo».

Moglie di re Jigme Khesar dal 2011, è la più giovane fra tutte le regine consorti. Ha trentaquattro anni, dieci in meno del marito, proviene dalla società borghese e ha dato alla luce alla fine del 2023 la sua terzogenita, la «Gyalsem», principessa, Sonam, che in bhutanese indica chi ha merito, longevità e fortuna.

La royal coppia del Paese del Drago è estremamente popolare in patria, tra i suoi seicentocinquantamila abitanti, e all'estero dove sono ammirati in ogni occasione in cui si riunisce il gotha internazionale delle famiglie reali.

Salito al trono a novembre del 2008, dopo l'abdicazione del padre, l'attuale sovrano, contrario alla mondializzazione, ha guidato il piccolo Paese buddhista attraverso un percorso di riforme economiche e sociali preservando la tradizione. Sotto il suo regno, il Bhutan, infatti, ha depenalizzato i crimini contro l'omosessualità e implementato programmi di istruzione.

Per volere del padre dell'attuale monarca, re Jigme Singye, il metro di misura del Paese è il Fil, la Felicità Interna Lorda. Introdotto negli anni Settanta, era un indice che teneva conto di un insieme di fattori e dal 2008, quando il Bhutan ha promulgato la nuova Costituzione, i valori del Fil sono disciplinati dall'articolo 9. I suoi abitanti, insomma, sono felici per legge.

Nato in Bhutan, ma formatosi con un percorso scolastico diviso tra Stati Uniti e Gran Bretagna, re Jigme si è laureato a Oxford in Scienze politiche e ha modernizzato il volto di un regno che ha introdotto la televisione solo nel 1999, non ha avuto strade né telefoni fino agli anni Sessanta e non ha consentito l'accesso agli stranieri fino agli anni Settanta. Oggi, invece, possono entrare, pagando, però, una delle tasse di soggiorno più costose al mondo: duecento dollari al giorno a persona.

Simbolo del Paese, il monastero di Paro Taktsang, che si trova incastonato tra le montagne a 3210 metri d'altezza, è la destinazione più famosa e visitata. Non hanno fatto eccezione i principi del Galles, William e Catherine, che durante il loro viaggio in Bhutan nel 2016 si sono arrampicati lungo i tortuosi sentieri per una salita di trekking lunga sei ore, ovviamente senza perdere l'aplomb reale.

Dal matrimonio con la regina Jetsun Pema sono nati tre figli e il loro primogenito, il principe Jigme Namgel, a nove anni, è il più giovane erede al trono del mondo.

A proposito di eredi, voliamo in Giappone, nel cui parlamento è in corso una discussione per la riforma della legge che regola la successione al trono. Secondo la Imperial House Law del 1947, solo gli uomini possono sedere sul trono del Crisantemo, il più antico in assoluto. È un dibattito quanto mai attuale e necessario visto che l'unica figlia dell'imperatore Naruhito, la principessa Aiko, è femmina, e dunque al momento il principe ereditario risulta essere lo zio, il fratello di suo padre, Akishino. Vedere regnare un'imperatrice segnerebbe un cambio di passo cui strizzerebbe l'occhio anche l'opinione pubblica, favorevole all'81%, secondo un sondaggio del 2024.

Fino al 2019, per ben trent'anni, sul trono del Crisantemo è rimasto seduto l'imperatore Akihito, che ha abdicato in favore del figlio. Un passo indietro che non accadeva da duecento anni, ma reso necessario a causa dell'età e dello stato di salute, come ha spiegato lui stesso nel giorno dell'annuncio.

L'abdicazione è stata il più eclatante tra gli atti nelle facoltà di un imperatore che, andando controcorrente, ha riposizionato la sua figura agli occhi del proprio popolo e quella del suo Paese agli occhi del mondo.

Contro il Palazzo e le sue regole millenarie si impose con la scelta della moglie, Michiko Shoda, una donna non di sangue blu. La stessa linea fu adottata dal figlio Naruhito, che nel 1993 sposò Masako Owada. Masako, cittadina del mondo, parla fluentemente tre lingue e si è laureata in Economia ad Harvard. Aveva appena ventitré anni e sognava una carriera in diplomazia al servizio del suo Paese quando incontrò Naruhito, nel 1986, a un ricevimento a Palazzo in occasione della visita dell'Infanta Elena di Spagna in Giappone. Masako era al seguito del padre, diplomatico. Per Naruhito fu un colpo di fulmine. Anche se non di sangue blu, lei aveva tutti i requisiti per essere la candidata ideale a diventare sua moglie. Incominciarono a frequentarsi, ma lei rispose per due volte «no» alla proposta di matrimonio. La prospettiva di seguire la sorte di quell'uomo destinato al ruolo di imperatore la spaventava. Ma, alla fine, cedette alla terza richiesta e quello stesso anno, il 1993, si sposarono. Più che un matrimonio fu un rito antico, cui parteciparono ottocento ospiti e nessun leader straniero. Lui sarebbe diventato il centoventiseiesimo imperatore dell'Impero del Crisantemo e quel giorno indossava un abito arancione che replicava un costume dell'Ottocento. Lei, sprofondata in un kimono a tredici strati, era apparsa remissiva quanto basta da sembrare triste fin da subito.

Ben presto iniziò a farsi sentire la pressione di Palazzo per assicurare all'impero la successione. Un'ansia che per la principessa sfociò in una profonda depressione dopo un aborto spontaneo. Uno stato di malessere che, tuttavia, continuò, anzi si acuì, anche dopo aver messo al mondo un'erede, perché era una bambina e, come abbiamo detto, la legge giapponese non prevede che alle donne sia consentito di regnare. La stampa non fu certo d'aiuto, incominciando a chiamarla pubblicamente «la principessa triste». E lo divenne per tutti, mentre entrava e usciva dalle cliniche per curare il suo male invisibile.

La vita di corte l'avrebbe annullata, lo sapeva, ma da trent'anni, comunque, condivide la strada con suo marito, che non le ha mai fatto mancare il proprio sostegno, e dal 2019 anche il trono.

Come nelle migliori famiglie reali, neanche in quella imperiale sono mancati gli scandali. L'ultima protagonista in questo senso è stata la principessa Mako, figlia maggiore del principe ereditario, che nel 2021 ha rinunciato a titolo e appannaggi per sposare il fidanzato conosciuto sui banchi dell'università, Kei Komuro, e trasferirsi con lui in America. Se la storia vi sembra un *dejà-entendu* bisogna fare un passo indietro e sapere che, secondo le rigide norme che disciplinano la casa imperiale giapponese, le donne che sposano un uomo non di sangue blu sono obbligate a lasciare la famiglia e rinunciare ai titoli. Mako ha scelto l'amore, sapendo che quel matrimonio per lei sarebbe stato un addio.

Che un re venga eletto deve suonare strano alle cancellerie occidentali, dove i monarchi salgono al trono secondo una rigorosa linea di successione ereditaria. Ma non in Malesia, Stato in cui, il 31 gennaio 2024, ha giurato un nuovo sovrano, il sultano Ibrahim Iskandar, diventato il diciassettesimo re del Paese e incoronato il 20 luglio successivo in una cerimonia con settecento invitati.

Oltre a venire eletto dalla Conferenza dei Governanti, il sovrano della Malesia rappresenta un'eccezione sotto diversi punti di vista: rimane in carica per cinque anni, e a sedere sul trono sono a rotazione le nove famiglie reali dei nove sultanati che compongono la Malesia. Questo sistema, che rappresenta un unicum al mondo, è in atto dal 1957, da quando, cioè, il Paese ha ottenuto l'indipendenza dal Regno Unito. Nella lingua locale il re si chiama *Yang di-Pertuan Agong* e quello attuale è il sultano di Johor, dove gode di una popolarità dell'80%.

Succeduto al trono alla morte del padre nel 2010, è stato eletto come capo di Stato dalla conferenza dei governanti il 28 ottobre 2023. Ibrahim Iskandar, classe 1958, di origine inglese per parte di madre, ha un patrimonio personale di sei miliardi di dollari. Non solo. Nelle sue disponibilità spicca quella di avere un esercito personale, un privilegio che lo rende l'unico sultano dei regni malesiani a possedere delle forze armate. Nell'elenco delle proprietà si contano anche grandi investimenti a Singapore, un Boeing 737 color blu e oro e una collezione di auto con oltre trecento modelli. Sono infatti i motori la grande passione del nuovo sovrano, soprattutto quella per le due ruote: battezzato il «re delle moto», ha fondato nel 2001 il Kembara Mahkota Johor, un tour motociclistico che attraversa le dieci province del suo sultanato. La moglie, Raja Zarit, invece, è soprannominata la «regina di cuori». Nata nella famiglia reale Perak, il sultanato più antico della Malesia, è stato l'impegno nel sociale a segnare la sua vita a Palazzo. Sposati dal 1982, le strade del re e della regina si sono incrociate in Gran Bretagna, dove entrambi hanno completato parte del percorso scolastico.

Laureatasi, infatti, alla prestigiosa università di Oxford, Raja parla cinque lingue, tra cui il francese e l'italiano, e nel suo curriculum si conta anche una carriera da giornalista e scrittrice. È autrice di quattro libri per bambini e la passione per la lettura l'ha avvicinata a un'altra regina, Camilla. Durante una visita in Malesia nel 2017, la moglie di re Carlo, fondatrice del club del libro «The Queen's Reading Room», ha visitato insieme alla regina Raja la International School Park City di Kuala Lumpur.

Con una popolazione di trentatré milioni di abitanti, la Malesia è una monarchia costituzionale e il ruolo del monarca è soprattutto di rappresentanza, anche se negli ultimi anni il sovrano è dovuto intervenire in modo decisivo in tre occasioni, data l'instabilità politica del Paese. In un'intervista al *Singapore Straits Times*, il sultano di Johor ha fatto sapere che non intende essere un re fantoccio e che si impegnerà nei prossimi cinque anni per unire il Paese e combattere la corruzione.

Il volto più patinato del Paese è, tuttavia, quello dei giovani royals, star dei social che spopolano in patria e all'estero. Nella classifica di *Tatler*, il giornale dell'aristocrazia per eccellenza, i reali della Malesia sono una presenza fissa tra le monarchie asiatiche da tenere d'occhio. Dopo il matrimonio del principe Mateen del Brunei, è il trentenne principe di Johor, Tunku Abdul Rahman Sultan Ibrahim, lo scapolo d'oro del Borneo. Anche se lontano dal trono, la sua popolarità è altissima e, dall'aviazione alle corse automobilistiche, non c'è sport in cui non brilli la stella del figlio del re. Ma sono il primogenito del sultano, il principe ereditario Tunk Ismail Idris, e la moglie a tenere banco sui giornali. Lei, Khaleeda Bustamam, con un milione di follower su Instagram, è la superstar della famiglia reale. Come altre principesse, anche Khaleeda ha frequentato le scuole nel Regno Unito prima di ritornare a Kuala Lumpur e incrociare il suo destino. Con il principe fu un colpo di fulmine, seguito da un matrimonio privato nel 2014 e la nascita di quattro figli.

Quando, nel 2016, in Thailandia è venuto il momento di re Rama X, i più hanno sospirato: «Speriamo bene!» Aveva sessantasei anni e vantava come unico record quello di re più tatuato del mondo.

Re Rama IX, suo padre, era rimasto sul trono per settant'anni, contendendosi il record di sovrano più longevo con la regina Elisabetta II. In patria aveva avviato un ambizioso progetto di modernizzazione della monarchia costituzionale, guadagnandosi il privilegio di essere aggiunto alla lista dei grandi sovrani della Thailandia.

Vajiralongkorn, unico maschio tra i suoi quattro figli, è stato incoronato re di Thailandia, con il nome di Rama X, il 4 maggio 2019, tre anni dopo la morte del padre e tre giorni dopo il suo quarto matrimonio con Suthida Tidjai, ex hostess della Thai Airways conosciuta in volo e, al volo, entrata a far parte della guardia reale, fino a raggiungere il grado di generale vicecomandante dell'unità di sicurezza del re, un corpo scelto tutto al femminile. Di fatto è l'harem del sovrano.

Dalle altre tre mogli, da cui ha divorziato, ha avuto in tutto sette figli, ma non ha ancora deciso chi tra loro sarà il suo erede, visto che la Costituzione consente al re di scegliere il proprio successore. Il favorito sarebbe Vacharaesorn Vivacharawongse, soprannominato Vach.

È nato il 27 maggio 1981 e attualmente vive negli Stati Uniti, dove si è sposato con l'americana Elisa Garafano. Proprio la scelta della moglie, però, rappresenta un problema, perché la legge thailandese esclude dal trono qualsiasi membro della famiglia reale sposi un consorte straniero.

Naif quanto basta, Rama X non è un sovrano molto amato in patria. Infatti, vive per la gran parte dell'anno in Germania, tra lo sfarzo più assoluto, dopo aver fatto cambiare quella norma costituzionale che affidava ad altri la gestione del suo patrimonio, stimato nel 2012, secondo una valutazione di *Forbes*, più di trenta miliardi di dollari. Questo fa di lui uno dei sovrani più ricchi al mondo e si è assicurato di poter occuparsi personalmente di questa fortuna.

Non sono pochi gli scandali causati da questo eccentrico sovrano: nel 2020, per esempio, non passò inosservata la mossa di prenotare per sé stesso e per le sue venti concubine un intero albergo in Baviera, il Grand Hotel Sonnenbichl a Garmisch-Partenkirchen, mentre il mondo era in lockdown travolto dalla pandemia da Covid-19.

Di formazione accademica, condivide la linea di Governo del Paese con il partito supportato dai militari il quale, con pugno di ferro, amministra la Thailandia. Se l'offesa di lesa maestà è punita severamente, la pena per il tradimento al sovrano è la morte; per questo, negli ultimi anni, i tentativi di ribellione sono tutti stati repressi con la forza e il popolo teme che il re, dopo tanti progressi democratici, voglia virare verso una monarchia assoluta.

Tra i privilegi, quindi, può vantare anche quello di veder strisciare le persone ai suoi piedi, in segno di devozione. Una pratica che stride con l'evoluzione della società, ma che affonda le sue radici nelle usanze dell'Impero Khmer, dal forte impatto simbolico per sottolineare la sudditanza del popolo nei confronti del re.

Sistemi di monarchie estremi, forse antichi, sicuramente particolari, che caratterizzano quella parte di globo e che, tuttavia, vengono riconosciute con pari dignità ai grandi raduni delle Corone del mondo.

Monarchie del Nord

Come sempre, è la famiglia reale il centro intorno al quale ruotano polemiche e scandali che spesso si riflettono sull'andamento del gradimento della Corona nel Paese, e le monarchie del nord del Vecchio Continente non fanno eccezione.

Anche per queste case regnanti, in cerca di un costante equilibrio che coniughi il ruolo con la tradizione, emergono due problemi evidenti e collegati l'uno all'altro: sempre più sovrani si domandano quale sia il senso di portare avanti i rami cadetti della famiglia tra privilegi e titoli nobiliari, quando i tempi consiglierebbero il contrario, monarchie slim e pochi royals a rappresentare il Paese. Il secondo problema, che si innesta sul primo, è: cosa ne facciamo degli spare, dei numeri due, di quei principi e principesse non destinati al trono?

A dimostrare che il mestiere di principe è un lavoro precario ci ha pensato nel 2019 Carlo Gustavo, re di Svezia, quando il portavoce della casa reale svedese annunciò che i nipoti del sovrano destinati al ramo cadetto, ovvero i figli del principe Carl Philip e di sua moglie Sophia e quelli della principessa Madeleine e del marito Chris O'Neill, non avrebbero più avuto il rango di Altezza Reale.

Re Carlo Gustavo, però, nel settembre 2023, in occasione del Giubileo d'oro che celebrava i suoi cinquant'anni di regno, ha peggiorato la situazione in seno alla famiglia biasimando la modifica alla legge di successione al trono del 1980 che introduceva, anche retroattivamente, la possibilità per il primogenito di qualsiasi sesso di ereditare la Corona. Lui, a quel tempo era già padre di due figli (poi ne sarebbe arrivata una terza): Victoria, la primogenita, e Carl Philip, di solo un anno, secondogenito nato erede al trono che, però, in un giorno, si ritrovò secondo in linea di successione, dopo sua sorella Victoria, appunto, diventata principessa ereditaria per via di quella legge cambiata in corso d'opera dal Parlamento svedese.

La sincerità del re spiazzò tutti e provocò un'ondata di indignazione che costrinse Carlo Gustavo a intervenire con un comunicato per calmare le acque e ribadire che la sua primogenita Victoria gode del pieno sostegno e si conferma un asset straordinario per la monarchia, ma da padre gli era sembrata un'ingiustizia togliere al figlio quello che già era suo al momento della nascita.

È su di lei che ha puntato il casato dei Bernadotte dopo lo scandalo che ha travolto la corona di Svezia nel 2010, in seguito all'uscita del libro inchiesta *Carl XVI Gustaf – Den motvillige monarken* (Carlo XVI Gustavo – Il re riluttante), in cui emergeva il lato oscuro di re Carlo Gustavo, sposato con la regina Silvia dal 1976. Il sovrano avrebbe, infatti, avuto innumerevoli amanti, tante da fare concorrenza a Juan Carlos di Spagna, e sarebbe stato un assiduo frequentatore di sex parties.

Carlo Gustavo alla nascita era secondo in linea di successione dopo suo padre, il principe Gustavo Adolfo. L'erede, però, morì in un incidente aereo il 26 gennaio 1947 e così, ad appena un anno, lui prese il suo posto e a venticinque salì al trono. Se nel 1973, all'alba del suo giovane regno, la fama del *tombeur de femmes* con la passione per le auto sportive era stata accolta con entusiasmo dai sudditi reduci dall'austera monarchia di Gustavo Adolfo, anziano nonno di Carlo Gustavo, il sovrano traditore seriale non piaceva alla Svezia contemporanea, in cui i tempi cambiavano velocemente. Il crollo di popolarità fu talmente rapido che, secondo la stampa, l'abdicazione divenne un'ipotesi possibile, smentita, tuttavia, dal sovrano in persona, che affermò quanto il suo ruolo fosse un affare solo tra lui e Dio.

Se, dopo il calo dell'ultimo decennio, oggi il gradimento della Corona si attesta su un radicato 54%, con picchi di popolarità del 74% nella capitale Stoccolma, il merito è soprattutto della principessa Victoria, risultata la royal più amata della famiglia reale svedese. Numeri da salvaguardare scansando qualsiasi accenno di scandalo, come dimostra il comunicato stampa rilasciato prontamente dal Palazzo nel 2022 per smentire le insistenti voci sulla fine del matrimonio reale tra la principessa Victoria e Daniel Westling, l'ex insegnante di ginnastica diventato principe, a causa delle presunte infedeltà del marito.

I soccorsi alla corona di Svezia sono arrivati dagli Stati Uniti. La principessa Madeleine, la terzogenita del re, e il marito, il finanziere anglo-americano Chris O'Neill, hanno lasciato il sole della Florida per ritornare a Stoccolma e dare sostegno a Victoria. Proprio O'Neill, in controtendenza all'ultima moda di revocare titoli, nel 2013 aveva rifiutato lui stesso il riconoscimento offertogli dal re in occasione del matrimonio reale. Scelse la libertà. Ossia scelse di continuare a vivere da ricco cittadino a stelle e strisce con un robusto fondo di investimenti al seguito. Libero anche politicamente, cosa che gli permise, nel 2017, di scagliarsi con un post su Instagram contro l'allora presidente degli Stati Uniti Donald Trump, costringendo comunque il Palazzo reale svedese a prendere le distanze dalle sue dichiarazioni.

Negli ultimi anni, quella di dover prendere le distanze per affrancarsi da comportamenti e uscite non allineate alla condotta di Palazzo è diventata, ormai, una consuetudine per le corti europee, infarcite di famigliari troppo agitati le cui scelte di vita risultano a volte incompatibili con l'integrità della Corona.

In Norvegia lo sanno bene. La principessa Martha Louise, primogenita di re Harald e quarta in linea di successione al trono, dopo suo fratello, il principe Haakon, e i nipoti, la principessa Ingrid Alexandra e il principe Sverre Magnus, ha già un matrimonio e un divorzio alle spalle con lo scrittore Ari Behn, padre dei suoi tre figli e morto suicida nel Natale del 2019. Adesso, però, si è sposata con lo sciamano delle star Durek Verrett, nato negli States da padre afrohaitiano e madre norvegese. Lui e la principessa Martha Louise sono legati dal 2019, fidanzati ufficialmente dal 7 giugno 2022 e sposati dal 31 agosto 2024.

Sciamano per mancanza di prove, solo perché si autodefinisce tale, Durek è il guru, tra gli altri, di Gwyneth Paltrow. Una seduta da lui può costare anche mille euro.

Dicono che tolga lo stress. Martha Louise, invece, dice di poter parlare con gli angeli e con i cavalli. L'unione si prospetta interessante.

È stata un'amica comune a presentarli, la guaritrice Millana Snow, e la scintilla è scattata davanti al cibo vegano ordinato da Caffè Gratitude a Los Angeles, città dove vivono entrambi. Lui ha dichiarato di avere avuto esperienze bisessuali: più che alle donne o agli uomini, dice di essere interessato all'anima delle persone. Con Martha Louise pare si intendano alla perfezione anche dal punto di vista lavorativo, tanto da aver lanciato in passato un tour di conferenze in Europa chiamato *La principessa e lo sciamano*, i cui biglietti costavano ben centocinquanta euro, e scatenando le furie della casa reale norvegese che ha vietato alla principessa di approfittare di nomi e simboli della Corona per profitto personale.

Impresa, questa, che ricorda sempre più da vicino la strada scelta dal principe Harry, suo cugino alla lontana in quanto entrambi discenti della regina Vittoria.

Infatti, tra iniziative commerciali discutibili e commenti poco opportuni pronunciati dallo sciamano, che dichiarò, per esempio, che: «I bianchi guardano sempre male quando una persona di colore sposa un membro della famiglia reale», anche Martha Louise, alla fine, ha dovuto fare un passo indietro, rinunciando al ruolo di working royal a causa delle crescenti critiche nei suoi riguardi e del marito, che si riflettevano negativamente sulla popolarità della corona norvegese.

In un Paese relativamente giovane come la Norvegia, che ha ottenuto l'indipendenza dalla Svezia solo nel 1905, e con un primo sovrano, re Haakon VII, eletto il 18 novembre di quell'anno, nato da una costola della famiglia reale di Danimarca, in quanto figlio del re Frederik VIII, la fortissima popolarità della monarchia, all'81%, rischiava di essere compromessa ancora una volta per questioni di cuore. Così fu inevitabile che si arrivasse, l'8 novembre 2022, all'intervento del Palazzo, con una conferenza stampa di re Harald e della regina Sonja: quest'ultima dichiarò che, per quanto lo sciamano avesse ottimi rapporti con la famiglia reale, era chiara la diversa percezione dell'istituzione monarchica tra le due sponde dell'Atlantico: «Gli americani non hanno idea di cosa sia un regno, non ne comprendono l'importanza e di conseguenza non capiscono che ogni azione personale si riflette sull'immagine della Corona».

Lezione appresa in altri tempi dalla regina stessa, quando la corte di Oslo cercò in tutti i modi di impedire un matrimonio senza precedenti nella storia, quello tra il principe ereditario Harald e lei, la signora Sonja Haraldsen, figlia di un commerciante senza una goccia di sangue blu. «Una ragazza del popolo» titolavano i giornali. Lei e il principe si erano conosciuti a un pranzo in casa di amici nel 1959 e furono necessari ben nove anni prima che re Olav, padre di Harald, concedesse al figlio il permesso di sposare la sua Sonja. In mezzo ci furono l'opposizione del Governo, la minaccia di una crisi costituzionale e i tentativi del re di combinare il matrimonio giusto. Serviva una ragazza di sangue blu! Lo sguardo cadde sulla principessa Irene di Grecia, sorella della regina di Spagna, Sofia. Ma fu tutto inutile di fronte alle affermazioni granitiche di Harald: «O mi sposo con Sonja o non mi sposo affatto».

Così, il 29 agosto del 1968 si celebrò il royal wedding tra il principe e la commoner. Fu il primo di una serie di matrimoni in realtà più rivoluzionari che scandalosi. I tempi erano già cambiati a metà del Ventesimo secolo e i principi non si sposavano più solo con le principesse.

Silvia di Svezia, moglie del re Carlo Gustavo, faceva la hostess prima di diventare la «dancing Queen» degli ABBA, e Mette Marit, moglie dell'attuale erede al trono e futura regina di Norvegia, lavorava in un bar, con un figlio e un passato discutibile alle spalle. L'incontro con il principe Haakon è avvenuto nel 1999 tramite amici comuni e meno di sei mesi dopo vivevano già insieme. La notizia, una volta diventata di dominio pubblico, monopolizzò l'attenzione intorno alla monarchia norvegese, facendo precipitare in picchiata la popolarità della Corona che toccava i minimi storici con il 58% di gradimento. L'unione presentava problemi che riguardavano diversi ambiti della società. La chiesa luterana, di cui il re è a capo, non permetteva infatti la convivenza prima del matrimonio e l'ala più conservatrice tra i protestanti si mostrò molto critica sulle scelte del principe. Tuttavia, in un Paese in cui quattro coppie su dieci, quasi la metà, vivevano insieme senza essersi sposate, la prospettiva che anche il principe e la futura moglie fossero conviventi non infastidiva i sudditi, anzi. A comprometterne la reputazione era piuttosto il passato di droghe e di eccessi di Mette Marit. Per quindici mesi il dibattito sul futuro della Corona divenne incessante. Si ipotizzò perfino la rinuncia al ruolo del principe ereditario. Il 22 agosto 2001, a tre giorni dalle nozze, fu convocata una conferenza stampa con le scuse pubbliche di Mette Marit per le sue scelte precedenti: «La mia ribellione giovanile è stata decisamente più marcata di quella di altre persone. Per me era una sfida superare il limite di quello che era tollerato» dichiarò, mettendosi a nudo e firmando la pace con il popolo norvegese. E dal giorno del matrimonio il gradimento della Corona tornò a crescere.

Mette Marit fa parte dell'«esercito di commoners» arrivate a corte che occupano o occuperanno un giorno il ruolo di regine consorti.

In alcuni casi arrivano addirittura da altri continenti, come Mary Donaldson, nata in Australia e diventata regina di Danimarca il 14 gennaio 2024 dopo l'abdicazione della suocera, Margherita II, o Maxima Zorreguieta, la borghese argentina con padre ministro nella giunta militare golpista del Governo Videla, dal 2015 regina d'Olanda. Le divide la popolarità che riscuotono nella nuova patria. Mary Donaldson, sposata dal 2004 con re Frederik, si è inserita perfettamente nel ruolo che le compete per matrimonio, contribuendo al successo della monarchia nel Paese. Con l'81% di gradimento, la Danimarca è una delle nazioni con il maggior apprezzamento per la Corona.

Il merito di questo traguardo è stato della regina Margherita II. Salita al trono il 14 gennaio 1972, a trentun anni, raccolse una monarchia dalla popolarità fragile, al 41%, trasformandola mezzo secolo più tardi in una delle più solide. L'ha premiata lo stile di vita borghese che, accompagnato al talento artistico, l'ha trasformata in una regina multitasking: devota ai suoi compiti a Palazzo ma anche costumista e sceneggiatrice di alcune opere teatrali di spiccata fama nel Paese.

Da giovane principessa, all'inizio degli anni Settanta,

inviò allo scrittore J. R. R. Tolkien, autore de *Il signore degli anelli*, i disegni che aveva creato ispirandosi al suo libro. L'autore fu molto felice di ricevere quella lettera e iniziò una breve corrispondenza tra loro. Nel 1977, sotto lo pseudonimo di Ingahild Grathmer, i disegni della regina Margherita divennero le illustrazioni dell'edizione danese del romanzo. La passione per Tolkien l'ha accompagnata per tutta la vita e nel 1992 ha partecipato anche a un documentario, narrato da Judie Dench, sulla vita del celebre scrittore. In quell'occasione ha mostrato alcuni dei disegni che gli aveva inviato cinquant'anni prima.

Accanita fumatrice, fu questo vizio a costare alla regina Margherita le critiche della stampa danese quando, da uno studio del 1991, emerse che la Danimarca aveva il più alto tasso di donne fumatrici tra i Paesi europei e, siccome la sovrana era una figura estremamente popolare, fu fatto risalire al suo cattivo esempio l'alto consumo di sigarette. In favore della moglie intervenne il marito, il conte francese Henri de Laborde de Montpezat, sposato il 10 giugno 1967, che ha fatto del politicamente corretto una battaglia personale. Il loro non è stato quello che si può definire un matrimonio facile: sono stati, infatti, gli scontri a caratterizzare la loro unione, soprattutto quelli legati al titolo di re consorte preteso dal marito e non concesso dalla moglie, un affronto mai perdonato alla sovrana, tanto da chiedere di non essere sepolto accanto a lei. E così, nel 2018, le sue ceneri furono disperse in mare.

Dalla morte di Elisabetta II, l'8 settembre 2022, al giorno della sua abdicazione, il 14 gennaio 2024, Margherita è stata l'unica regina regnante al mondo, e come l'omologa inglese è sempre nell'interesse della Corona che ha guidato il suo regno. Non ha fatto eccezione, a ottobre del 2022, la decisione di rimuovere il titolo di principe ai quattro nipoti destinati al ramo cadetto, i figli del suo secondogenito, il principe Joachim, di fatto aprendo le ostilità in famiglia.

L'esigenza di questa mossa è stata dettata dai tempi. Secondo la ex regina, l'immagine di una grande famiglia reale al servizio della Corona sembrerebbe incompatibile con le volontà di un'opinione pubblica che vorrebbe monarchie più snelle e sobrie.

A farne le spese sono dunque i rami cadetti, ma Margherita ha spiegato che la sua decisione di rimuovere il titolo di principe ai nipoti è stata presa per poterli lasciare più liberi di percorrere una strada alternativa alla vita di Palazzo. Direzione già intrapresa dal maggiore dei nipoti che, come principe Nikolai di Danimarca, aveva prestato il suo volto a marchi esclusivi, sfilato sulle passerelle più importanti e ottenuto a febbraio del 2022, a ventun anni, la copertina di *Vogue Scandinavia*. Adesso la sua carriera di modello continua come conte di Montpezat, il titolo di cortesia che la nonna ha concesso ai nipoti.

Tuttavia, l'annuncio pubblico della regina Margherita, che di fatto declassava i nipoti, ha causato grande tristezza alla famiglia del principe Joachim, come lui stesso ha dichiarato pubblicamente, costringendo l'allora sovrana a un ulteriore comunicato di spiegazioni. In realtà, sembrerebbe che all'origine di questa mossa per distanziare i due rami della dinastia ci sia un'invasione di campo sentimentale proprio del principe Joachim nei confronti del fratello, il re Frederik. Il secondogenito della regina Margherita di Danimarca, infatti, sarebbe stato talmente invaghito di Mary Donaldson, moglie del fratello, da provare a strapparle un bacio durante una festa, e la scelta di sposare un facsimile della cognata, con lo stesso nome ma declinato al francese, Marie, nel 2007, non fece che aumentare il pettegolezzo.

D'altronde, sono i pettegolezzi ad accompagnare la vita di corte, andando di pari passo con gli affari istituzionali della Corona e ogni tanto interferendo anche con gli stessi. Il più eclatante di questi gossip alla corte del Belgio si chiama Delphine Boel ed è la donna che ha minato le fondamenta del trono stesso, rendendo necessario il passo indietro di re Alberto II il 21 luglio 2013.

Alberto II è sposato dal 2 luglio 1959 con Paola Ruffo di Calabria, soprannominata «la regina italiana». È padre di tre figli ed è salito al trono nel 1993. Fu l'incontro nel 1966, ad Atene, con Sybille de Sélys Longchamps, sposata a sua volta con l'industriale Jacques Boel, a far tremare il matrimonio reale. Al colpo di fulmine seguì una relazione clandestina durata diciotto anni, ma soprattutto, nel 1968, la nascita di una figlia, Delphine, che della battaglia per la verità sulle proprie origini ne ha fatta una missione di vita. Il segreto era sulla bocca di tutti da tempo, ma solo con l'uscita della biografia non autorizzata dedicata alla regina Paola a ottobre del 1999, *Paola, van "la dolce vita" tot koningin* (Paola, da dolce vita a regina, a cura di Mario Danneels), la notizia divenne di dominio pubblico. A due mesi dal royal wedding dell'erede al trono, il principe Philippe, con Mathilde d'Udekem d'Acoz, lo scandalo di una figlia illegittima travolse il Palazzo. I ben informati raccontano anche che il terzogenito di re Alberto, il principe Laurent, noto più che altro per i tentativi di imbarazzare la Corona, si divertiva a seminare nell'ufficio del padre riviste con foto della sorellastra in prima pagina.

È stata una battaglia tanto mediatica quanto giudiziaria, quella intrapresa da Delphine Boel contro suo padre, il re del Belgio Alberto II, per farsi riconoscere come figlia. Furono necessari sette anni per arrivare alla verità, con un primo punto di svolta nel 2019 quando il tribunale di Bruxelles condannò Alberto II a una multa di cinquemila euro al giorno fino a quando non si sarebbe sottoposto al test del dna.

Il 27 gennaio 2020 Delphine è stata riconosciuta ufficialmente e da allora è la principessa Delphine Sassonia-Coburgo-Gotha.

In un Paese come il Belgio, in cui la popolarità della Corona gode di un gradimento tiepido, è toccato a re Philippe ricomporre una famiglia la cui immagine pubblica era compromessa dagli scandali del padre e dalle gaffe del fratello, il principe Laurent.

Salito al trono il 21 luglio 2013 con al fianco sua moglie, la regina Mathilde, propongono sulla scena internazionale una famiglia reale allargata nella quale c'è spazio anche per Delphine, la sorellastra diventata principessa, schierata in prima fila nel giorno della festa nazionale del Paese.

L'attenzione agli umori dell'opinione pubblica ha fatto sì che nel 2022, durante il suo primo viaggio in Congo, re Philippe si scusasse perfino per il passato coloniale del Belgio, una mossa condivisa con altri sovrani che, però, non ha fatto salire il termometro del gradimento reale.

L'eredità coloniale è un tema diventato sensibile per molti regni del Vecchio Continente e anche il re d'Olanda

Willem Alexander, dopo aver commissionato studi che dimostrassero un legame tra la casa reale Orange e la tratta degli schiavi, in occasione del centosessantesimo anniversario dell'abolizione della schiavitù nel Paese, il 1° luglio 2023, ha espresso il profondo dispiacere per questi crimini contro l'umanità. Se lo scopo era riscuotere simpatie tra i sudditi, è sembrato che la strada scelta dal re non fosse quella giusta.

Nel caso di Willem, salito al trono il 30 aprile 2013 dopo l'abdicazione di sua madre, la regina Beatrice, sono state le vacanze in Grecia nel 2020 con la moglie, la regina Maxima, trascorse in una villa *pied dans l'eau*, mentre il Governo olandese sconsigliava i viaggi all'estero a causa della pandemia da Covid-19, a far scendere in maniera verticale la popolarità della corona.

Ma a quanto sembra, per re Willem le vacanze sono sacre!

Sempre la stessa villa in Grecia è stata protagonista dell'estate 2023 quando, caduto il Governo del suo primo ministro Mark Rutte a inizio luglio, il premier non ha potuto presentare le dimissioni al re perché questi si trovava a Hydra per godersi un meritato riposo dopo una visita di Stato che lo aveva visto protagonista con i reali del Belgio. È finita che il sovrano ha dovuto interrompere le vacanze e anticipare velocemente il ritorno ad Amsterdam. Fatiche da re.

Ma l'asso nella manica delle corone europee è riposto nella next generation. Grazie alla biografia ufficiale *Catharina-Amalia, prinses von Orange*, commissionata dal Governo e pubblicata in occasione dei diciotto anni della principessa Catharina Amalia, sappiamo che l'erede al trono d'Olanda è una grande appassionata di tiare. Nel libro ha raccontato di sapere la storia di ogni preziosa coroncina d'Europa e che da bambina aveva l'abitudine di provare quelle della madre mentre si preparava per partecipare agli eventi ufficiali. Tuttavia, ben consapevole del suo ruolo, che si deve adeguare al periodo storico, a diciotto anni, compiuti a dicembre del 2021, la principessa decise di rinunciare allo stipendio da royal da un milione e mezzo di euro l'anno che le sarebbe spettato di diritto, finché gli impegni reali non lo avessero reso indispensabile.

Il debutto nella scena globale del futuro dei regni del Nord è avvenuto il primo giugno 2023, in occasione del matrimonio del principe ereditario di Giordania, Hussein, il primo royal wedding a cui hanno preso parte proprio la principessa Caterina Amalia, insieme alla principessa Elisabetta del Belgio, al braccio dei rispettivi padri. Per loro, questo è solo l'inizio di una vita da regine!

Re senza corona

«Cosa significa essere erede al trono? Prima di tutto non c'è un trono. Dunque io non penso né pretendo di essere erede al trono. Sono un discendente di una grande dinastia, di una grande storia, di una grande famiglia. Ma se io pensassi all'erede al trono non vivrei più.»

Sono le parole del principe Emanuele Filiberto di Savoia, a capo del casato sabaudo dalla morte del padre, Vittorio Emanuele, avvenuta a Ginevra il 3 febbraio 2024.

Che all'indomani della Seconda guerra mondiale il mondo avrebbe preso una piega diversa se n'era accorto anche Farouk d'Egitto che, nel 1948, sintetizzava così il suo pensiero a proposito delle monarchie esistenti: «Entro pochi anni ci saranno solo cinque re: il re d'Inghilterra, il re di cuori, il re di denari, il re fiori e il re di picche». Re Farouk, alla vigilia dal suo esilio, immaginava a tinte fosche il futuro delle monarchie di un mondo in tumulto. Una previsione cupa, ma in linea con i tempi che, da inizio secolo, avevano visto soccombere un trono dopo l'altro.

La Prima guerra mondiale aveva spazzato via quella ristretta cerchia di re, zar e imperatori legati da vincoli di sangue che governavano le corti europee, diventando di fatto lo spartiacque tra il vecchio e il nuovo mondo. Crollato lo status quo, con la Seconda guerra mondiale, caddero altri troni. Tra loro quello italiano dei Savoia.

Il Quirinale è adesso la residenza ufficiale del presidente della Repubblica, ma in origine lo fu dei Papi e, in mezzo, dei re d'Italia. L'ultimo, Umberto II, partì da qui giovedì 13 giugno 1946 intorno alle 2 di pomeriggio per raggiungere l'aeroporto di Ciampino e andare in esilio.

Quel giorno, a Roma, il re sabaudo attraversò a piedi il cortile del Quirinale. Passò in rassegna il picchetto d'onore schierato che, agli ordini del comandante dei corazzieri, il duca Riario Sforza, al suo passaggio gridò per l'ultima volta: «Viva il re». Lo stendardo reale dei Savoia ammainato definì il tramonto di una monarchia. Umberto pensava che quello sarebbe stato un arrivederci, ma invece era un addio.

Salì sull'aereo a Ciampino, dove a salutarlo trovò un piccolo drappello di monarchici. Il futuro sarebbe stato in Portogallo, dopo una tappa in Spagna. Era questo che aveva stabilito il referendum: il 2 giugno 1946 l'Italia era stata chiamata a scegliere tra monarchia o repubblica. Aveva vinto la repubblica. Quel 54% di voti rimane tutt'ora avvolto dalle polemiche, ma determinò il destino di un Paese e di una famiglia, il più antico casato regnante del Vecchio Continente.

Il principe Emanuele Filiberto è il figlio di Vittorio Emanuele di Savoia, nato in esilio in Svizzera, a Ginevra, il 22 giugno 1972 e cresciuto con il sogno dell'Italia. «Per me l'Italia era lì, a portata di mano, al di là delle Alpi, ma non ci potevo andare. Per me era come abitare sopra un negozio di cioccolata, poterne sentire l'odore, ma trovare la porta sempre chiusa» ha raccontato Emanuele Filiberto.

Solo nel 2001 il Governo Berlusconi si espresse a favore del rientro in Italia dei Savoia, vietato per legge a tutti gli eredi maschi.

Il 15 marzo 2003, alle 14.45, un aereo Falcon con a bordo la famiglia reale toccò il suolo italiano all'aeroporto di Capodichino a Napoli. Dopo cinquantasette anni di esilio, i Savoia erano tornati a casa. Il principe Emanuele Filiberto ricorda ancora le emozioni provate: «È stato un momento bellissimo, di grande libertà».

Napoli è la città più significativa d'Italia per Vittorio Emanuele. Lì è nato, da lì è partito bambino per l'esilio e lì è tornato dopo oltre cinquant'anni. E anche all'indomani della morte del padre, la città partenopea venne ricordata da Emanuele Filiberto, che dichiarò: «È nato a Napoli ed è sepolto a Torino, questa è la nostra Italia».

Il 1° luglio 2024 la basilica di Superga, dove riposano tutti i Savoia che non sono mai stati re, ha accolto le spoglie del principe Vittorio Emanuele. Il funerale e la sepoltura a Torino sono stati per il figlio dell'ultimo re d'Italia il degno epilogo della storia di una dinastia famigliare messa più volte in discussione. Il 10 febbraio 2024 a salutare per l'ultima volta Vittorio Emanuele c'erano tutte le monarchie d'Europa, tranne quelle del Nord; Windsor in testa, il principe Alberto di Monaco, la regina Sofia di Spagna, e poi il principe Philippos di Grecia e il principe Leka di Albania.

La principessa Marina, moglie di Vittorio Emanuele, dimostrò compostamente il dolore per aver perso l'uomo della sua vita, cinquant'anni insieme. Due giorni dopo, il 12 febbraio, sarebbe stato il compleanno di entrambi, e il primo per lei senza suo marito. Il principe Emanuele Filiberto, impeccabile dietro al feretro del padre avvolto nella bandiera del regno d'Italia, versò una lacrima, solo una, in Chiesa.

Nonostante la pioggia che non dava tregua, qualche centinaio di persone, tra nostalgici e curiosi, arrivò nella piazza di fronte al Duomo per seguire dai maxischermi allestiti per l'occasione il funerale del principe. In tanti ripetevano: «Torino e i Savoia sono una cosa sola, sono cresciuti insieme». In effetti, in città la monarchia sabauda ha radici incancellabili. Lo dimostrano il Palazzo reale, i nomi delle strade, quelli degli edifici, le vetrine dei negozi... A Torino tutto parla dei Savoia.

Tra i ricordi di chi era venuto a porgere il suo tributo al principe, da molti venne menzionato l'omaggio della Sindone fatto dai Savoia alla città di Torino, dove si trova dal 1563. In possesso della famiglia dal Quindicesimo secolo, fu l'ultimo re d'Italia, Umberto II, a decidere che alla sua morte, avvenuta nel 1983, il lenzuolo sacro che avrebbe avvolto il corpo di Cristo fosse donato al Papa. Giovanni Paolo II, poi, decise che la Sindone sarebbe rimasta a Torino, conservata nel Duomo, e nominò l'arcivescovo suo custode.

È una reliquia preziosa, tanto che, terminato il funerale del principe, la regina Sofia di Spagna chiese di poterla vedere.

Poco distante, l'hotel Principi di Piemonte, *nomen omen*, era stato trasformato nel quartier generale dei Savoia. Lì, per due giorni, amici e parenti hanno celebrato in maniera privata il ricordo del principe Vittorio Emanuele.

Per Birgit Hammer, invece, la morte di Vittorio Emanuele di Savoia ha scritto la parola fine di un incubo che la tormentava da quasi cinquant'anni. L'incubo è quello di Cavallo, l'isola magica in cui in una notte d'estate del 1978 morì il fratello Dirck, diventata il teatro di una tragedia che ha marchiato la vita del principe. «Adesso, davanti a Dio, non può mentire» commentò Birgit dopo la morte.

L'isola di Cavallo era la sublimazione delle vacanze smeralde. Era il regno di Jacques Couelle, l'architetto che negli anni Sessanta aveva già legato il suo nome a capolavori come l'hotel Cala di Volpe di Porto Cervo e che sull'isola privata al largo della Corsica realizzò la visione di Jean Castel, il padrone delle notti parigine che acquistò quello spicchio di rocce e terra nel 1966 per due o tre milioni di franchi. Un'isola privata e inaccessibile, dove per entrare bisognava chiedere e ottenere il permesso. L'ambizione era di trasformare quell'eden nel buen retiro esclusivo dei ricchi e potenti, e il principe Vittorio Emanuele ne divenne il re.

La storia e la cronaca si incrociarono sull'isola di Cavallo, tra Corsica e Sardegna, nella notte tra il 17 e il 18 agosto 1978.

Era dai tempi della Rivoluzione francese che un'altezza reale non veniva imprigionato e processato in Francia. Ma accadde. Accadde perché tre barche della «Roma bene» si trovarono di fronte a un Vittorio Emanuele armato di fucile. Un alterco tra barche in rada e abitanti dell'isola, che andava avanti fin dal pomeriggio, culminato nel furto di un gommone da parte dei ragazzi sulle imbarcazioni, si trasformò in tragedia. I testimoni riferirono di aver udito tre colpi, due di fucile e uno di un razzo di segnalazione.

Dirck Hamer, un ragazzo tedesco di diciannove anni che dormiva nella sua cabina, salito per caso a bordo delle barche parioline partite dalla Costa Smeralda come accompagnatore della sorella Birgit, ventisei anni e Miss Germania, fu ferito a una gamba. Fu l'inizio dell'incubo. Morì dopo diciannove operazioni, l'amputazione dell'arto, e quattro mesi di agonia.

Vittorio Emanuele andò in prigione e, sul banco degli imputati, fu accusato di aver sparato. Nella moglie Marina, che non gli fece mai mancare il suo sostegno, trovò la sua più fedele alleata.

Furono necessari tredici anni per assistere all'epilogo di una tragedia che aveva tenuto banco su tutti i media del mondo: Vittorio Emanuele fu processato dalla Corte d'Assise di Parigi e cinque giorni di testimonianze, perizie e contro perizie, portarono all'assoluzione del principe per l'imputazione di omicidio volontario e alla condanna di sei mesi per il possesso illecito di un fucile militare. Ma l'opinione pubblica aveva già emesso l'irreversibile sentenza di colpevolezza, come spesso succede quando a cadere sono i padroni del mondo.

Ma la storia non era finita: arrivò un'intercettazione, in cui Vittorio Emanuele confidava a un detenuto, riferendosi ai fatti di Cavallo: «Anche se avevo torto… devo dire che li ho fregati» registrata nel 2006 durante i sette giorni di carcere a Potenza quando fu accusato, e poi assolto, di aver avviato un giro di prostituzione nel Casinò di Campione d'Italia, a rilanciare la polemica sulla sua colpevolezza per la morte del giovane. Tuttavia, per la giustizia e per la famiglia schierata al suo fianco è sempre stato innocente.

Il principe Emanuele Filiberto non è mai venuto meno dal mostrare al pubblico l'orgoglio per la propria storia, che rivisitata in chiave moderna ispira l'immagine di una dinastia al passo con i tempi, che può perfino diventare protagonista di un videogioco o gestire una squadra di calcio. Si chiama Royaland, infatti, il gioco elettronico ideato da Emanuele Filiberto, che ha coinvolto altri sette casati con l'obbiettivo di far entrare il giocatore in un mondo virtuale di castelli e corone per imparare storia, curiosità e segreti sulle dinastie reali. È invece attraverso l'acquisto del Savoia calcio nel 2022, la sua squadra del cuore, che il principe porta avanti una missione comune a tutte le case reali, regnanti e non, quella della filantropia. Tra i principali progetti benefici c'è quello di creare un'Academy per offrire un'opportunità ai ragazzi del Sud e allontanarli, così, dalla strada, con borse di studio previste per i più meritevoli.

Intanto, si è affacciata sul palcoscenico reale dei media internazionali la primogenita di Emanuele Filiberto, la principessa Vittoria di Savoia, nata nel 2003 dal matrimonio con l'attrice francese Clotilde Coureau e incoronata nel 2023 dal magazine *Tatler* il «diamante della stagione», il titolo con cui veniva simbolicamente incoronata la debuttante dell'anno nella regency era.

Il rapporto tra dinastie non più regnanti passa anche attraverso lo scambio di onorificenze. È a Roma che il 26 aprile 2023, durante una visita ufficiale in Italia, il principe ereditario del decaduto trono dell'Iran Reza Ciro Pahlavi, figlio dell'ultimo Scià di Persia Reza Pahlavi, ha ricevuto dal principe Emanuele Filiberto l'Ordine Supremo della

Santissima Annunziata, il massimo riconoscimento della dinastia sabauda. La consegna è avvenuta durante un ricevimento alla Caccia, il circolo della nobiltà nella Capitale, ed è stata anche un'occasione per rinsaldare l'amicizia tra i due casati. Il legame tra i Savoia e i Pahlavi è molto stretto, tanto che nel 1958, quando il matrimonio tra lo Scià di Persia e Soraya finì per l'impossibilità di dare al mondo un erede, Hossein Ala, ministro della corte di Teheran, sondò le possibilità per una nuova unione, più politica, per Reza Pahlavi con la principessa Maria Gabriella di Savoia, figlia dell'ultimo re d'Italia, Umberto II. Non accadde. Ma, nondimeno, a Teheran si celebrò un altro matrimonio di casa Savoia. Il 7 ottobre 1971 il principe Vittorio Emanuele sposò in Iran la sua Marina Doria. Di due anni più grande del principe, Marina era stata campionessa di sci nautico e partecipò a tre campionati del mondo, diventando la prima svizzera a conquistare un titolo mondiale in questo sport. Era la figlia del ricco industriale italo-svizzero René Ricolfi Doria, a capo di un'azienda dolciaria, Doria, che dagli anni Cinquanta iniziò a produrre quei biscotti che sono tutt'ora sul tavolo della prima colazione degli italiani: i bucaneve. Il ricco conto in banca dei genitori, tuttavia, non bastava a compensare quell'assenza di quarti di nobiltà che per casa Savoia rimaneva un requisito indispensabile per il matrimonio di un erede al trono, se pur senza regno. Dopo tredici anni di fidanzamento, l'opposizione della famiglia e un primo rito civile a Las Vegas l'anno precedente, finalmente davanti a Dio e allo Scià di Persia si celebrò il matrimonio religioso.

L'evento anticipò di una settimana i grandiosi festeggiamenti offerti da Reza Pahlavi per i duemilacinquecento anni dell'Impero persiano a Persepolis. Per cinque giorni, davanti alle teste coronate del mondo fatte giungere apposta in Iran, sfilò lo sfarzo più assoluto, che fece guadagnare all'evento il titolo di «party dei party». In realtà, portò con sé ben altre conseguenze.

Per accogliere gli ospiti e una sontuosa festa fu costruito appositamente un villaggio di tende a Persepolis. Seicento invitati si accomodarono a un unico grande tavolo a serpentina nella Sala dei banchetti, innaffiato da vini francesi e musica. Il brindisi ufficiale fu fatto con Dom Perignon Rosé 1959 fornito, come il menù, direttamente da Maxim's, il celebre ristorante di Parigi. Tutto ciò colpì l'immaginario collettivo e provocò un'indignazione che varcò i confini nazionali.

La stampa estera parlò di spese esorbitanti per un Paese dove la maggior parte della popolazione viveva sotto la soglia di povertà e criticò i festeggiamenti indicandoli come «la follia esibizionista di un satrapo orientale».

In realtà, nelle intenzioni dello Scià c'era l'idea di affrancare il Paese dal giogo delle superpotenze grazie alle risorse petrolifere interne e portare l'Iran al passo dei Paesi più modernizzati attraverso la cosiddetta «Rivoluzione bianca»: strade, scuole, ospedali, voto alle donne… tutto ciò, però, aveva incontrato l'opposizione del clero sciita e dei partiti di sinistra che usarono il grimaldello delle fastose celebrazioni per scatenare i prodromi della rivoluzione che avrebbe costretto lo Scià all'esilio.

Quell'esibizione di lusso sfrenato compattò i detrattori della monarchia intorno alla figura dell'Ayatollah Khomeini e sette anni più tardi, con la rivoluzione del

1978, lo Scià dovette lasciare il Paese. Non tornò mai più in patria.

Il primo1°ottobre 2021, in Russia, a San Pietroburgo, nella cattedrale di Sant'Isacco, l'italiana Rebecca Bettarini ha sposato il granduca George Mikhailovich Romanov, discendente dell'ultimo zar Nicola II e pretendente al decaduto trono di Russia.

Il loro è stato il primo royal wedding di un Romanov nel Paese dopo oltre cento anni dallo sterminio della famiglia imperiale per mano dei bolscevichi, e la portata dell'evento è stata epocale. Tradizione e opulenza si sono incontrate di nuovo là dove la storia scrisse la fine di un impero, ma non della dinastia. Lui è il figlio della granduchessa Maria e del principe Francesco Guglielmo di Prussia, nato a Madrid nel 1981. Lei, romana, di un anno più giovane, è cresciuta al seguito della carriera diplomatica del padre, ex ambasciatore italiano in Belgio. Parigi, Caracas e così via fino a Bruxelles, dove una sera a un ricevimento all'ambasciata francese Rebecca ha incrociato il suo destino.

«Sapevo benissimo chi fosse, perché quando l'ho conosciuto mi è stato presentato come George Romanov, il cui nonno era cugino primo dello zar Nicola II» ha raccontato la principessa.

Cosa accadde ai Romanov è ormai una storia ben nota, entrata nell'immaginario collettivo anche a causa della leggenda che ruota intorno ad Anastasia, figlia dello zar il cui corpo non venne mai ritrovato. Come spesso accade, a definire l'indirizzo della storia, e in questo caso della fine dell'Impero russo, concorrono una serie di fattori che, interconnessi, determinano risultati anche drammatici. Oltre le disfatte militari, le agitazioni sul fronte interno e i compromessi rapporti diplomatici, fu soprattutto un uomo a determinare la caduta dei Romanov: Rasputin. Il monaco siberiano introdotto nella corte imperiale nel 1905 come guaritore, dai poteri taumaturgici, capace di alleviare le sofferenze dell'erede, il principe Alexei, malato di emofilia, era in realtà un oscuro personaggio, dissoluto e manipolatore. Un impostore! Capace, però, di guadagnarsi la fiducia della zarina Alexandra e diventare il suo più fedele collaboratore. Invisa al popolo russo, fu lei a convincere il marito, lo zar Nicola II, a ritirarsi nella reggia di Czarko Selo, alle porte di San Pietroburgo, per mettere sempre più distanza tra i sudditi e la famiglia imperiale. Le rivolte nel Paese contro il potere autarchico dello zar esplosero con la rivoluzione di febbraio del 1917 e il 4 marzo dello stesso anno Nicola II, dopo trecento anni di dominio della dinastia Romanov, abdicò all'impero che dominava un sesto della superficie terrestre. Era l'ultimo zar di tutte le Russie.

La fine sarebbe arrivata poco più di un anno dopo, il 17 luglio 1918 a Yekaterinburg, un luogo marcato dall'infamia, dove l'intera famiglia imperiale fu trucidata per mano dei bolscevichi.

La salita al potere di Lenin aveva reso più pericolosa la posizione dei Romanov e per l'intera famiglia il ricollocamento all'estero era diventato una questione di primaria importanza per la loro stessa sopravvivenza. Ma dopo l'iniziale via libera dell'Inghilterra fu Giorgio V in persona, cugino dello zar Nicola II, a negare il consenso. Di fatto firmandone la condanna a morte. Diciotto Romanov furono assassinati.

La cortina di ferro che stava per abbattersi sulla Russia fece sì che il nome Romanov diventasse un ricordo sempre più sbiadito, tanto da mantenere avvolto nel mistero, per decenni, perfino il luogo del massacro.

Solo nel 1991, con il crollo dell'Unione Sovietica che mise fine al regime comunista, una spedizione ufficiale della federazione russa riesumò le ossa dello zar e della sua famiglia. Fu il campione del dna fornito dal principe Filippo, marito di Elisabetta II e nipote da parte di madre della zarina, a confermare l'autenticità dei resti.

Il 17 luglio 1998, nell'ottantesimo anniversario della strage, il presidente Boris Eltsin partecipò alle esequie della famiglia imperiale nella cattedrale di Pietro e Paolo a San Pietroburgo e le bare vennero tumulate all'interno della chiesa nella tomba dei Romanov.

«Nel Novecento qualunque membro della famiglia imperiale o delle altre famiglie principesche, sia della Russia che dei Paesi limitrofi, non avrebbe mai potuto pensare che qualcuno di loro, un giorno, sarebbe potuto tornare a vivere nel Paese, che addirittura si sarebbe potuto sposare nel Paese e che avrebbe potuto fare un figlio nel Paese. Noi abbiamo voluto omaggiare il riallaccio storico perché per noi è stato possibile»: questo significa, secondo la principessa Rebecca, il ritorno dei Romanov in Russia.

Il 10 gennaio 2023 è morto in patria, ad Atene, l'ultimo re di Grecia, Costantino II, re senza corona e monarca senza regno per la maggior parte della sua vita.

Aveva ventitré anni quando il 6 marzo 1964, alla morte del padre re Pavlos, salì al trono. Ma la prospettiva di governare il suo Paese durò solo tre anni. Fu il colpo di Stato dei colonnelli nel 1967 a compromettere il suo regno. E poi, nel 1974, con il referendum in Grecia che aveva visto trionfare la repubblica con il 69% di preferenze, arrivò l'abdicazione e l'inizio di una vita in esilio.

Campione di vela nel 1960 alle Olimpiadi di Roma, proprio nella città che gli aveva regalato giorni felici scelse di vivere all'inizio della sua nuova esistenza da ex sovrano con la regina Anna Maria, sposata nel 1964.

Tra alti e bassi, salite e crolli di un regno, sono state le battaglie giudiziarie e segnare l'esilio di Costantino II, a cui nel 1994 il Governo di Atene confiscò tutte le proprietà e tolse addirittura la cittadinanza greca. L'ex re lo considerò un disonore troppo grande per chi era nato per servire il proprio Paese. Fu la sentenza della corte europea dei diritti dell'uomo di Strasburgo a stabilire, nel 2002, che l'ex re fosse ricompensato dal Governo ellenico per le perdite subite con dodici milioni di euro.

Tuttavia, dopo quasi mezzo secolo dalla perdita del suo trono, almeno per il tempo del funerale, celebrato il 16 gennaio 2023 nella Cattedrale Metropolitana dell'Annunciazione, Costantino II è ritornato a essere ancora una volta, l'ultima, il re dei greci.

Il rifiuto del Governo di Atene di concedere le esequie di Stato non ha impedito a una folla di fedeli monarchici di sfilare, fin dall'alba, davanti al catafalco nella camera ardente, per porgere l'ultimo saluto al proprio re. Le teste coronate arrivate per l'occasione da ogni corte d'Europa hanno conferito alle esequie la regalità e la solennità che la politica aveva negato.

Sepolto nel cimitero del Palazzo reale di Tatoi, dove riposano tutti i re di Grecia, il testimone della dinastia è passato nelle mani del principe ereditario Pavlos e di sua moglie, la facoltosa americana Marie Chantal Miller, capace di trasformare una dinastia al tramonto in una *dinasty* internazionale.

Imparentati con tutte le corti europee, i «Greece» sono di casa con i Windsor. Per questo Costantino, dopo Roma, aveva scelto Londra come terra d'esilio. «Con» per gli amici, «Tino» per la cugina Elisabetta II, era padrino di battesimo del principe William, che, nel 1999, a sedici anni, ricambiò il ruolo e lo divenne del primogenito del cugino Pavlos e di Marie Chantal, il principe Constantine.

In mezzo, si apparecchiò il royal wedding più glamour della capitale britannica, quello celebrato nel 1995 proprio tra Pavlos e Marie Chantal, alla presenza perfino di Elisabetta II.

Ospite eccellente agli eventi più esclusivi, Marie Chantal è una apprezzata stilista e ha messo la propria firma sui matrimoni più blasonati, come quello nel 2021 ad Atene del cognato, il principe Philippos di Grecia, con l'ereditiera svizzera Nina Flohr, e sulle livree dei paggetti che indossavano capolavori creati apposta dal suo marchio di moda per bambini. Il suo brand, Marie Chantal, è ormai diventato un must negli armadi dei piccoli dell'alta società.

Le frequentazioni del clan Greece tengono banco anche sulle cronache mondane. Si è parlato a lungo della rottura tra l'erede, il principe Constantine, con una delle regine del jet set Poppy Delevigne, di dodici anni più grande e sorella della top model Cara. Testimonial d'eccellenza della famiglia è, invece, la sorella di Constantine, la principessa Olympia, ormai volto e ambassador delle maggiori case di moda.

La nuova generazione di re e regine senza trono è fatta di giovani inseriti nel mondo del lavoro che, parallelamente all'impegno di coltivare le proprie radici, fanno gli imprenditori, gli influencer, i testimonial... i giornali si occupano di loro perché oggi i nuovi idoli lo sono anche per riflesso, in quanto figli di celebrità. E cosa c'è di più esclusivo che avere un re, un imperatore o uno scià nell'albero genealogico? D'altra parte, delle centosessanta monarchie regnanti di inizio del Novecento, solo quaranta sono ancora sul trono, una su quattro! Bisognava per forza reinventarsi per sopravvivere alla storia.

CURIOSITÀ REGALI

Royal weddings: e vissero (in)felici e contenti

«E vissero felici e contenti» è l'epilogo di tutte le favole che si rispettino, il mantra delle storie d'amore con la A maiuscola. Proprio per questo, nel sogno per eccellenza c'è sempre un principe o una principessa. Quelli moderni raccontano ancora fiabe, ma dei nostri giorni, dove la sublimazione dei sentimenti è incorniciata da un royal wedding: un affare di cuore, sì, ma anche di Stato.

Preannunciava pioggia il cielo di Madrid, quel 22 maggio 2004, mentre la Spagna si preparava a festeggiare il matrimonio dell'erede al trono di casa Borbone, il principe delle Asturie, Felipe, con la giornalista Letizia Ortiz Rocasolano.

Lui era il trentacinquenne figlio di re Juan Carlos e della regina Sofia, nonché uno degli scapoli più ambiti della pianeta; lei una trentunenne divorziata, senza una goccia di sangue blu e con simpatie filorepubblicane. Era considerata la stella nascente dell'informazione spagnola.

La portata dell'evento era storica, perché si trattava del primo matrimonio di Stato nel Paese da oltre un secolo. L'ultimo era stato quello del suo bisnonno re Alfonso XIII, che nel 1906 sposò Vittoria di Battenberg, la decima figlia della regina Vittoria. In mezzo c'erano stati l'abolizione della monarchia nel 1931 e il lungo esilio dei Borbone prima della piena restaurazione nel 1975 con suo padre, re Juan Carlos, il quale, però, si era già sposato ad Atene nel 1962 con sua madre, la principessa Sofia di Grecia, diventata regina di Spagna.

A sottolineare ulteriormente l'importanza del matrimonio del principe Felipe erano le origini della sposa. Borghese e con un divorzio alle spalle: per la prima volta la Spagna avrebbe avuto una futura regina non di sangue blu.

Con oltre millesettecento invitati, fra i quali le maggiori teste coronate al mondo, la cattedrale de La Almudena, proprio di fronte al Palazzo reale, si era trasformata in un'attrazione irresistibile per la stampa internazionale. Cinquemilaseicento giornalisti accreditati e oltre nove milioni di euro spesi per garantire la sicurezza alla capitale spagnola, totalmente blindata.

Ma c'era scetticismo per quanto riguardava la sposa, sia tra l'opinione pubblica, sia in casa Borbone.

E così nella cattedrale de La Almudena, alle 11.12 di sabato 22 maggio 2004, la Spagna mandò in scena il suo royal wedding. Per proteggersi da una pioggia che non dava tregua, Letizia arrivò a bordo di una Rolls-Royce, accompagnata dal padre, Jesus Ortiz. L'abito scelto era stato disegnato da Manuel Pertegaz, lo stilista di Barcellona che già vestiva la regina Sofia, e sulla testa della nuova principessa delle Asturie brillava la tiara prussiana, la stessa scelta dalla suocera per il matrimonio con Juan Carlos.

Ma più che gli sposi, sono stati i fuori programma dei festeggiamenti a rendere memorabile il matrimonio reale di casa Borbone. La rissa sfiorata tra i principi Vittorio Emanuele di Savoia e il cugino Amedeo Savoia Aosta, durante il pranzo offerto da Juan Carlos la sera precedente le nozze, fece iniziare col botto la maratona del royal wedding. Rivali da sempre per il decaduto trono d'Italia, si racconta che sia stata una battuta di troppo del principe Amedeo a scatenare la reazione del principe Vittorio Emanuele. Con un *parterre de rois* di trecento ospiti presenti, tra re, regine, principi, principesse e capi di Stato, sarebbe stata la ex regina di Grecia, Anna Maria, a intervenire per fare da paciere ed evitare il peggio.

Il giorno del matrimonio il rifiuto di re Carlo III, allora principe del Galles, di salire sui pulmini messi a disposizione per tutte le teste coronate e raggiungere così il Palazzo reale, anziché attraversare a piedi, sotto la pioggia, il cortile d'onore, non ha fatto altro che alimentare la fama leggendaria che lo circonda. Lui è un esteta, viziato e snob perfino tra i suoi pari. Non sarebbe mai salito sul bus, come invece ha fatto suo figlio William il 7 giugno 2024 al matrimonio dell'amico Hugh Grosvenor, settimo duca di Westminster, a Chester, in Inghilterra, insieme con tutti gli altri invitati.

Al contrario, Carlo, su un bus, non salì né quella volta, né mai. Aprì un ombrello e attraversò a piedi la piazza, sotto una pioggia battente.

Ma la vera bufera, per Carlo, sarebbe arrivata qualche anno più tardi, più virtuale ma potenzialmente più pericolosa di un diluvio. Tutto ebbe inizio con un gesto gentile: offrire il braccio alla sposa di suo figlio, rimasta senza padre il giorno del suo matrimonio, per accompagnarla all'altare. Meghan! Lei sì, che i Windsor se la sarebbero evitata volentieri. Ma al cuor non si comanda, nemmeno a quello del figlio di riserva di un re! E Harry, aiutato da

Meghan, a partire dal 19 maggio del 2018 ha portato la propria famiglia al centro della tempesta perfetta.

Quel giorno, a Windsor, era in programma il matrimonio reale del secondogenito di Carlo con la signorina Meghan Markle con una famiglia allargata a dir poco folkloristica, che nei giorni del matrimonio ha tenuto banco sui giornali almeno quanto lei.

Tutto in quel matrimonio era esagerato, a cominciare dalla lista degli invitati di Meghan che, con il salto di status da starlette a duchessa di Sussex, aveva adeguato fin da subito le sue frequentazioni. Tra gli ospiti c'era la «A-list» di Hollywood, da George Clooney a Oprah Winfrey. Nomi per lei inaccessibili prima di allora.

Ma è stata l'esclusione dell'intera famiglia della sposa, madre a parte, a farsi notare di più. E così, sui lati opposti della cappella di St George, si ritrovarono schierati la regina d'Inghilterra faccia a faccia con i re di Hollywood. Erano i due volti di quel matrimonio: nuova America e vecchia Inghilterra. Tuttavia, proprio nell'origine afroamericana della sposa stava la chiave del successo di quell'unione, con la stampa a stelle e strisce arrivata in massa nel castello per celebrare la fiaba della principessa americana e con il popolo di Sua Maestà che festeggiava il royal wedding.

In realtà, dietro la favola andata in scena a Windsor e trasmessa in mondovisione erano già visibili le crepe che nel giro di diciotto mesi avrebbero portato alla celebre «Megxit».

Sarebbe stato il vestito delle damigelle a scatenare una lite tra Meghan e Kate, le due cognate agli antipodi che hanno interpretato in maniera opposta l'ingresso in casa Windsor. Le cronache parlarono addirittura di lacrime, ma resta il dubbio su chi abbia fatto piangere chi. Il motivo dello scontro avrebbe riguardato la scelta di Meghan di non fare indossare i collant alle bambine sotto l'abito da damigelle, tra le quali vi era la principessa Charlotte, secondogenita dei principi del Galles. Questa decisione non sarebbe piaciuta a Kate, perché non adeguata alla famiglia reale.

Ma alla fine prevalse il volere della duchessa americana.

Catherine, che con gli anni si è guadagnata il titolo di «principessa del riciclo» per l'abilità di saper indossare più volte lo stesso abito, in occasione del royal wedding del cognato Harry con Meghan Markle scelse per la quarta volta uno stravisto spolverino McQueen, record tutt'ora imbattuto per la principessa del Galles.

Sette anni prima, il 29 aprile 2011, era stato il suo matrimonio con l'erede al trono del Regno Unito, il principe William, a far sognare il mondo intero. Per la monarchia più famosa e inaccessibile del pianeta l'impensabile era diventato realtà: una ragazza borghese con antenati minatori, un giorno sarebbe diventata regina del Regno Unito. Teatro di quel cambio di passo epocale è stata l'abbazia di Westminster, la stessa in cui da mille anni vengono incoronati i re d'Inghilterra.

L'entrata di Catherine Middleton nella famiglia reale britannica sarebbe stata la carta vincente per proiettare la corona dei Windsor nel Terzo millennio. La neo duchessa di Cambridge ridefinì la percezione popolare di uno dei troni più antichi del mondo. Con il royal wedding dell'anno, un incantesimo di magia era sceso sulla corte di San Giacomo, confermando la percezione che sul casato dei Windsor il sole non tramonti mai.

Era stata la perfezione della giornata a colpire nel segno quel 29 aprile 2011, anche se il timore del passo falso era dietro l'angolo. Quell'attenzione, la gente per strada, le telecamere, la navata da percorrere fino all'altare! E l'emozione da tenere a bada.

Sarebbe stato un riscatto in mondovisione per «Waity Katy», i cui lunghi anni di fidanzamento con il principe William erano stati segnati da una stampa britannica che non perdeva occasione di esaltare e denigrare le origini medio-borghesi della famiglia Middleton come un marchio di disonore.

Oltre ottomila giornalisti accreditati arrivarono nella capitale britannica per raccontare i lunghi giorni di festa nel Paese, pronti a trasmettere una maratona televisiva di ventiquattrore. Solo la BBC aveva dispiegato un esercito di quattrocento dipendenti per coprire l'evento.

Le strade della capitale che segnavano il percorso dei due sposi e della famiglia reale per raggiungere l'abbazia di Westminster e tornare poi a Buckingham Palace erano state bloccate nella notte.

Il quartier generale di Catherine era all'hotel Goring, un cinque stelle di tradizione con settantuno camere in pieno Belgravia, a due passi da Buckingham Palace, amato dalla famiglia reale e da Margaret Thatcher, riservato interamente dai Middleton per quattro giorni per sé stessi e per i loro ospiti, dove dopo la cerimonia era previsto un rinfresco per gli invitati dei Middleton che sarebbero andati in chiesa ma non al banchetto.

L'ultima notte da signorina Middleton, prima di diventare duchessa di Cambridge, Kate la trascorse lì, nell'appartamento reale da cinquemila sterline al giorno. In una delle sue camere, in centro alla stanza, era sistemato il manichino con l'abito da sposa di Alexander McQueen, firmato da Sarah Burton, che avrebbe indossato il giorno dopo.

La mattina successiva Kate uscì dall'hotel alle 10.51 accolta da un boato di folla. Salì a bordo di una Rolls-Royce della famiglia reale, accompagnata dal padre Michael, per dirigersi verso l'abbazia di Westminster. Ma al momento dell'ingresso, più della sua silhouette e del suo abito colpirono quelli della sorella Pippa, fasciata in un classico McQueen che da quel momento divenne iconico.

Il principe William attendeva Catherine sull'altare in uniforme delle guardie irlandesi, per volontà della nonna Elisabetta II. Aveva trascorso la sua ultima notte da scapolo a casa del papà, il principe Carlo, a Clarence House e da lì, alle 10.10, era partito, accompagnato dal fratello Harry, per precedere Kate in chiesa.

«Non ti girare» sussurrò Harry a William mentre Catherine percorreva la navata, e lui l'accolse all'arrivo sull'altare con un: «You look beautiful», sei bellissima!

Ma il momento più atteso di quella giornata arrivò dopo la cerimonia, e non di fronte ai millenovecento ospiti in chiesa, ma in mondovisione sul balcone di Buckingham Palace: il bacio.

Le favole finiscono sempre così, con un bacio e un matrimonio, perché la vita reale, «reale» in tutti i sensi, non si sa mai cosa possa riservare. E la storia di Carlo e Diana ben ce lo insegna.

Era tracciata la strada della corona del Regno Unito, quel 29 luglio 1981, con il royal wedding del secolo celebrato nella cattedrale di St Paul davanti a duemila invitati:

dopo Elisabetta II, quando sarebbe arrivato il momento, il suo erede Carlo sarebbe salito al trono con Diana, regina al suo fianco.

Erano giorni che a Londra si respirava un'aria euforica, vista l'importanza di questo royal wedding nella storia del Regno. Si trattava solo del nono matrimonio di un principe del Galles dal 1301, quando era stato creato il titolo, e l'ultimo risaliva a oltre cento anni prima. A distanza di un secolo, Elisabetta II era entusiasta di aver messo la firma su quel matrimonio reale, lo considerava un'assicurazione sul futuro del casato dei Windsor.

La vita al fianco di un uomo che non l'avrebbe mai amata, però, rese il viso di Diana una maschera di tristezza, e questo le fece guadagnare il soprannome di «principessa triste», proprio come quell'altra principessa, Soraya, che trent'anni prima, il 12 febbraio 1951, a Teheran, sposò con grande entusiasmo lo Shah di Persia, per essere poi ripudiata sette anni dopo perché non riusciva a concepire un figlio, un erede. Non contavano i sentimenti e, con grande dispiacere, Reza Pahlavi cedette alla ragion di Stato. Fuori Soraya, dentro Farah Diba. Le nozze di un re sanno essere spietate, come lo sa essere la storia con i sovrani: Reza Pahlavi perse sia l'amore di Soraya che il trono in meno di vent'anni.

In Olanda, i matrimoni reali hanno bisogno dell'approvazione del Parlamento e, nel 2001, questa norma ha fatto rischiare all'allora erede al trono, il principe Willem Alexander, di non poter sposare Maxima Zorreguieta, figlia di Jorge Zorreguieta, generale della giunta militare argentina del dittatore Videla. Una parentela imbarazzante per un futuro re. Per non polverizzare il sogno d'amore di Willem e Maxima, si giunse a un compromesso: via libera alle nozze, ma senza la presenza del padre della sposa. Così, il 2 febbraio 2002, l'Olanda festeggiò il suo royal wedding.

Se appartenere all'inner circle delle famiglie reali è motivo di orgoglio, gestire la loro presenza come invitati al proprio matrimonio è un'altra storia.

Il 20 maggio 2017, alla vigilia delle nozze di Pippa Middleton, sorella di Catherine, con il banchiere James Matthews, era stato il toto invito per Meghan Markle, allora fidanzata non ufficiale del principe Harry, a tenere banco.

Ci sarà? Non ci sarà?

Alla fine, seguendo la regola del «no ring no bring», niente anello, niente invito, fu deciso che l'attrice americana avrebbe partecipato solo alla festa dopo il matrimonio e non alla funzione religiosa.

Con i figli di re Carlo ai ferri corti, è stato invece il matrimonio di Hugh Grosvenor con Olivia Henson, celebrato a Chester il 7 giugno 2024, a far stendere fiumi d'inchiostro alla stampa.

I Grosvenor sono di casa con i Windsor, e avevano invitato al matrimonio la famiglia reale al completo. Hugh, lo sposo, è il settimo duca di Westminster e, con un patrimonio da dieci miliardi di sterline, è anche il quindicesimo uomo più ricco del regno. Con i Windsor si scambiano aerei privati e padrinaggi, e a quel matrimonio spaventava il possibile faccia a faccia tra i figli del re per i non pochi grattacapi che avrebbe potuto creare agli sposi.

Ma in casa Grosvenor saranno ormai abituati alle bizze dei Windsor. Era il 2004 quando, in occasione del matrimonio della sorella di Hugh, Lady Tamara, si aprì una querelle sul *placement* in chiesa del principe Carlo e dell'allora fidanzata Camilla Parker Bowles. Lui sarebbe stato seduto in prima fila con il resto della famiglia reale, mentre Camilla molti banchi indietro. La questione si concluse con il forfait di Carlo al matrimonio, che preferì recarsi, quello stesso giorno, a visitare le famiglie dei soldati dispiegati in Iraq. E anche i duchi di Sussex risolsero il problema del matrimonio di Hugh rimanendo in California.

Sono toppe e intoppi reali per i quali si trova sempre una soluzione, nel bene o nel male… finché famiglia, gossip, scandali o morte non li separa.

Scandali reali

Ci vuole un fisico bestiale per essere uno «spare», un numero due, la riserva del proprio fratello che, lui sì, un giorno sarà re. Ci vuole, soprattutto, un carattere di ferro per sopportare gli sguardi e i mormorii di un Palazzo che non fa sconti, capace di umiliare con un'occhiata. Nascere numero due a corte è sempre un problema. Lo ha dimostrato bene Harry Mountbatten-Windsor.

Ma essere i secondi, nella buona e nella cattiva sorte, è un destino che accomuna tutti i maschi di tutti i tempi nati dopo l'erede al trono di ogni famiglia reale che si rispetti. Alle femmine nate seconde tocca la stessa sorte solo se la dinastia è tutta al femminile o se provengono da Paesi dove sia in vigore la legge salica che ammette parità di diritti riguardo alla successione.

Spesso, sono proprio questi secondi, alla ricerca spasmodica di attenzioni, o forse non sentendo sulle spalle il peso della responsabilità di essere un giorno sovrano, a finire sulle prima pagine di quotidiani e giornali scandalistici.

La pecora nera della monarchia belga è il principe Laurent, il fratello minore di re Philippe, che del mettere in imbarazzo la Corona ne ha fatto uno stile di vita. Ad aprile del 2024 aveva perfino annunciato di voler fare un passo indietro rispetto agli impegni reali per costruire una nuova vita all'estero, in Italia. Il principe Harry, con la fuga in America, ha fatto scuola, penserete. Niente affatto! Il fratello del re del Belgio ci tiene a precisare che lui è sempre stato un imprenditore. È proprio in virtù di quella carriera che si impegnò in un progetto benefico in Libia per piantare alberi e combattere la desertificazione. Con la caduta di Gheddafi nel 2011, le sue associazioni persero cinquanta milioni di euro e il principe invocò, tramite i media, l'aiuto del Governo belga per recuperare i soldi.

A marzo del 2024, in occasione del cinquantesimo compleanno della moglie Claire, ha fatto un regalo alla Corona dichiarando, tardivamente, di essere stato il principe più boicottato della storia. Boicottato dal Palazzo, ben inteso, nel trovare una strada alternativa per sé stesso al ruolo di «spare», di ruota di scorta di suo fratello Philippe.

Peccato che nel suo curriculum si sprechino scandali finanziari e incontri con discussi leader di Paesi controversi, tanto che il Governo di Bruxelles nel 2016 gli proibì di presenziare a qualsiasi tipo di riunione con dignitari stranieri senza aver ottenuto il suo permesso. Come non detto! Nel luglio 2017 il principe Laurent sfoggiò l'uniforme militare della marina belga per partecipare a un ricevimento dell'Ambasciata cinese. La misura era colma e il Governo furibondo.

La mossa del principe gli costò un taglio ai trecentosettemila euro del suo appannaggio reale che, dopo il voto in Parlamento, scese del 15%.

Un altro fratello minore che ha causato non poche tribolazioni è il principe Andrea, duca di York, terzo figlio di Elisabetta II e Filippo. In particolare, il 20 novembre 2019 quando, dopo l'intervista rilasciata alla BBC sullo scandalo sessuale che lo vedeva coinvolto con una minorenne, l'opinione pubblica si rivoltò contro di lui. Il sipario pubblico del palcoscenico reale era iniziato a calare.

È stato un declino lento, disonorevole e inesorabile quello del figlio, a detta di tutti, preferito della regina, nato secondo in linea di successione al trono del Regno Unito e diventato il reietto della famiglia reale.

Sarebbe stata l'amicizia con il playboy e finanziere americano dall'oscuro passato, Jeffrey Epstein, iniziata nel 1999, ad aprire ad Andrea, un decennio più tardi, le porte del baratro dentro il quale lui, come altri, si è infilato a capofitto.

Nel 2007, l'arresto in Florida di Epstein per abusi sessuali su minorenni accese i riflettori sulle frequentazioni del principe, che fin dall'adolescenza non si era risparmiato in quanto a scandali, entusiasmando, però, stampa e sudditi. Da Buckingham Palace arrivò il divieto di proseguire quell'amicizia. Nel 2010, quindi, lo scoop del duca di York ospite a New York di Epstein, appena uscito di prigione, costò al principe il ruolo di rappresentante al commercio del Regno Unito. Il peggio però doveva ancora venire.

Una foto pubblicata nel 2011 dal *Daily Mail* cambiò tutto. Scattata a marzo del 2001, immortala il principe Andrea che abbraccia una giovane Virginia Roberts: la ragazza arruolata nel clan di Epstein per «rilassare» i suoi amici, i ricchi e potenti del mondo. Lei accusò il principe di averla molestata sessualmente in tre differenti occasioni quando era ancora minorenne. La prima sarebbe avvenuta proprio la sera in cui è stata scattata quella foto, quando il duca di York aveva quarantun anni appena compiuti e la Roberts diciassette anni e sette mesi.

Le accuse vennero bollate come falsità dal principe e dal Palazzo e, soprattutto, sull'onda dell'entusiasmo per la nuova epoca d'oro di royal weddings e royal babies, gli scheletri nell'armadio del principe non riscuotevano particolare attenzione. Tutto sembrò rientrare finché, il 6 luglio 2019, la notizia dell'arresto a New York di Jeffrey Epstein fece il giro del mondo e riportò il caso in prima pagina. Accusato di abusi sessuali su minori, sfruttamento della prostituzione e traffico minorile, Epstein morì nel carcere di Rikers Island due settimane dopo. Si parlò di suicidio, ma il mistero sulla sua morte non fece altro che moltiplicare l'attenzione mediatica intorno al caso. Sentitasi libera di prendersi la sua vendetta e un risarcimento, Virginia Roberts intentò una causa contro il principe Andrea. Anche l'opinione pubblica esigeva risposte.

Alla saggia strategia del silenzio seguì un devastante errore di comunicazione: l'intervista concessa alla BBC il 19 novembre 2019, lasciando però il Palazzo e perfino la regina all'oscuro della decisione, che si rivelò un boomerang. Non convincevano le risposte del principe, l'incongruenza con i fatti raccontati dalla Roberts era evidente e, soprattutto, non aveva mostrato nessuna empatia per le vittime di Epstein.

Il passo indietro del duca di York era necessario e Buckingham Palace lo impose. Un comunicato di Palazzo annunciò che il principe Andrea si sarebbe ritirato a vita privata per un periodo di tempo non definito.

Si racconta che a consigliare l'intervista al principe sia stata Sarah Ferguson, la ex moglie con cui, nonostante lo scandaloso divorzio nel 1996, Andrea mantiene tutt'ora ottimi rapporti.

Quello non fu che l'ultimo di una serie di suggerimenti sbagliati che hanno segnato la strada di Andrea, influenzata della duchessa di York fin dal principio. Sarebbe stata sempre lei ad aver introdotto Epstein nell'inner circle dell'ex marito tramite l'amica comune Ghislaine Maxwell, la *socialite* britannica condannata nel 2021 a vent'anni di carcere negli Stati Uniti per traffico sessuale di minori.

E pensare che furono anni d'oro quelli che accompagnarono l'arrivo della rossa Fergie nella famiglia reale inglese. In tempi in cui il royal wedding del secolo tra i principi del Galles navigava in acque agitate, con le tristezze di Diana che dominavano i titoli dei giornali, l'esuberanza della nuova coppia entusiasmava i sudditi e la nascita, poi, di due principesse alimentò l'euforia intorno alla corona.

Tra i quattro fratelli Windsor era sempre stato Andrea quello che aveva rappresentato nel modo più significativo, con l'orgoglio della storia e l'arroganza dello status, il ruolo che la nascita gli aveva assegnato, quello di Altezza Reale e principe del Regno Unito, e adesso che lo scandalo Epstein si era violentemente abbattuto su di lui il duca di York vedeva cadere una dopo l'altra tutte le solide certezze che aveva sempre avuto. La causa civile intentata dalla Roberts in America scatenò un effetto domino che culminò nell'anno del Giubileo di Platino di Sua Maestà, il 2022, i settant'anni di regno di Elisabetta II.

A niente sono valsi la strategia difensiva degli avvocati del duca e il fatto che Virginia Roberts avesse già patteggiato con Epstein nel 2009 il suo silenzio per cinquecentomila dollari. Epstein era morto, e così, nel gennaio del 2022, il giudice Kaplan aveva deciso: si sarebbe andati a processo. A Londra si profilava uno scenario inimmaginabile per accompagnare l'ultimo traguardo della regina delle regine, Elisabetta II, nel momento in cui l'eco dei festeggiamenti si sarebbe intrecciato con imbarazzanti dettagli sugli abusi sessuali compiuti dal figlio provenienti dalle aule del tribunale.

Nonostante Andrea avesse sempre proclamato la sua innocenza, era necessario patteggiare, e anche stavolta il Palazzo lo impose. Si racconta che Andrea lo fece per quindici milioni di dollari.

Sospeso sull'orlo del baratro, con la regina Elisabetta e l'erede Carlo titubanti sulla linea pubblica da seguire, fu il principe William ad appoggiare quella più dura. Andrea perse tutto: titoli, soldi e onori. Il balcone di Buckingham Palace divenne il manifesto della sua rovina. Non c'era più posto per lui, al fianco della regina si affacciarono solo altri sedici working royals, ma lui mai più. Poi arrivò il funerale di Elisabetta II a marcare l'onta più grande per chi, come lui, aveva servito l'esercito e combattuto nelle Falklands. Privato della divisa militare, il principe marciò in borghese al seguito del feretro della madre, al fianco dei fratelli in alta uniforme.

«Apocalisse a Monaco» titolava il quotidiano *France-Soir*

a settembre del 1996, quando la principessa Stephanie di Monaco chiese il divorzio dal marito Daniel Ducruet, l'ex guardia del corpo che aveva sposato l'anno precedente nonostante la contrarietà del padre, il principe Ranieri III. La vera apocalisse era scoppiata il 28 agosto 1996, quando il settimanale italiano *Eva Tremila* aveva pubblicato un'esclusiva di quaranta pagine con le foto del tradimento di Daniel Ducruet con la spogliarellista belga Fili Houteman.

Daniel Ducruet era inviso non solo al principe ma anche al Palazzo. Ancora non è chiaro se quanto avvenuto nel pomeriggio del 5 agosto 1996 in una villa a Villefranche-sur-Mer sia stato il frutto di uno scoop fotografico o di un complotto di Palazzo. Ducruet disse di essere caduto in una trappola ordita contro di lui e la giustizia gli diede ragione. Uno dei due paparazzi, autori delle foto scandalose, fu condannato a un anno di carcere, il suo aiutante e la spogliarellista a sei mesi ciascuno. Ducruet fu risarcito con duecentomila franchi, 27.830 dollari devoluti in beneficenza, ma perse il suo posto accanto alla principessa.

L'inizio della fine per Ducruet era incominciato sul circuito automobilistico di Spa-Francorchamps, in Belgio, durante le prove della ventiquattr'ore. La spogliarellista gli fu presentata da un copilota della sua squadra come sua fidanzata.

Bastò quell'incontro per organizzarne uno successivo. Questa volta in Costa Azzurra, comodo per Ducruet che viveva a Monaco, un po' meno per la Houteman che si vide recapitare un biglietto aereo per lei e la sua amica Isabel da parte di Stephane de Lisiecki, paparazzo freelance, che nel frattempo aveva affittato una villa con piscina a Villefranche-sur-Mer, dove fu invitato Ducruet per incontrare la Houteman. L'appuntamento era per lunedì 5 agosto. Ducruet si presentò accompagnato da Alain Launois, la sua guardia del corpo. La trappola perfetta stava prendendo forma. Mentre Isabel intratteneva Alain, Fili si dedicò a Daniel.

Stephane de Lisiecki e Yves Hoodwey, un altro paparazzo belga, erano appostati a bordo strada con affaccio privilegiato sulla piscina e in poche ore immortalarono il pomeriggio di fuoco del marito della principessa Stephanie tra le braccia della sua amante occasionale. Furono scattate in tutto trecentonovantasei fotografie bollenti che furono vendute per duecentocinquantamila franchi. Lo scoop fece il giro del mondo e, meno di due mesi dopo, il matrimonio reale arrivò al capolinea. Il 4 ottobre 1996 fu ufficializzato il divorzio e Daniel Ducruet fu accompagnato alla porta del principato, nonostante lui abbia sempre dichiarato di essere stato drogato e caduto vittima di un complotto.

Non c'è nessun complotto, invece, dietro all'abdicazione nel 2019 di Muhammad V, sultano del Kelantan e re della Malesia, ma un mistero sì.

Muhammad assunse il titolo di re nel 2016, una carica essenzialmente onorifica che in Malesia dura cinque anni ed è a rotazione fra i nove sultanati che compongono il Paese. A quel tempo il re aveva quarantotto anni. Nel 2017, in Europa, a una cena a casa di un gioielliere conobbe Oksana Voevodina, russa, venticinque anni, Miss Mosca 2015, modella e protagonista in patria di un reality a tratti bollente. Muhammad si innamorò a prima vista e cominciò a tempestarla di messaggi e telefonate finché la miss non si convinse e decise di vedere cosa aveva in serbo per lei il re sultano.

Lui era già stato sposato, divorziato e non aveva figli, ma un erede sì, suo fratello minore.

La proposta di matrimonio convinse Oksana, che a giugno 2018 si convertì all'Islam e prese il nome di Rihana Oxana Petra, adottando il cognome di Muhammad V. A novembre dello stesso anno a Mosca si celebrò un matrimonio segreto e *halal*, senza alcol né cibo vietato, secondo la tradizione islamica. Il re aveva capito che quella ragazza per il suo ruolo e il suo popolo poteva essere un problema. Le foto osé abbondavano sul suo profilo Instagram e il Paese non apprezzava.

Il 6 gennaio 2019, il re scelse l'amore, o perlomeno abdicò al trono tre anni prima della scadenza del suo mandato senza un'apparente spiegazione, mantenendo il titolo di sultano del suo Stato, che conta due milioni di abitanti.

Questa storia, mai raccontata nei dettagli, si può solo intuire da alcune notizie certe, unici punti fermi di un amore senza lieto fine.

Il 21 maggio 2019, a Mosca, Rihana Oxana dà alla luce un bel maschietto, Tengku Ismail Leon Petra bin Tengku Muhammad V Faris Petra, ma un mese dopo il marito chiede il divorzio pronunciando il triplo talaq: «Ti ripudio! Ti ripudio! Ti ripudio!»

In meno di un anno si è conclusa la favola del vecchio re e della giovane modella che, per mesi, aveva postato sul suo profilo foto di lei «regina» e di suo figlio «erede». Il Palazzo, che non era mai intervenuto, a settembre rilasciò un comunicato: «Invitiamo il pubblico a non nominare "certi individui" come Regina di Kelantan. Nessun titolo come Permaisuri, Raja Perempuan, Sultanah sono ammessi senza conferimento ufficiale dal palazzo».

Il prosieguo più recente della vicenda è scritto questa volta su un decreto ufficiale datato 4 gennaio 2024 e riguarda la successione, che in Oriente non è detto sia in linea discendente. Muhammad V, senza dare spiegazioni, ha destituito uno dei suoi fratelli, Muhammad Fai Petra, dal titolo di principe ereditario in favore di un altro fratello, il più giovane, Muhammad Fakhry Petra, quarantacinque anni, senza figli, sposato e divorziato da una modella. Una storia già sentita...

Anche se sono gli scandali di letto delle case reali quelli che riscuotono maggiore curiosità nell'opinione pubblica, non sono mancati inciampi per via delle frequentazioni con personaggi discutibili. È questo uno dei maggiori rischi per le monarchie che spesso, tramite le fondazioni create da principi e principesse a scopo benefico, in realtà, attirano personaggi controversi che si guadagnano l'accesso a Palazzo attraverso cospicue donazioni. Nel 2019, per esempio, ha animato i salotti dell'alta società di Londra la truffa architettata da James Stunt ai danni dell'allora principe Carlo.

Era stato il matrimonio con l'ereditiera Petra Ecclestone, figlia del *tycoon* della Formula 1 Bernie Ecclestone, nel 2011, a regalare a James Stunt, imprenditore dall'oscuro passato, le luci dei riflettori. L'ostentazione di uno stile di vita deluxe, poi, ha fatto di lui una presenza fissa nelle cronache mondane, ma è attraverso le opere d'arte che iniziò la scalata al cuore dell'establishment. Stunt si affidò a Philip Mould, un'autorità a Londra in campo artistico, e si guadagnò la fama di stimato collezionista.

Tra il 2014 e il 2016 contribuì con centoquarantamila sterline alle associazioni benefiche fondate dal principe Carlo e l'interesse comune per l'arte unì i due. È in questa cornice che, nel 2017, James Stunt offrì all'erede al trono, per un prestito decennale, diciassette opere d'arte che includevano Monet, Chagall, Dalì e Picasso. Con grande entusiasmo, il principe del Galles decise che i quadri sarebbero stati esposti a Dumfries House, la sua proprietà in Scozia cuore della fondazione The Prince Trust. Andò tutto bene fino a novembre del 2019 quando dalla California Tony Tetro, l'artista maestro delle riproduzioni dichiarò: «Ho dipinto più quadri di Chagall io che Chagall stesso» e uscì allo scoperto sulla stampa affermando che quattro di quelle opere offerte al principe Carlo erano state create da lui. Insomma, erano dei falsi. Tetro e James Stunt si erano conosciuti nel 2015 a Los Angeles e, secondo l'artista, l'imprenditore comprò un totale di undici opere. Nulla di illegale, per carità, visto che, come ha raccontato Tony Tetro, per attestarne l'autenticità questi quadri vengono sottoposti a controlli tali da far risultare un falso facilmente identificabile.

Da allora la stella di James Stunt ha smesso di brillare, travolto dalle cause in tribunale, tra divorzio, bancarotta e riciclaggio di denaro. Tuttavia, gli strascichi della storia della collezione dei falsi esposti nella residenza scozzese ricadde direttamente sul principe del Galles: come era stato possibile che un intenditore d'arte come lui fosse caduto in quella trappola? si chiese l'opinione pubblica.

Da Dumfries House un comunicato certificò che l'erede al trono era estraneo alla faccenda e sul banco degli imputati, ancora una volta, finì Michael Fawcett, a capo della gestione della residenza e delle sue attività, il controverso valletto del principe Carlo non nuovo agli scandali. Arrivato a Buckingham Palace nel 1981, fu costretto per ben due volte a dare le dimissioni. L'ultima fu nel 2003 perché sospettato di vendere i regali ufficiali di Stato. Le indagini interne lo assolsero da ogni accusa, ma lo scetticismo intorno alla sua figura rimase. Tuttavia, per l'erede al trono era diventato una presenza fissa e nel 2011 Carlo gli affidò la gestione di Dumfries House. Poi, nel 2018, lo nominò amministratore della Prince Foundation. Ma nel 2021, con un nuovo scandalo che si abbatté sulla fondazione, Michael Fawcett fu costretto a nuove dimissioni, questa volta definitive. L'ex valletto, ancora una volta, fu accusato di aver promesso a un miliardario saudita di aiutarlo a ottenere la cittadinanza britannica e un'onorificenza in cambio della sua generosità. Dopo diciotto mesi di indagini, ad agosto del 2023, la polizia metropolitana ha deciso di archiviare l'inchiesta. Ma, una volta diventato re, Carlo III ha interrotto i rapporti con il suo ex valletto, un tempo tollerato perché considerato insostituibile. Il suo nuovo ruolo di re gli ha insegnato che non lo è nessuno.

Sono ancora i soldi, il sospetto di un giro di corruzione, che nel suo Paese è endemica, ad aver affossato le speranze di riscossa di Simeone di Bulgaria, il bambino diventato re a sei anni ed esule in Spagna per la maggior parte della sua vita. Nel 1946 il suo popolo scelse la repubblica e lui, con la madre Giovanna di Savoia, figlia di Vittorio Emanuele III, raggiunse il nonno in esilio ad Alessandria d'Egitto prima di trasferirsi in Spagna, dove ha studiato, si è sposato e ha condotto la propria vita da esule tra consigli d'amministrazione di aziende occidentali e tentativi di rimpossessarsi del suo ruolo di re. Nel 2001, caduto il veto, rientrò in patria, formò un partito, il Movimento Nazionale Simeone Secondo, e vinse le elezioni con il 42% dei consensi. La sua idea di modernizzare il Paese più povero della Vecchia Europa, dove il salario medio si assestava sui trecentocinquanta euro al mese, cozzava, però, con una Bulgaria che usciva dal giogo comunista con un'arretratezza economica e imprenditoriale difficile da colmare in un breve lasso di tempo. Ci provò importando manodopera industriale straniera. Fra gli imprenditori che si fecero avanti c'era anche il cugino Vittorio Emanuele di Savoia che, in società con Pierpaolo Cerani, avrebbe promesso soldi e altri favori al suo Governo in cambio della concessione per la costruzione di un complesso ospedaliero in Bulgaria. Era il 2004 e lo avevano ribattezzato «l'ospedale del re».

Secondo i giornali bulgari, lo scandalo scoppiò perché Simeone aveva tentato di forzare il voto del Parlamento per far approvare il progetto del nuovo ospedale pediatrico. Il Parlamento, però, non solo rigettò la proposta, ma decise di nominare una commissione d'inchiesta, la quale arrivò alla conclusione che quel progetto era legato a un gruppo criminale coinvolto in un giro di riciclaggio e di sottrazione di fondi pubblici in Italia. In realtà, il nome dell'ex re Simeone era comparso in un elenco di venti indagati coinvolti, insieme al principe Vittorio

Emanuele, arrestato e condotto in carcere a Potenza per il caso «Vallettopoli». Da quelle accuse di associazione a delinquere, Vittorio Emanuele fu assolto e di conseguenza anche il nome di Simeone fu stralciato dal caso, ma la commissione parlamentare bulgara aveva incaricato il procuratore di investigare anche su un prestito di 42,7 milioni di euro, garantito allo Stato dalla banca austriaca Creditanstalt, per la costruzione dell'ospedale. Dalle analisi risultò che i costi erano stati gonfiati parecchio e che, secondo l'Ordine degli Architetti bulgaro, il totale ammontava a non più di due milioni di euro, ma l'accordo prevedeva una spesa di 7,3 milioni.

Il motto «in modo onesto», che era stato lo slogan di Simeone di Sassonia Coburgo Gotha durante la campagna elettorale del 2001, finì per travolgerlo e con quello la speranza di smantellare il sistema di corruzione radicato nella vita politica bulgara.

D'altra parte, di scandali son piene le anticamere, i retrobottega e perfino i sottoscala dei palazzi, figuriamoci delle corti!

Ah, se certi muri potessero parlare…

Commoners a corte

La prima fu Wallis Simpson, l'ultima Meghan Markle. Nel mezzo, quasi un secolo di royal weddings con spose e, talvolta, sposi senza una goccia di sangue blu diventati principi, principesse, duchi, duchesse e, perfino, regine, capaci di ridefinire l'immagine e la struttura delle monarchie europee del Ventunesimo secolo.

L'ingresso dei commoners a corte ha dato vita a favole più moderne, al passo con i tempi, contribuendo a lucidare corone un po' impolverate. A volte, tuttavia, la distanza siderale tra i mondi di provenienza dei due sposi ha fatto nascere più spine che rose.

Vi suggerisce niente il nome di Meghan Markle? La popolarità della famiglia reale inglese era alle stelle quel 19 maggio 2018, quando la trentaseienne attrice americana sposava nel castello di Windsor il principe Harry, nipote della regina Elisabetta II e sesto in linea di successione al trono del Regno Unito.

Andava a unirsi a quell'élite di piccola e media borghesia che piano piano aveva scardinato dogmi collaudati, disattendendo perfino agli antichi proverbi popolari che consigliano di scegliersi lo sposo o la sposa il più simile a sé stessi. In realtà, Meghan Markle, con il suo background agli antipodi rispetto alla corona d'Inghilterra, sembrava rappresentare una grande opportunità che i Windsor, abituati a ragionare sul lungo periodo, colsero al volo. Le origini multietniche della Markle, insieme alle sue battaglie sociali, sarebbero diventate la carta vincente da giocare per supportare la leadership dei Windsor in seno al Commonwealth. Ed Elisabetta II, abile stratega, alla vigilia del matrimonio reale nominò il nipote ambasciatore per i giovani del Commonwealth. I neoduchi di Sussex sarebbero stati, così, il volto e il manifesto internazionale della monarchia inglese del nuovo millennio. Ma era un piano troppo ambizioso per il destino della *dinasty*; soprattutto, era un piano che cozzava direttamente contro le aspirazioni personali di Miss Markle.

A quel tempo, però, era il ritornello «Sparkle like Markle», brilla come la Markle, a occupare i titoli dei giornali, impegnati a esaltare le qualità dell'attrice americana che, in meno di due anni al fianco del principe Harry, aveva eclissato in quanto a copertura mediatica qualsiasi donna all'interno della famiglia reale, soprattutto la cognata, Catherine, già bersaglio della stessa attenzione quando, nel 2011, diventò la prima commoner a sposare l'erede al trono del Regno Unito, il principe William. Rispetto a Kate, però, di Meghan Markle piacevano la grande spontaneità, l'assenza di barriere, l'impegno nel sociale, l'approccio più informale. Il «fenomeno Markle» era diventato globale e lei, attrice di secondo piano, B-List come amano sintetizzare gli americani, si ritrovò in cima a tutte le classifiche più blasonate.

Il contesto sproporzionato della sua nuova realtà, rispetto alle origini, divenne evidente il giorno del matrimonio, con il parterre dei suoi invitati che contava ospiti noti al grande pubblico e semi sconosciuti agli sposi. Ma andava bene così. I due mondi erano in festa e il ribelle di casa era rientrato nei ranghi. Tutto sembrava volgere al meglio.

Le televisioni americane avevano allestito set quasi teatrali per le strade e sui tetti di Windsorland. Per loro, e per logica, Meghan Markle, sposando un principe, sarebbe diventata automaticamente principessa, incuranti del fatto che quasi mai realtà e favole marciano di pari passo.

Diciotto mesi dopo, l'8 gennaio 2020, infatti, la fiaba era già finita. Meghan Markle avrebbe affermato che stava crollando sotto il peso del ruolo, attaccata dalla stampa e con la famiglia e l'istituzione voltate dall'altra parte di fronte alle sue richieste d'aiuto.

Con la *dinasty* dimezzata, è su Catherine che re Carlo faceva affidamento per il futuro del casato dei Windsor. Lei, al contrario della cognata, è la commoner che ce l'ha fatta. L'incognita della malattia che l'ha colpita non sminuisce il suo percorso a corte, né il suo ruolo centrale nel futuro della monarchia. Kate ha scalato le vette dell'alta società britannica fino a diventare, alla soglia dei quarantadue anni, la numero due del regno: principessa del Galles, il passo che precede quello di regina.

Un percorso netto, senza errori, quello di chi ha saputo conquistare il Palazzo e dominarne gli spifferi, dimostrandosi più forte delle sue insidie e più abile delle sue trame. Eppure per la signorina Middleton non è stato facile raggiungere questo obiettivo. Dall'incontro con il principe William all'università di St Andrews, nel 2001, all'altare dell'abbazia di Westminster, nel 2011, sono trascorsi dieci anni durante i quali Kate ha provato sulla sua pelle cosa significhi entrare nell'orbita dei Windsor: l'invadenza della stampa, le offese neanche tanto velate, le origini medio borghesi come marchio d'inadeguatezza... Prima di conquistare il palazzo, a Kate è toccata una vera e propria via crucis.

Abbiamo già detto come venivano chiamate lei e Pippa, le «sorelle glicine», tanto parevano addestrate a scalare le vette della buona società e arrampicarsi fin dove a molte sarebbe piaciuto arrivare. Maestra di tanta ambiziosa perseveranza dicevano fosse mamma Carole, ex hostess della British Airways, con l'inclinazione per gli affari. E cos'altro è un matrimonio se non il più importante fra i contratti da firmare? E Kate lo firmò, altroché se lo firmò!

Alle 11 del mattino del 29 aprile 2011, la signorina Catherine Middleton entrò nell'abbazia di Westminster per uscirne un'ora più tardi duchessa di Cambridge, prima che principessa del Galles e, un giorno, regina del Regno Unito.

C'è tanta strada dietro le sue orme, tanta polvere addosso, tante tempeste attraversate, ma Kate ha sempre affrontato il suo percorso reale da prima della classe e non ha sbagliato un colpo. Si vede che studia, studia sempre. Ha scelto le cause su cui focalizzarsi, quella della prima infanzia è il suo progetto più ambizioso. E anche la sua immagine si è evoluta di pari passo. Golden girl della moda britannica, il suo personaggio vale oltre duecento milioni di sterline. Da principessa del Galles, Catherine ha abbandonato i vestitini color pastello e gli abiti soprabito, che fanno molto corte inglese sotto il regno di Elisabetta II, optando per tailleur giacca e pantalone, più in linea con il profilo da azionista della nuova *Firm* di Carlo III. Manca di spontaneità, è vero, ma per chi si trova, come lei, nella perenne condizione di candidato sotto esame è facile scordarsi di sé stessi e indossare in pubblico un sorriso d'ordinanza. Per non sbagliare. Questa è la differenza sostanziale tra crescere sapendo che un giorno il tuo mestiere sarà quello di sovrano e impararlo da grande. Un pensiero che non sarebbe toccato alla cognata, Meghan, essendo moglie del duca di Sussex e quindi destinata non a regnare, ma al ramo cadetto della dinastia. Una strada con meno onori, ma anche meno oneri.

Questa differenza, in realtà sembrerebbe essere all'origine della faida tra cognate, diventata una soap opera a puntate grazie alla Markle che dalla California non ha perso occasione per attaccare la principessa del Galles, colpevole, secondo lei, di averla fatta piangere e addirittura di essersi espressa, offendendola, a proposito del colore della pelle del piccolo Archie, il primogenito dei Sussex. L'indifferenza di Catherine è stata la miglior risposta possibile. Attenta allieva della regina, si dice ci sia proprio Kate dietro la famosa frase del comunicato di Buckingham Palace: «Anche i ricordi possono variare», l'unica replica mai concessa dai Windsor alle accuse dei Sussex. Ma se l'uso delle parole a corte è considerato prezioso, il silenzio è sempre d'oro, soprattutto se si ha qualcosa da perdere.

Come Catherine, anche Mary di Danimarca, da principessa, ha mostrato di possedere la stoffa da regina. Il suo sorriso ai flash è stata la miglior risposta possibile quando, a novembre del 2023, in piena visita di Stato di Felipe e Letizia di Spagna a Copenaghen, un settimanale spagnolo pubblicò le foto del presunto tradimento del marito, allora principe Frederik, con la *socialite* messicana Genoveva Casanova. Frederik si sarebbe recato a Madrid in incognito per trascorrere un fine settimana a casa di lei, mentre la moglie Mary era a New York per impegni di lavoro. Nelle settimane successive, un comunicato del Palazzo ha ribadito «no comment» su tutto l'affaire. Per il resto si son visti solo sorrisi a favore di telecamere, la foto di un albero di Natale addobbato con tutta la famiglia condiviso su Instagram e un viaggio con marito e figli in Australia, a casa, la settimana prima di Natale.

L'Australia, infatti, come abbiamo accennato in precedenza, è la terra di Mary Donaldson. Nata in Tasmania da genitori accademici di origini scozzesi, per parte di madre, è a Sydney che nel 2000 Mary incrociò il suo destino, ai tavoli del pub Slip Inn. Il principe Frederik era in città per seguire i Giochi Olimpici, grande passione delle famiglie reali, con i cugini, i principi Pavlos di Grecia e Felipe di Spagna, allora principe delle Asturie, amico del coinquilino di Mary. Lei, con in tasca una laurea in legge, si occupava di immobili di lusso e nel giro di tre anni arrivò il trasloco, dall'Australia alla Danimarca, dove il 26 maggio 2004 Copenaghen era imbandierata con i colori nazionali, il bianco e il rosso, per festeggiare il royal wedding tra il principe ereditario Frederick e la bella australiana che immaginava per sé un futuro da imprenditrice. Vent'anni anni scivolati sul velluto, coronati dalla nascita di quattro figli, e un'unica caduta, più per colpa del cognato che sua. Si racconta che il principe Joachim, fratello dell'erede al trono, fosse segretamente innamorato di Mary, tanto da aver sposato una seconda moglie, Marie, fotocopia della cognata, e che fra i due ci sia scappato anche un bacio... rubato. Chissà! Di sicuro i rapporti fra fratelli non sono dei migliori.

Mary è diventata regina consorte di re Frederik il 14 gennaio 2024 dopo l'abdicazione della suocera, Margherita II, ma è stata l'agenda distante dei nuovi sovrani ad alimentare le voci di crisi nel matrimonio reale durante i primi mesi di regno del marito.

Nonostante il cambio di ruolo, da principi a sovrani, l'affaire Casanova è rimasto un tema sensibile a Palazzo. Per settimane dalla Spagna si sono moltiplicate le voci di continui viaggi privati di Frederik a Madrid e le ridotte apparizioni pubbliche in patria di marito e moglie insieme alimentavano il pettegolezzo. Le foto delle vacanze sulle Alpi svizzere, a Verbier, dove re e regina si ignoravano palesemente, nonostante la presenza dei quattro figli, e gli appuntamenti in calendario di Mary, nel mese di aprile, ai quali ha partecipato in molti casi da sola, sono stati un ulteriore indizio della tensione a corte.

A segnare l'armistizio, almeno a favore di telecamere, è stato il primo royal tour del regno, quello tra Svezia e Norvegia, a maggio del 2024, dove con un bacio a uso della stampa re Frederik e la regina Mary hanno siglato pubblicamente la pace. Non solo, a luglio, i nuovi sovrani hanno portato avanti anche le tradizioni legate alle vacanze estive della famiglia reale. Dalla residenza di Grasten, che da un secolo ospita le vacanze dei re di Danimarca, Frederik e Mary hanno partecipato al cambio della guardia, che il venerdì termina con un concerto nel cortile del castello, per la gioia dei tanti turisti presenti, che assistono al doppio spettacolo.

È diventata la prima regina borghese di Spagna, Letizia Ortiz, salita al trono il 19 giugno 2014 dopo l'abdicazione del suocero Juan Carlos in favore del figlio Felipe, suo sposo. Il 3 novembre 2003 fu convocata la stampa per la presentazione ufficiale della nuova royal coppia. Quel «déjame terminar», fammi finire, con cui Letizia interruppe bruscamente il principe Felipe, qualificò immediatamente la personalità spigolosa della futura regina e ne compromise probabilmente fin dal principio la popolarità in una terra, la Spagna, che tutt'ora si riconosce in un'altra regina, Sofia, la madre di Felipe VI. Nonostante l'abdicazione di Juan Carlos, è lei uno dei membri della famiglia reale più amati dai sudditi. Come già detto, nelle radici di Sofia, nata principessa di Grecia, è scolpita l'importanza del suo ruolo: figlia di un re, sorella di un re, moglie di un re e madre di un re è un paragone irraggiungibile per la nuora Letizia.

Letizia e Sofia sono state le due regine della vita di Felipe, troppe per un uomo solo, e la loro rivalità spesso ha sconfinato nel pubblico. Come in occasione del teatrino imbastito a Palma de Maiorca nel 2018, alla messa di Pasqua, quando l'insofferenza di Letizia verso la suocera Sofia, che si era offerta alle telecamere con le nipoti, accese i riflettori sulle crepe all'interno della famiglia Borbone e generò una pioggia di commenti su una parvenue a corte. Intervenne a favore di Sofia perfino Marie Chantal di Grecia, altra borghese a corte, moglie del principe Pavlos, cugino di Felipe, che sui social accusò Letizia: «Hai mostrato la tua vera faccia!»

Fu un matrimonio che scandalizzò la maggior parte dei sudditi quello che si celebrò a Oslo il 25 agosto 2001. Quando gli sposi si affacciarono dal balcone del Palazzo reale, lei prese in braccio suo figlio. Erano già in tre, ma lo sposo non era il padre! Sembrava la meno adatta di tutte, Mette Marit, nel momento in cui il principe Haakon di Norvegia ed erede al trono annunciò ai genitori, re Harald e la regina Sonja, l'intenzione di sposare quella ragazza conosciuta a una festa di amici. Barista, poi cameriera e commessa, con un figlio di quattro anni nato da una relazione con uno spacciatore di stupefacenti. Lei stessa, è noto, ne era consumatrice abituale. Una relazione clamorosa, insomma, ma non abbastanza da far demordere il principe e agitare re Harald. Lui stesso, quasi mezzo secolo prima, aveva posto lo stesso aut aut a suo padre, re Olav V: «O la sposo, o rinuncio alla Corona». E la sposò!

Il giovane Harald e Sonja si frequentarono in segreto per nove anni prima di uscire allo scoperto, tutto per non urtare il Palazzo, la corte e i sudditi. Il principe e la borghese? Non può essere. È stata dura, negli anni Sessanta, far digerire ai norvegesi che l'erede al trono e la signorina Sonja, sarta di professione, erano innamorati. La chiamavano «la camiciaia» e fu lei la prima vera commoner del Novecento a diventare regina.

Dalla Norvegia alla Svezia il passo è breve. Entrambi i sovrani hanno sposato una borghese. Per re Carlo Gustavo l'amore si presentò vestito da hostess alle Olimpiadi di Monaco del 1972 e con il nome di Silvia, la Silvia che dal giorno del loro matrimonio, il 19 giugno 1976, condivide con lui il trono di Svezia. Da allora, Silvia è diventata per tutti la «dancing Queen» degli Abba, il brano di successo della band svedese dedicato proprio a lei. Sì, perché quando sposò Carlo Gustavo, lui era già re da tre anni. Anni durante i quali il fidanzamento fu tenuto segreto. La Svezia, inoltre, non aveva mai assistito a un matrimonio di un re Bernadotte, il casato che dal 1818 regna sul Paese.

Recentemente Silvia ha dichiarato che non esiste un manuale che insegni il mestiere di regina, ma il vantaggio di queste unioni, rispetto a quelle combinate per la ragion di Stato, è che sono tutti matrimoni d'amore. O per lo meno, chi fa parte della famiglia reale è innamorato dell'anima gemella commoner, l'anima gemella, forse, anche della prospettiva dei benefici che deriveranno dal nuovo status. È quello che hanno sospettato gli svedesi, e non solo, quando nel 2009 la primogenita Victoria, erede al trono, si è presentata al re e alla regina informandoli di aver intenzione di sposare Daniel Westling, il suo istruttore di ginnastica conosciuto nel 2001. Non fu un colpo di fulmine, almeno non per la principessa, rientrata in patria dall'America con il cuore a pezzi per la rottura con il suo storico fidanzato, Daniel Collert, cresciuto nell'inner circle della famiglia reale. Per curare i disturbi alimentari che l'avevano colpita, fu la sorella, la principessa Madeleine, a convincere Victoria a iscriversi in palestra. Lì conobbe Daniel Westling, proprietario e istruttore, di quattro anni più grande di lei e con un background sociale agli antipodi rispetto a quello che ci si aspettava per il compagno dell'erede al trono di Svezia. Nel giro di qualche mese iniziarono a circolare voci di una relazione e, a luglio del 2002, la foto del bacio tra la principessa Victoria e il suo personal trainer scattata alla festa di compleanno della migliore amica della figlia del re, Carolina Kreuger, confermò il pettegolezzo.

Il Palazzo era furibondo, con Carlo Gustavo determinato a boicottare quell'unione. Le modeste origini del ragazzo non passarono inosservate neanche tra le amicizie più strette della principessa, un entourage talmente snob da essere ribattezzato «Stureplan brats», la risposta di Stoccolma alle Sloane Rangers di Londra, un'espressione che definiva ragazze appartenenti all'alta società di Londra. L'accento di Daniel Westling divenne oggetto di fastidiose prese in giro e nel 2004 la pressione era talmente forte che la storia tra il commoner e la principessa sembrava arrivata al capolinea. Fu Victoria a imporsi con gli amici, il padre, il Palazzo per far sì che quel matrimonio potesse diventare realtà. A trasformare il suo ranocchio in un principe ci pensò il brigadiere generale Jan-Eric Warren, il vice responsabile del cerimoniale di corte, a capo di una task force di valletti che avrebbero avuto il compito di insegnare al signor Westling lezioni storia, scienze politiche, inglese, tedesco, francese, come vestirsi, pettinarsi, stare a tavola e conversare.

L'operazione si rivelò un successo e, il 24 febbraio 2009, fu annunciato il fidanzamento ufficiale tra la principessa e il suo personal trainer. Un giorno, alla morte del suocero, Daniel sarà il principe consorte della regina di Svezia.

Il passato ingombrante del padre, Jorge Zorreguieta, segretario della giunta dei colonnelli in Argentina, ha creato non pochi problemi per l'ingresso di Maxima nella ricchissima famiglia reale olandese, gli Orange Nassau. Cresciuta nella Buenos Aires bene, con casa nel quartiere di Recoleta, le vacanze divise tra la montagna di Bariloche e il mare di Punta dell'Este in Uruguay, gli studi nelle scuole più esclusive della città e una promettente carriera come avvocato d'affari, fu con il trasferimento a New York nel 1996 che avvenne l'incontro con il principe Willem Alexander. Sarebbe stata un'amica in comune, Cynthia Kaufmann, ad aver fatto scattare il colpo di fulmine quando mostrò all'erede al trono d'Olanda alcune foto di Maxima. Si conobbero davvero qualche mese dopo, ad aprile del 1999, in Spagna, a Siviglia, durante la settimana della Feria de Abril. L'Aero Club, il club per soli soci di Siviglia da cui sono passate anche Jackie Kennedy e Grace Kelly, in quei giorni di festa diventa il quartier generale della grande aristocrazia e ai suoi tavoli non è raro incontrare rampolli della Vecchia Europa. Maxima Zorreguieta non ha fatto eccezione. Quel posto è rimasto talmente nel cuore di Willem e Maxima che, ad aprile del 2019, a vent'anni di distanza, ormai diventati re e regina d'Olanda e genitori di tre figlie, tutta la famiglia è volata a Siviglia per festeggiare questa data. Proprio l'Aero Club ha ospitato il primo pranzo del lungo weekend che ha riunito anche gli amici più stretti dei sovrani, un centinaio di invitati in tutto per continuare a festeggiare!

Maxima è moglie del principe ereditario Willem Alexander dal 2002 e regina consorte dal 30 aprile 2013 ed è la più internazionale e meno problematica di tutte le commoners a corte, nonostante il pesante curriculum del genitore. Per mediare tra istituzione e famiglia, Jorge Zorreguieta fu sempre escluso dai ricevimenti ufficiali, come il matrimonio e l'incoronazione, ma la sua presenza veniva tollerata ai battesimi delle nipoti, considerati un affare privato degli Orange Nassau. Maxima è la regina venuta dal golpe che ha saputo conquistare il suo nuovo popolo e i numeri lo confermano. Con un gradimento di 76% è lei la più popolare tra i royals olandesi.

Della compagnia dei e delle borghesi a corte non fa invece parte il Belgio, che secondo la tradizione ha scelto le sue spose nel vivaio dell'aristocrazia europea, scandali esclusi, ovviamente.

Non fa eccezione Mathilde d'Udekem d'Acoz, regina dal 21 luglio 2013, da quando suo marito, il re Philippe, è salito al trono dopo l'abdicazione del padre, Alberto II. Figlia di Patrick d'Udekem d'Acoz e della contessa Anna Maria Komorowska, Mathilde appartiene alla piccola nobiltà belga da parte di padre e alla grande aristocrazia polacca dal lato materno. Insomma, una candidata perfetta per il ruolo di futura regina!

Moglie di Philippe dal 4 dicembre 1999, rimane, tuttavia, ancora avvolto nel mistero il primo incontro con il futuro marito. D'altronde, fu lui stesso, allora principe, ad attirare l'attenzione su quel dettaglio in occasione del fidanzamento ufficiale: «Nessuno mi ha presentato Mathilde» dichiarò. L'affermazione suscitò immediatamente grande curiosità e, da quel momento, l'ipotesi più quotata divenne quella di un matrimonio combinato per un erede al trono che, alla soglia dei quarant'anni, aveva bisogno di una moglie. Come in altri tempi, sarebbe stato il Cardinale Danneels, persona di fiducia della famiglia reale, a fare da intermediario.

È così, quando la figlia di Philippe e Mathilde, la principessa Elizabeth, un giorno, salirà sul trono, sarà rimasta l'unica, fra re e regine della nuova generazione, totalmente di sangue blu.

Piccoli principi crescono

Saranno sul trono verso la metà del secolo, ma si parla di loro già adesso e, anzi, a dir la verità, i royal babies fanno notizia fin dalla nascita.

Sono piccoli principi o principesse, il cui mestiere, un giorno, sarà quello di re e di regine, perfino anacronistico di questi tempi, ma il loro posto è scritto nella storia e dalla storia. Sono bambini fuori dal comune, abituati da subito a osservare il mondo da un punto di vista privilegiato.

Per le monarchie, i royal babies rappresentano la continuità della dinastia sul trono, il futuro del Paese, e proprio per questo sono una calamita per stampa, sudditi e curiosi.

La culla di questi troni da sempre è l'Europa, dove attualmente si contano dodici monarchie regnanti.

Tra i royal babies del Vecchio Continente la star è sicuramente il principe George. Nato il 22 luglio 2013 alla Lindo Wing del St Mary Hospital di Londra, ha goduto di fama planetaria fin dall'annuncio della gravidanza di Kate, il 3 dicembre 2012. Primo figlio degli allora duchi di Cambridge, quel royal baby, terzo in linea di successione al trono dopo nonno Carlo e papà William, allungava a tre generazioni la lista di eredi di Elisabetta II. Era la notizia che la stampa stava aspettando da quando, il 29 aprile 2011, il principe William aveva sposato Kate Middleton, e per questo l'eccitazione si diffuse rapidamente da una sponda all'altra dell'Atlantico. Intervenne perfino la Casa Bianca, con le congratulazioni affidate al portavoce del presidente Obama: «A nome del Presidente, della First Lady e di tutta la Casa Bianca, facciamo le nostre più sentite congratulazioni ai duchi di Cambridge per la notizia arrivata da Londra» disse Jay Carney.

La royal baby-mania sostituì così la Kate-mania, che dall'annuncio del fidanzamento, a novembre del 2010, aveva monopolizzato la stampa del regno e non solo.

Il marciapiede di fronte alla Lindo Wing del St Mary Hospital divenne il quartier generale della stampa di tutto il mondo dall'inizio di quel luglio 2013, e le puntate sul royal baby monopolizzarono le giocate: si scommetteva su tutto, giorno di nascita, sesso, nome, segno zodiacale...

La stella dei Windsor, al momento della presentazione al mondo del piccolo principe in braccio a papà e mamma, brillava al ritmo di diciottomila tweet al minuto. E ad appena un giorno di vita, George aveva già lasciato il segno, confermandosi un asset straordinario per l'economia del Paese. La copertina bianca con disegnati gli uccellini verdi che lo fasciava al momento dell'uscita dall'ospedale andò esaurita in tutti i negozi del regno nel giro di ventiquattro ore. Si stima che la sua nascita abbia fruttato un giro d'affari di oltre trecento milioni di sterline.

Che si trattasse di un bambino fuori dall'ordinario lo confermava anche il suo certificato di nascita, su cui, alla voce «occupazione del padre», si leggeva: principe del Regno Unito.

È stato il rumore dei flash a scandire la sua crescita, cosi come i metri di tappetti rossi su cui camminare e il numero di mani da stringere o non stringere. Indimenticabile quella negata in diretta televisiva al premier canadese Justin Trudeau nel 2016, a soli tre anni.

Se tutto andrà secondo i piani, sarà George, un giorno, a indossare la corona più antica del mondo, le cui origini risalgono al 1066 con Guglielmo il Conquistatore.

Un giorno George e Christian di Danimarca saranno gli unici due re, dato che, anche grazie alla modifica della legge salica avvenuta in molti Paesi, gli altri regni saranno guidati da regine. Non è l'unica caratteristica che i due principi hanno in comune. Come tutti i royal babies dell'ultima generazione, George e Christian condividono un genitore di origine borghese. Nel loro caso, la mamma.

Galeotte furono le Olimpiadi di Sydney del 2000, dove il principe ereditario di Danimarca, Frederik, conobbe la sua Mary Donaldson. Con il tempo, lei e Kate Middleton, data anche la somiglianza fisica, sarebbero state messe in costante paragone. La visita di Catherine a Copenaghen a febbraio del 2022 in cui partecipò a molte iniziative con Mary fu un buon esercizio per la stampa, così come la scelta di entrambe di indossare lo stesso vestito in paillettes color champagne di Jenny Packham a due diversi eventi alimentò i parallelismi tra i due gioielli dei rispettivi regni.

Seguendo la tradizione della corona danese, che da cinquecento anni alterna solo due nomi, Frederik e Christian, il primogenito della coppia, nato il 15 ottobre 2005, è stato battezzato Christian. Diventato principe ereditario dopo l'abdicazione della nonna, la regina Margherita, il 14 gennaio 2024, Christian è soprannominato il «party prince» per la sua intensa vita mondana che anima le notti di Copenaghen.

I matrimoni e i compleanni rappresentano le migliori occasioni possibili per presentare il futuro volto dei casati europei, da sempre interconnessi tra loro. Così, nel 2022, la festa dei diciotto anni della principessa Ingrid Alexandra di Norvegia ha permesso di riunire in un'unica fotografia quattro future regine: Elisabetta del Belgio, Catharina Amalia d'Olanda, Ingrid Alexandra di Norvegia ed Estelle di Svezia e un futuro granduca del Lussemburgo. Charles, che allora aveva due anni, figlio di Guillaume e di sua moglie Stephanie, governerà un granducato che vanta due primati: quello di monarchia più ricca d'Europa e di Paese più ricco del mondo.

Con lui nello scatto, appunto, la principessa Ingrid Alexandra, che un giorno sarà la prima regina di Norvegia dopo oltre seicento anni. È figlia del principe Haakon e di Mette Marit, la ragazza madre che nel 2001 riuscì a farsi sposare dall'erede al trono.

L'abitudine di rifornirsi nell'armadio della mamma ha fatto guadagnare a Ingrid Alexandra il titolo di «principessa del riciclo». A gennaio del 2022, per il primo impegno pubblico da maggiorenne, ha infatti indossato una giacca rosa antico di Mette Marit e per la festa dei diciotto anni l'abito scelto, firmato Alberta Ferretti, era stato indossato sempre dalla madre nel 2005.

Con l'evolversi dei tempi, e dei mestieri, nel curriculum dell'erede al trono compare perfino un lavoro part time da cameriera, nell'estate del 2021, in un ristorante italiano; lo stesso vale per Catharina-Amalia, primogenita del re d'Olanda, anche lei nella suddetta foto, che ha lavorato in un bar sulla spiaggia dov'era soprannominata «cocktail queen».

La ventunenne, figlia di re Willem e di Máxima Zorreguieta, quando diventerà regina restaurerà l'usanza della dinastia Orange-Nassau, che dal 1880 al 2013 ha visto succedersi sul trono solo donne il cui regno è sempre terminato con l'abdicazione, di una monarchia al femminile. L'ultima a cedere scettro e corona è stata sua nonna, la regina Beatrice, che dopo trentatré anni di regno, il 30 aprile 2013 ha ceduto il trono al figlio Willem Alexander, padre di Catharina Amalia.

Con una popolarità della famiglia reale tiepida, con consensi fermi al 54%, anche per via del comportamento tenuto durante la pandemia (per esempio, scegliere di trascorrere le vacanze in Grecia quando era sconsigliato lasciare il Paese), la primogenita, compiuti i diciotto anni a dicembre 2021, aveva deciso di rinunciare momentaneamente all'appannaggio di un milione e trecentomila euro che le sarebbe spettato di diritto. Almeno fino a maggio del 2024, quando il suo ruolo da working royal l'ha costretta a rivedere la scelta e scrivere al primo ministro per ricevere parte dell'appannaggio al fine di coprire le spese previste dal lavoro di erede al trono. Non solo, finita nel mirino di un'organizzazione criminale, per la principessa Catharina-Amalia, nel 2022, si era reso necessario un esilio forzato in Spagna. Infatti, lasciata la University of Amsterdam dopo pochi mesi dall'inizio delle lezioni per una seria minaccia di rapimento, la miglior soluzione possibile fu individuata nell'immediato trasferimento a Madrid: Re Willem Alexander non ha mancato di ringraziare pubblicamente il re e la regina di Spagna per il sostegno offerto alla figlia. Il 17 aprile 2024, al Palazzo reale di Amsterdam, durante i consueti brindisi che precedono i pranzi di Stato, il sovrano padrone di casa ha espresso tutta la propria riconoscenza verso re Felipe «per aver dato prova di una grande amicizia durante un periodo così difficile».

Oltre ai Borbone, secondo alcune voci ci sarebbe stato anche Boris Sassonia Coburgo Gotha, ventiseienne erede del defunto sovrano di Bulgaria, a offrire conforto e amicizia alla principessa durante il periodo trascorso nella capitale spagnola. La foto dei due ragazzi insieme scattata a ottobre del 2023 a Jerez de La Frontera, al matrimonio più blasonato dell'anno, quello della duchessa di Medinaceli, che con quarantatré titoli nobiliari vanta il record mondiale, fece il giro delle cronache mondane. Per il magazine olandese *Privé*, la principessa ha trovato il suo principe azzurro!

Tutti i suddetti royal babies sono in qualche modo discendenti della regina Vittoria, perciò, come abbiamo detto, da molti soprannominata la «nonna d'Europa», e la parentela tra le monarchie viene tuttora rinsaldata a ogni occasione. Il principe ereditario Haakon di Norvegia e il re d'Olanda Willem, per esempio, sono entrambi padrini di battesimo della principessa Estelle di Svezia, che oggi ha dodici anni ed è seconda in linea di successione al trono. Suo nonno è re Carlo Gustavo e lei è figlia dell'erede, la principessa Victoria e del marito, Daniel Westling.

Scorre, invece, sangue italiano nelle vene di colei che diventerà la prima regina del Belgio, la principessa Elisabetta. Sua nonna, Paola Ruffo di Calabria, ha sposato nel 1959 il futuro re Alberto II. Da settembre 2024 studia all'università di Harvard, in America, dopo un passaggio nel Regno Unito a Oxford e, a ventidue anni, la sua agenda è già fitta di impegni pubblici. A giugno del 2022 ha partecipato al suo primo evento da sola, varando una nave per le ricerche oceanografiche, e a marzo del 2024 è stata lei a ricevere a Palazzo insieme al sovrano l'ex presidente degli Stati Uniti, Barack Obama, di passaggio in Belgio. Seguendo le orme di suo papà, re Filippo, nel 2020 la principessa Elisabetta ha frequentato per un anno la Royal Military School di Bruxelles. Un percorso comune a molti eredi che, una volta diventati re o regine, saranno anche a capo delle forze armate.

Un'altra royal baby che sta acquisendo sempre più popolarità è la principessa Leonor di Spagna, che nel 2018 ha debuttato con il primo discorso pubblico, alla stessa età in cui a suo padre Felipe fu affidato lo stesso compito. A tredici anni, aiutata a salire sul podio con un piccolo rialzo per farle raggiungere il microfono e tra gli applausi di papà e mamma, in occasione dei quarant'anni della Costituzione ne lesse il primo articolo.

È principessa delle Asturie, titolo che spetta all'erede al trono di Spagna, da quando suo padre Felipe è succeduto sul trono al nonno, re Juan Carlos, travolto dagli scandali nel 2014.

Dalla nonna Sofia, moglie di Juan Carlos, Leonor sta imparando, a piccoli passi, il mestiere di regina. Nel suo percorso di erede, finora la tappa più importante, che ne ha sancito l'ufficialità, è avvenuta il 31 ottobre 2023, quando, diventata maggiorenne, ha giurato fedeltà alla Costituzione spagnola. Da allora, sono aumentati gli impegni pubblici al fianco dei sovrani e, a luglio del 2024, per la principessa delle Asturie è arrivato anche il debutto sul palcoscenico internazionale con il primo viaggio all'estero in Portogallo. Nello stesso fine settimana, invece, sorella minore, la principessa Sofia, si godeva i privilegi da spare, volando con il padre re Felipe a Berlino per seguire la finale degli Europei vinta dalla Spagna.

E nel caso in cui a nascere fossero due gemelli, chi sale sul trono? È la domanda che per mesi ha fatto discutere il Principato di Monaco quando, nel 2015, è stata annunciata la gravidanza della principessa Charlene, moglie del principe Alberto. La nascita di un maschio, Jacques, e di una femmina, Gabrielle, ha allontanato qualsiasi incertezza, dato che la monarchia monegasca stabilisce la priorità all'erede di sesso maschile.

Gabrielle è uno dei tanti royal babies, numeri due, ma anche tre o quattro, a cui spettano meno onori, ma anche meno oneri. Nonostante non siano destinati al trono, tuttavia, lo sono sicuramente alla luce dei riflettori, dato che ogni loro mossa andrà ad alimentare cronache e gossip intorno alle famiglie Grimaldi, Windsor, Borbone e via dicendo.

Nel 2019, per esempio, l'arrivo del primo figlio di Harry e Meghan ha monopolizzato l'attenzione del mondo per settimane. E se i duchi di Sussex avevano scelto di non dare alcun titolo nobiliare ai figli alla nascita, nel 2019 anche il re di Svezia, Carlo Gustavo, ha deciso che tutti i suoi nipoti destinati al ramo cadetto della dinastia, quindi i figli della principessa Madeleine e del marito, il banchiere anglo-americano Chris O'Neill, e del principe Carl Philip e della moglie Sofia, non avrebbero avuto il rango di Altezza Reale.

Ma ci sono anche eredi a troni senza regno, nel caso di quelle monarchie che nel frattempo sono state abolite e sostituite dalla repubblica, come i Savoia o la famiglia reale greca.

Non ricoprono più alcun ruolo istituzionale e sono personaggi che sempre più appartengono al jet set internazionale, pur mantenendo saldi i rapporti, anche famigliari, con gli altri regnanti.

I Greece sono di casa a Buckingham Palace, una presenza fissa a ogni cerimonia.

Tra i loro cinque figli, è la principessa Olympia a emergere, essendosi ritagliata il ruolo di principessa testimonial per diverse case di moda.

In California vivono Archie e Lilibet, i due figli di Harry e Meghan, settimo e ottava in linea di successione al trono del Regno Unito.

Ma il re sarà George! Dietro di lui i fratelli: la principessa Charlotte e il principe Louis, che si annunciano interessanti da seguire.

Come già detto, per la nascita dei due maschi mamma Catherine ha voluto ricalcare i passi di Diana, optando per lo stesso ospedale scelto per la nascita di William e Harry e, come la Principessa del Popolo, presentandosi a pois per l'erede e in rosso per Louis.

Il tema del riciclo dei vestiti si ripeterà anche per i figli, che spesso indosseranno quelli del papà William o dei fratelli. A inaugurare la tradizione del riciclo formato royal baby è stato George nel 2014. Il completino azzurro con cui è apparso per la prima volta sul balcone di Buckingham Palace in occasione di Trooping The Colour era lo stesso indossato dal papà nel 1984 per lo stesso evento. Poi è stata Charlotte, durante un viaggio in Canada, a riutilizzare il golfino blu che il fratello George aveva nel 2015 quando l'ha conosciuta appena nata, e anche Louis sul balcone di Buckingham Palace si è sempre presentato in versione vintage, l'ultima volta nel 2022 con il completo da marinaretto appartenuto al papà William.

Qualsiasi aspetto riguardi i royal babies fa tendenza, da sempre. Fu nel 1930, con la nascita della principessa Margaret, sorella della regina Elisabetta, che la stampa, in cerca di novità per coprire l'evento, lanciò la moda dell'oroscopo sui giornali. Al più famoso astrologo del tempo fu, infatti, chiesto di leggere le stelle della principessa appena venuta al mondo, e l'oroscopo di Margaret fu pubblicato in prima pagina tre giorni dopo la nascita.

Quella di studiare l'oroscopo dei royal babies è una moda che sopravvive a quasi un secolo di distanza. Soprattutto che non conosce frontiere, avendo coinvolto nel 2013, in occasione della nascita dell'erede al trono George, astrologi dal Regno Unito alla Cina.

Tra i piccoli Galles, Charlotte si conferma regina delle vendite. A lungo termine, il suo impatto sull'economia britannica vale un milione di sterline in più di quello del fratello George. È stata la prima bambina della famiglia reale a godere dell'abolizione della legge salica e a mantenere il suo posto in linea di successione al trono nonostante la nascita di un altro fratello maschio tre anni più tardi.

Per i figli di William e Catherine, la regina Elisabetta era nonna «Gan Gan», e aveva l'abitudine di lasciar loro un regalo dopo ogni incontro.

Dei bambini, da sempre, si occupa Maria Borrallo, la tata spagnola formata alla prestigiosa scuola di Bath che, dal 1892, istruisce e fornisce *nannies* alle famiglie altolocate. Il corso di tre anni comprende, addirittura, un modulo di autodifesa.

Mentre a Diana la stampa non perdonò le linguacce del giovane principe Harry, accusandola di non essere in grado di educare i figli, oggi le smorfie dei piccoli Galles entusiasmano l'opinione pubblica. Alla fine del mesto Giubileo di Platino di Elisabetta II, con i Sussex e gli York ai margini, rimarranno l'agitazione e le boccacce di Louis a ricordarci che la perfezione non esiste nemmeno nei castelli, e che i bambini, per quanto speciali, sono sempre bambini.

Scuole d'élite

Dimenticato il precettore privato, nella stragrande maggioranza dei casi sono certi rinomati istituti e college a segnare il percorso scolastico dei piccoli royals. Tuttavia, come sempre, ci sono delle eccezioni.

Per esempio, le principesse Maria Carolina e Maria Chiara, di ventuno e diciannove anni, figlie di Carlo e Camilla di Borbone, eredi al decaduto trono delle Due Sicilie, hanno avuto insegnanti privati fino alle superiori prima di ottenere il diploma in fashion design il 21 settembre 2023 all'Istituto Marangoni di Parigi. Infatti, la mamma Camilla aveva deciso che, per coniugare famiglia, affari e istruzione, sarebbe stato più comodo portarsi appresso gli insegnanti delle figlie, facendole studiare privatamente, mentre lei e il marito erano impegnati in giro per il mondo. Le principesse, poi, a fine anno, avrebbero sostenuto gli esami che le parificavano a ogni altro alunno. E così è stato. Questa soluzione ha permesso loro di bruciare le tappe, arrivando alla laurea alla soglia dei vent'anni.

Comunque, la campanella, più prima che poi, suona per tutti, anche per i piccoli principi e principesse. E le scuole scelte dai genitori fanno parte della *road map* prestabilita della loro vita. Il rituale che accompagna ogni primo giorno è la foto ricordo da consegnare alla storia e alla stampa, come quelle dei giovani principi davanti a scuole che sono riconosciute ormai come pietre miliari di questo percorso, su tutte Eton o Sandhurst, e altre che, guarda caso, il più delle volte si trovano in Gran Bretagna. Tuttavia, oggigiorno, agli istituti carichi di tradizione che da sempre educano i futuri capi di Stato e di Governo, nelle preferenze delle corti si alternano nuovi indirizzi. Uno di questi si trova in Italia, a Duino, l'Uwc Adriatic college, che da settembre del 2023 tra i suoi studenti vanta una principessa Orange, Ariane, la terzogenita del re e della regina d'Olanda.

Ed è certo che la presenza in aula di un membro di una famiglia reale fa immediatamente decollare le quotazioni della scuola. Nel Regno Unito, la lista d'attesa per essere ammessi alla Lambrook School nel Berkshire è triplicata subito dopo l'annuncio, il 22 agosto 2022, che il futuro re, primogenito di William e Catherine, avrebbe studiato lì. E così, tra i seicentocinquanta alunni dell'istituto, dal 2022 ci sono anche tre superstar: il principe George, di undici anni, con i fratelli più piccoli, la principessa Charlotte e il principe Louis. La scelta è dovuta al fatto che i principi del Galles hanno lasciato l'appartamento di Kensington Palace a Londra per trasferirsi all'Adelaide Cottage, all'interno della tenuta di Windsor. La scuola si trova vicino ad Ascot e al suo famoso ippodromo, ad appena quindici minuti di macchina dalla proprietà reale.

Dal 1860, la Lambrook School si occupa dell'istruzione dei figli dei cortigiani di corte, compresi due nipoti della regina Vittoria. Nel giro di un secolo, è diventato l'istituto più ambito della zona per bambini tra i tre e i tredici anni. E come la maggior parte delle scuole prescelte per principi e principesse, il portafoglio dev'essere adeguato. La retta per i Wales, che non fa eccezione dalle altre, si aggira sulle ventimila sterline annue a bambino e nel programma scolastico sono incluse lezioni di inglese, francese, matematica, scienze e molte ore di attività fisica, con a disposizione un campo da golf di nove buche. Anche questo deve aver convinto William e Kate, per i quali quella degli sport all'aria aperta è una priorità assoluta per George, Charlotte e Louis. L'unica differenza per i tre figli di William e Kate è che, in ventiquattro ore, nel registro di classe dalla cima son finiti in fondo, da Cambridge a Wales. Dopo la morte della bisnonna Elisabetta II l'8 settembre 2022 e il cambio di posizione a corte del padre William, che da duca di Cambridge è diventato principe del Galles, i piccoli principi hanno cambiato cognome.

Per tutelare la privacy dei Wales e di tutti i piccoli scolari, William e Kate concedono ogni anno alla stampa la foto dei genitori che accompagnano i loro piccoli a scuola. Questo è l'accordo tra il palazzo e i media, tornato utilissimo dopo l'annuncio della malattia di Catherine il 22 marzo 2024 perché ha impedito a giornalisti e paparazzi di sostare all'ingresso per sondare gli umori di chi frequenta la Lambrook School. È la seconda volta in due anni, dopo la morte della regina Elisabetta, che la scuola si trova a dover fare quadrato intorno ai bambini.

L'attenzione per i Windsor, infatti, va ben oltre il programma scolastico dei figli. Ogni aspetto della loro vita è destinato a creare tendenza. A settembre del 2017, con il suo arrivo alla Thomas's School di Battersea, a Londra, il principe George, a soli quattro anni, avrebbe contribuito, addirittura, a far aumentare il consumo di lenticchie nel Paese, dopo che il *Times* di Londra pubblicò la notizia che venivano servite alla mensa della scuola, senza neanche specificare se il bambino le mangiasse o meno. La scelta di Windsor, quando si parla dell'educazione dei figli dei principi di Galles, resta strategica anche guardando al loro futuro scolastico. Vicino a Lambrook, come abbiamo detto, ma anche al collegio di Eton, frequentato per primo dal principe William, il primo futuro re a ricevere un'istruzione interamente affidata al sistema delle scuole private del Regno Unito. Al contrario, sua nonna, Elisabetta II è stata l'ultimo sovrano a studiare tra le mura del castello. Una via di mezzo la troviamo in Carlo, che ha iniziato gli studi privatamente, a casa, e li ha continuati negli istituti scolastici, incarnando, ancora una volta, la perfetta sintesi tra passato e futuro.

Tornando all'educazione di Elisabetta II, in principio fu la madre, Elizabeth Bowes-Lyon, a insegnare alle due figlie a leggere e scrivere. Poi, fu il turno della governante Marion Crawford, detta «Crawfie», la quale impartiva loro, durante le lezioni domestiche, i principi base dell'educazione delle ragazze dell'alta società. Con l'abdicazione dello zio Edoardo VIII, nel 1936, e l'ascesa al trono del padre, Giorgio VI, anche per Elisabetta cambiò tutto e a dieci anni l'economia domestica fu sostituita da nozioni sulla storia della Costituzione britannica. Il compito di trasmettere queste conoscenze fu affidato al vicerettore di Eton, Henry Marten. L'insegnamento del francese, da sempre la lingua dell'aristocrazia, trascende qualsiasi epoca storica, ed Elisabetta non ha fatto eccezione. Come, prima di lei, il prozio Arthur (1850-1942), il settimo figlio della regina Vittoria e del marito, il principe Albert: tra le pagine del libro sul quale studiava il bambino fin dall'età di quattro anni si possono ancora leggere le note della governante Madame Rollande alternate alle figure disegnate dal piccolo principe.

È con l'ultima generazione Windsor che il francese si è un po' perso. Non eccelle il principe William, al contrario di re Carlo che, nella visita di Stato a Parigi a settembre del 2023, ha sfoggiato la sua ottima padronanza della lingua.

Tuttavia, per il sovrano, quello con la scuola è stato un rapporto non facile fin dal primo giorno, ma questo non gli ha impedito di completare l'intero percorso accademico, diventando, il 23 giugno 1970, il primo erede al trono a ottenere una laurea, nella prestigiosa università di Cambridge.

Il suo ingresso nell'ateneo coincise con anni di profondi cambiamenti. Con il Sessantotto alle porte, le università in fermento e le contestazioni studentesche contro la guerra in Vietnam che agitavano le piazze, Carlo, impegnato nello studio di materie come antropologia e storia, considerati strumenti utili per il suo futuro mestiere di re, osservava con distacco questi movimenti di protesta e reputava i ragazzi che affollavano le strade emarginati della società che trovavano in questo agitarsi un modo di esistere.

Nonostante l'intenzione di far seguire al principe un percorso scolastico il più normale possibile, tutto il suo mondo gli parlava della storia della corona d'Inghilterra.

Ad accoglierlo all'ingresso dell'università scelta trovò la statua di Enrico VIII, suo antenato e fondatore nel 1546 del Trinity College di Cambridge. Lì avrebbe vissuto per tre anni come uno dei tanti studenti. Più o meno. La madre e la nonna, scettiche riguardo a dormitori tanto spartani, commissionarono allo staff di Palazzo alcuni cambiamenti. Elisabetta II mandò il suo tappezziere di Sandringham a confezionare tende, tappeti e qualsiasi cosa potesse rendere più confortevole la stanza di suo figlio; la regina madre, invece, regalò al nipote un acquarello con i paesaggi del Norfolk per abbellire le pareti.

Niente al mondo sarebbe comunque stato meglio di casa sua!

E proprio di fronte a casa sua, il castello di Windsor, dall'altra parte del fiume, c'è Eton, un paese ma anche una scuola. Anzi, *la scuola*! Fondata da un antenato di Carlo III, re Enrico VI, era nata con l'intenzione di istruire l'élite e offrire alloggio e un percorso educativo a settanta bambini provenienti da famiglie povere. La giornata iniziava per tutti prima dell'alba, alle 5, con un'ora di preghiere, e il programma scolastico, rigorosamente in latino, prevedeva lezioni dalle 6 del mattino alle 8 di sera, con un'ora soltanto di intervallo. Da allora molto è cambiato, ma non la tradizione che ha dato origine all'istituto. Ogni anno, a cento studenti poco abbienti viene offerta la possibilità di studiare nel prestigioso collegio. È considerata la culla dell'establishment britannico e il picco massimo del potere etoniano è stato raggiunto sotto il regno della regina Vittoria, quando il suo primo ministro Edward Smith-Stanley, conte di Derby, e sedici membri del suo Governo provenivano da quella scuola. Fu Carlo a decidere che i suoi figli studiassero a Eton e l'arrivo dei principi Harry e William, quest'ultimo accompagnato dal tocco magico di mamma Diana, portò anche una ventata di glamour nella scuola più famosa del mondo. Un ponte divide il villaggio di Eton dal castello di Windsor e spesso i nipoti lo attraversavano per andare a visitare i nonni. In occasione del compimento dei diciotto anni dell'erede al trono, per la prima volta le telecamere furono ammesse all'interno dell'edificio per mostrare al mondo la routine di un futuro re: tra i libri in biblioteca, il calcio, il nuoto e perfino i fornelli. Nel 2002, invece, il collegio di Eton divenne la location del servizio fotografico firmato da Mario Testino per i diciotto anni del principe Harry. Una delle caratteristiche che contraddistingue gli studenti di Eton da tutti gli altri è la divisa, rimasta pressoché identica dall'epoca della regina Vittoria, sopravvivendo ai tempi e alle mode. Giacca a due code, pantaloni neri, camicia bianca, gilet e l'inconfondibile club collar, il colletto rotondo che fa status. È nella forza della tradizione che si consolida il mito dell'unicità britannica e le scuole non fanno eccezione.

Se tra i banchi di scuola nascono amicizie come quelle del principe William con Thomas van Straubenzee o James Meade, conosciuti rispettivamente alle elementari e durante gli anni di Eton, è capitato anche di poter incontrare la futura regina. È in Scozia, all'università di St Andrews, che nel 2001 il principe William ha conosciuto Catherine Middleton, dove entrambi erano iscritti al corso di Storia dell'arte. Fu il *gentlemen's agreement* stretto tra il Palazzo e la stampa a garantire all'erede al trono la riservatezza necessaria per completare il suo percorso di studi e agli altri studenti una routine scolastica al riparo dai flash dei fotografi, nonostante il futuro re in classe. Ma nel 2004, durante una vacanza in Svizzera del principe, fu uno scoop di un paparazzo, esterno al royal rota, la stampa accreditata presso il Palazzo, a svelare al mondo l'esistenza di una ragazza nella sua vita: era Kate Middleton. Da allora, più che il programma scolastico, fu la vita sentimentale del nipote di Elisabetta II a occupare pagine e pagine di giornali. Al principio, non avendo rotto l'accordo con Buckingham Palace, i media furono ricompensati con brevi immagini del principe che ritraevano William nei suoi giorni da studente a St Andrews. Per i ventun anni fu addirittura concessa un'intervista in cui l'erede al trono parlava della scelta di cambiare corso per gli ultimi due anni – avrebbe frequentato quello di Geografia – e poi della fortuna di aver passato l'esame di Storia dell'arte studiando su dei disegni di Leonardo Da Vinci di proprietà della royal collection, per intenderci di sua nonna! Su Kate Middleton non fu pronunciata neanche una parola. Solo il giorno della laurea nel 2005 le telecamere furono ammesse all'interno dell'ateneo alla presenza perfino di Elisabetta II. Era il giorno del debutto ufficiale di Catherine Middleton nel grande show della famiglia reale, ma sarebbero stati necessari altri cinque lunghi anni di tira e molla, attese e ripensamenti da parte di William, prima che il 16 novembre 2010 Clarence House annunciasse il loro fidanzamento ufficiale.

St Andrews non è mai uscita dal cuore dei principi del Galles. Dall'annuncio del fidanzamento in poi, sono state molte le occasioni di visita all'università scozzese. Ma William e Kate, anche se sono la coppia più famosa, non sono certo gli unici a essersi incontrati tra i banchi di scuola. Seguendo le orme del cugino William, Lady Louise, figlia del principe Edoardo e della moglie Sophie, ha scelto anche lei di iscriversi all'università di St Andrews per studiare letteratura inglese. Arrivata nel 2022, è stata la sua amicizia con Felix da Silva-Clamp a entusiasmare la stampa del regno nell'estate 2024, perché conosciuto proprio sui banchi di St Andrews! È stato il collegio Beausoleil in Svizzera a far incrociare le strade del principe Felix, figlio dell'ex Granduca del Lussemburgo, e di Claire Lademacher, diventata sua moglie nel 2013.

E proprio la Svizzera è la grande alternativa scolastica al Regno Unito. Qui, alcuni studenti, iscritti in certe scuole, hanno fornito all'istituto un curriculum personale più lungo del programma di studio. Su tutti brilla la stella del Rosey, il collegio di Rolle frequentato da Juan Carlos di Spagna, Ranieri di Monaco, Alberto del Belgio... un parterre che gli fece guadagnare il soprannome di «scuola dei re». La fama internazionale arrivò di conseguenza e dalle sue classi sono passati tutti coloro che hanno fatto delle buone frequentazioni uno stile di vita: dalla dinastia di armatori greci Niarchos a quella dei banchieri Rothschild, passando per Dodi Fayed e le sorelle Miller, Chantal sposata con Pavlos di Grecia, Pia e Alexandra, con un Getty e con un principe Furstenberg, e Tatiana Santo Domingo, la moglie di Andrea Casiraghi, figlio di Caroline di Monaco. Ma l'elenco è molto più lungo.

Il primato che contraddistingue il Rosey, oggi, è quello di scuola più cara del mondo, con una retta che raggiunge i centoquarantamila euro all'anno, anche se c'è da dire che le frequentazioni non sono più quelle di una volta. I principi e i duchi della Vecchia Europa e i capitani d'industria americani sono stati sostituiti da studenti provenienti dai mercati emergenti con genitori dai grandi portafogli, primi tra tutti Russia e Cina.

Rimane, invece, immutata la tradizione dei tre mesi invernali in cui il collegio si trasferisce a Gstaad, una delle mete di montagna più frequentate dal jet set internazionale.

Nel video di auto promozione, la scuola racconta che possiede un vero campus formato chalet, in cui alle lezioni della mattina si alternano i pomeriggi sulle piste da sci o da hockey. Ma la pista preferita dagli studenti del Rosey rimane quella del GreenGo, la discoteca dell'hotel Palace frequentata dagli habitués di Gstaad.

Le Rosey è, comunque, solo una delle centoquaranta scuole che, nel 1900, hanno trasformato il cantone del Vaud, affacciato sul Lac Leman, nel centro di gravità degli studi delle corti europee, diventando la meta più ambita dai genitori per crescere i rich&famous del futuro. La fama del luogo è arrivata di conseguenza.

Anche Lady Diana, studentessa dagli scarsi risultati, è passata dalle Alpi svizzere, a Rougemont, la scuola per ragazze dell'alta società alle quali venivano impartite lezioni di cucito e di cucina.

Dodici anni prima, nel 1964, era stato invece il collegio di Mon Fertile a ospitare la futura regina Camilla.

Se l'Europa custodisce il primato per gli studi superiori, è però agli Stati Uniti e alle sue università che guardano molte famiglie reali. Georgetown sta ai re come Harvard ai presidenti. È infatti nell'università di Washington, una volta tanto privata quanto selettiva, che studiano sovrani di oggi e di domani.

Felipe, primo futuro re di Spagna laureato, decise di aggiungere un master in Scienze politiche alla prestigiosa Georgetown University. Nel 1993, l'arrivo di un principe azzurro della Vecchia Europa in America non passò inosservato, e il fatto che il compagno di stanza non fosse altro che il principe Pavlos di Grecia, suo cugino da parte di madre e pretendente al trono di Grecia dalla morte del padre re Costantino nel 2023, portò l'attenzione alle stelle e mise l'università al centro delle cronache mondane dell'alta società. Giovani e belli, a dividere il destino dei cugini era la storia: l'abolizione della monarchia in Grecia nel 1974 faceva di Felipe, principe delle Asturie, un partito ben più ambito, in quanto futuro re di Spagna.

Per la laurea nel 1995, atterrarono a Washington i genitori, re Juan Carlos e la regina Sofia, che alla vigilia della proclamazione furono ricevuti alla Casa Bianca dal presidente Bill Clinton.

A distinguere ulteriormente i due cugini era il successo che l'erede al trono di Spagna riscuoteva tra i media e tra le donne. Il contrario di Pavlos, sul quale il riflettore si accese soprattutto per merito della futura sposa, la facoltosa americana Marie Chantal Miller, conosciuta nel 1992 a New Orleans alla festa di compleanno dell'armatore greco Philip Niarchos. Un mese dopo la laurea, il 1° luglio 1995, era in calendario a Londra il matrimonio dell'anno che, con oltre mille invitati, sarebbe stato il più grande raduno di teste coronate al mondo. La sposa arrivò all'altare con un abito alta moda Valentino e lo sposo, il principe Pavlos, ancora una volta si ritrovava fianco a fianco al suo room-mate, il cugino Felipe, suo testimone.

Da allora, l'università di Georgetown ha visto gravitare molte altre corone. È di casa la famiglia reale giordana: il re Hussein e la regina Rania, con due figli laureati lì, sono ormai degli habitués delle cerimonie di consegna dei diplomi. Ed è proprio durante i suoi anni trascorsi in America che l'erede al trono, il principe Hussein, ha conosciuto la futura moglie, Rajwa Al Saif, di origine saudita imparentata con la famiglia reale dei Saud, anche lei negli Stati Uniti per frequentare la facoltà di Architettura. Diventata sua moglie a giugno del 2023, meno di un anno dopo la coppia ha annunciato l'arrivo dell'erede.

Come ogni principe, in particolare in qualità di futuro re e quindi capo delle forze armate, anche il principe Hussein ha fatto tappa in Inghilterra durante il suo percorso scolastico. A partire dagli stessi Windsor, il severo addestramento militare di quarantaquattro settimane all'accademia di Sandhurst è tappa d'obbligo per gli eredi al trono e gli spare. Con una retta da capogiro per stirarsi persino la divisa da soli, la scuola che non fa differenze di rango tra cadetto e cadetto è ciò che si può definire un «bagno d'umiltà».

La Sovereign Parade rappresenta l'apice del percorso accademico, in quanto è il sovrano in persona a passare in rassegna i futuri soldati. Nel 2018 fu il principe William a sostituire in questo compito la nonna Elisabetta II ed esaltando l'eccellenza della scuola forgiava con le sue parole i prossimi soldati del Paese: «Dodici anni fa ero esattamente dove vi trovate voi oggi e ricordo ancora il profondo senso di orgoglio che ho provato nel diplomarmi nella migliore accademia militare del mondo».

Proprio il giorno del diploma del principe William, nel 2006, attirò la stampa mondana, poiché coincise con la prima apparizione a un evento ufficiale, cui partecipava anche la regina, dell'allora fidanzata Kate Middleton, accompagnata dai genitori. La gomma masticata vistosamente dalla madre Carole Middleton non passò inosservata ai tabloid, che colsero l'occasione per rilanciare la fama di *nouveaux riches* che circondava la famiglia Middleton.

Alcune di queste rinomate accademie militari dagli anni Ottanta hanno aperto le porte anche alle donne e così, nell'estate 2023, è arrivata in quella spagnola di Saragozza la principessa Leonor, figlia di re Felipe e della regina Letizia e prima in linea di successione al trono di Spagna. Fondata dal trisavolo Alfonso XII nel 1882, dai banchi dell'accademia sono passati sia il nonno Juan Carlos che il padre Felipe. Il 7 ottobre 2023, la principessa Leonor, in divisa militare, ha giurato fedeltà alla bandiera spagnola. Per chi è destinato come lei a diventare regina di Spagna, il diploma dell'Accademia di Saragozza non è che il raggiungimento di un'ulteriore tappa nel percorso già scritto che la porterà al trono. Tra istituti di tradizione, rinomati collegi e accademie militari, passa anche dalle scuole la storia dei re.

Guardaroba reali

Nel panorama delle famiglie reali, il più grande tributo alla moda lo ha fatto forse la regina Elisabetta II quando nel 2018, a novantadue anni, ha partecipato alla fashion week di Londra, sedendosi in prima fila accanto al potentissimo direttore di *Vogue America*, Anna Wintour, per assistere alla sfilata di Richard Quinn, premiato con il Queen Elizabeth Award for British Design, un riconoscimento al valore culturale e commerciale della moda. A consegnare il premio al giovane stilista è stata la sovrana in persona, che da sempre ha fatto parlare dei suoi outfit usando per sé stessa l'intera tavolozza dei colori, tanto da averne fatto un marchio di fabbrica.

Si nasce in bianco e si muore in nero, ma per Elisabetta II in mezzo c'è stato tutto l'arcobaleno di tinte indossate con il passo di chi la moda la fa e non la segue.

Le sue scelte in fatto di stile hanno aiutato, non poco, a descrivere la figura di una regina la cui immagine ha camminato a braccetto con il ruolo istituzionale che ha ricoperto, lasciando il segno e marcando il suo tempo. Infatti, dei colori sgargianti Elisabetta II ha fatto un codice di comunicazione e dei cappellini en pendant un argomento popolare, tanto da diventare, nel paese delle scommesse per eccellenza, la puntata più gettonata delle grandi occasioni, dal royal Ascot ai royal weddings. Il 29 aprile 2011, giorno del matrimonio di William e Kate, era il giallo il colore più quotato: «Per ogni undici sterline giocate, se ne vincono dieci» spiegavano dalle case di scommesse fuori dall'abbazia di Westminster. E la mise della sovrana confermò le puntate della giornata.

In settant'anni di regno si contano oltre cinquemila copricapo indossati. A loro e al resto del guardaroba della regina era riservato un intero piano di Buckingham Palace, situato proprio al di sopra delle stanze della sovrana. Lo spirito di servizio e l'abilità diplomatica hanno reso indiscutibile la sua grandezza di regina. I giochi di colori, poi, l'hanno incoronata icona pop.

A segnare il passo del guardaroba di Elisabetta II ci ha pensato Angela Kelly, sua stilista e assistente personale, arruolata nel team della regina nel 1994 e con lei fino all'ultimo, confermandosi una delle più fedeli collaboratrici. C'è la sua firma dietro i look più famosi di Elisabetta che hanno caratterizzato l'ultimo trentennio del suo regno: il vestito da sera Arlecchino nel 1999, il tailleur verde fluo per Trooping The Colour del 2016, che fece schizzare le vendite del 213% per gli oggetti della stessa tonalità, il cappellino con i colori della bandiera europea per l'apertura del Parlamento nel 2017, un anno dopo il voto sulla Brexit.

Elisabetta II ha guardato ai colori e non agli stilisti, tanto da essere ribattezza «The Rainbow Queen», la regina arcobaleno. Per il Giubileo di Diamante nel 2012, i sessant'anni di regno, Pantone, azienda statunitense e massima autorità al mondo in fatto di colori, le ha dedicato un'intera palette ispirata al suo personaggio, e nello stesso anno *Vogue America* ha mandato in stampa un'elaborata pagina delle tonalità più utilizzate dalla regina. Guidava la classifica il blu, in tutte le sue sfumature. Si racconta che, ai tempi del loro fidanzamento, fosse stato Filippo a farle un complimento per un abito colore azzurro. Seguiva nelle scelte il verde, il colore preferito dal padre Giorgio VI, e indossato dalla sovrana per il suo primo discorso alla nazione nel 1991, dopo la prima guerra del Golfo.

Il vezzo di una regina passava anche dai colori. Camminare vestita di rosa tra le sue truppe rilanciava il prestigio e contemporaneamente il privilegio di essere non solo donna fra uomini, ma una «pink lady» a capo dei soldati.

Però, mai il beige! Una tonalità che mal si conciliava con lo scopo che Elisabetta II attribuiva al suo ruolo di regina: far sì che fosse sempre ben distinguibile tra i sudditi, e ben visibile dalla popolazione, in ogni sua apparizione pubblica. Una filosofia che rispecchiava appieno l'interpretazione che attribuiva al ruolo di regina. «Per essere credibile devo essere vista» diceva.

Essere viste. Lo sanno bene le donne di casa Windsor che i giornali, le televisioni, le lettrici o telespettatrici che siano, non aspettano altro che di vedere cosa indosseranno questa o quella dama di Palazzo nelle occasioni ufficiali.

Nessuna di noi comuni mortali potrebbe portare con tanta nonchalance quei cappellini che fanno subito corte inglese. Quello a tesa larga blu scelto dalla principessa del Galles, Catherine, per il Commonwealth Day nel 2023 ha seguito ancora una volta i codici non scritti dei Windsor, secondo i quali, nel giorno in cui si celebra il Commonwealth, i colori da indossare sono il blu, il bianco e il rosso, per intenderci quelli della bandiera britannica, la Union Jack.

È lei, Catherine Middleton, il gioiello della corona della corte d'Inghilterra, che dal suo ingresso a Palazzo nel 2011 è stata capace di trasformare in oggetto del desiderio qualsiasi capo d'abbigliamento abbia scelto. La sua scelta di riciclare gli abiti è promossa, per esempio, anche da Francesca Ragazzi, responsabile dei contenuti editoriali di *Vogue Italia*: «Una volta era un tabù indossare più volte lo stesso vestito, oggi invece è completamente sdoganato. Siamo arrivati a una democratizzazione della moda mai vista prima» ha raccontato.

È alla principessa del Galles che si ispira per il vestiario il 29% delle donne del regno, contribuendo ad alimentare quel «Kate Effect» che si stima valga per la moda britannica un giro d'affari per un miliardo di sterline. L'abilità è stata quella di aver sdoganato marchi e prodotti di massa, senza però essere venuta meno a incarnare il sogno di principessa delle favole.

C'è Natasha Archer dietro l'immagine vincente che Catherine Middleton ha saputo trasmettere al grande pubblico, diventando la beniamina del mondo del fashion. Arrivata a Buckingham Palace nel 2007, fu la regina Elisabetta II in persona a scegliere la Archer come consigliera speciale per l'immagine della nuora Kate nel 2013, affidandole la missione di dare a quella giovane borghese un aspetto davvero regale, all'altezza del compito cui il matrimonio l'avrebbe destinata: quello di futura regina del Regno Unito. Nonostante il Kate Effect influenzasse le scelte in fatto di moda delle donne inglesi fin dal giorno del fidanzamento con il principe William, il 16 novembre 2010, tra gli esperti del settore erano in molti gli scettici a proposito dei suoi gusti: mancava di originalità e di creatività, «decisamente non è una regina di stile!» la bocciò il *Guardian* a luglio del 2011.

Il primo grande banco di prova della Archer fu l'importante royal tour all'estero del 2014, che vedeva gli allora duchi di Cambridge volare in Australia e Nuova Zelanda accompagnati dal figlio George di soli otto mesi. Il successo fu eclatante e, da allora, Natasha Archer, Tash per l'inner circle, è divenuta l'ombra di Kate. È stata la prima persona, esterna alla famiglia, ad arrivare alla Lindo Wing dopo la nascita del primogenito George, per coordinare l'uscita dall'ospedale di Catherine con il mitico vestito azzurro a pois, ed era con lei durante le sei ore di trekking in Buthan nel 2016, nel caso si fosse reso necessario un rapido cambio d'abito della duchessa prima di raggiungere il monastero dove l'attendevano telecamere e giornalisti al seguito del royal tour. Tra l'altro, proprio con uno di loro, Chris Jackson, ben introdotto fotografo della famiglia reale per l'agenzia Getty, Natasha Archer è sposata dal maggio del 2017. Della sua vita privata, però, si sa poco, a parte che è, ovviamente, una grande appassionata di abiti, che ama i marchi italiani, dalle mitiche Superga ai tubini di Dolce&Gabbana. Inoltre, è tale il livello di fiducia di cui gode che nel 2019 è stata insignita dell'onorificenza Queen Victoria Order, per i servizi resi al monarca.

Si può dire che l'armadio di Kate Middleton sia lo specchio della società contemporanea, riflettendo in tempo reale i temi sociali, anticipandone l'interpretazione; come quando, il 6 dicembre 2023, a Boston, in occasione del premio per l'ambiente ideato dal principe William, l'Earthshot Prize, Catherine ha indossato un vestito lungo verde, affittato alla cifra di settantaquattro sterline dalla piattaforma online che noleggia abiti da sera. Fu una scelta vincente, giudicata economica e sostenibile.

Rimanendo in tema di sostenibilità, un'altra riciclatrice seriale è Letizia: regina degli abiti usati, oltre che di Spagna. Si chiama Eva Fernandez l'angelo custode del suo guardaroba. Anche lei giornalista, ma con un passato nelle redazioni di moda di *Vogue* e *Cosmopolitan*, dal 2015 è la stylist di fiducia della moglie di re Felipe. Con la regina, condivide la passione per l'alimentazione sana, lo sport e la musica indie. L'intesa con Letizia sarebbe scattata durante un incontro casuale in uno showroom di Madrid, tanto da essere immediatamente ingaggiata dal Palazzo. La necessità era quella di riposizionare l'immagine della Corona dopo la crisi di credibilità della monarchia causata dagli scandali di Juan Carlos, che avevano portato all'abdicazione del re nel 2014. L'operazione di restyling di Letizia si è rivelata un successo globale, con i giornali che incoronarono la regina nuova icona di stile. Una sfida non facile quella vinta dalla Fernandez, che indovinò la strada per fare breccia nel cuore dell'opinione pubblica presentando ai sudditi, nel tempo, una regina glamour, ma dalle spese contenute e con grande attenzione ai marchi spagnoli.

Fonte di ispirazione per questo riscatto è stato il guardaroba della regina Sofia, dalla quale l'ex giornalista Ortiz ha pescato più volte l'abito giusto. L'occhio al vintage di Letizia, che l'ha portata a indossare a gennaio del 2022 il Valentino sfoggiato dalla suocera durante una visita in Germania nel 1977, unito alla cifra contenuta destinata al suo guardaroba, che con cinquantatremila euro spesi nel 2022 la collocano tra le royals più parsimoniose, l'ha premiata con il gradimento del popolo spagnolo.

Esattamente il contrario di ciò che accadde nel 2019 per il primo e unico anno da Altezza Reale di Meghan Markle, la più fashion tra le donne di Palazzo, quando le spese per il vestiario raggiunsero un milione di sterline. Ma più che i numeri, sono state le policy del Palazzo a scontrarsi immediatamente con l'interpretazione che la Markle attribuiva al suo ruolo all'interno dell'istituzione. L'allora trentaseienne attrice californiana, in rampa di lancio, intendeva approfittare al meglio del nuovo status raggiunto e applicare ai Windsor il modus operandi di Hollywood, dove la celebrità si misura in benefits, abiti firmati in omaggio inclusi. Così, in quanto futura moglie di un principe del Regno Unito, per Meghan Markle arrivò il tempo di ricevere regali offerti dai maggiori marchi.

Peccato che il regolamento di Buckingham Palace (un protocollo, quello sugli omaggi, lungo sette pagine e consultabile online) vieti espressamente ai membri della famiglia reale di tenere per sé qualsiasi dono venga fatto da estranei, aziende comprese, a meno che non si tratti di regali di Stato o dal valore inferiore alle centocinquanta sterline.

Quella dei vestiti gratis fu solo la prima delle tante battaglie che impegnarono la duchessa di Sussex contro il Palazzo durante il suo breve e agitato soggiorno britannico.

Anche a Diana piaceva molto la moda, ma al contrario di Meghan Markle rispettava i limiti che il suo ruolo comportava, senza però sottovalutare l'importanza di esibire l'abito e lo stilista adeguati in ogni occasione. Fedele ai designer britannici, Diana voltò loro le spalle solo quando il matrimonio reale naufragò. Fu il tocco di Gianni Versace, stilista e amico, a trasformare la principessa del Galles nell'icona di stile di cui ancora tutti parliamo. Il vestito da sera color cielo tempestato di borchie e cristalli indossato nel 1991 per il servizio fotografico scattato da Patrick Demarchelier fu il primo abito della maison milanese scelto da Diana. Seguiranno molti altri tubini, tailleur, cappotti e pantaloni che faranno di Diana la vera poster girl di Gianni Versace di fine millennio. «Per Gianni era un motivo di grande orgoglio avere la principessa del Galles che indossava i suoi abiti» ha raccontato Santo Versace, il fratello dello stilista.

Cambiò trucco, cambiò pettinatura, cambiò stile, diventò una fonte di ispirazione per generazioni di donne. Con il nome di Diana si battezzavano bambine e canzoni, perfino una borsa, la D Bag di Tod's.

Ma il mondo della moda è sempre stato illuminato dalle figure leggendarie di regine e principesse, che diventano vere e proprie muse per gli artisti. Perfino chi non si è interessata alle tendenze alla fine è riuscita a dettarle, come è accaduto alla principessa Anna, secondogenita della regina Elisabetta, che con il suo stile country e frugale ha ispirato la collezione uomo della stagione autunno-inverno 2024-2025 di Fendi.

Anche Franzi, un'eccellenza nella pelletteria e già fornitore ufficiale di casa Savoia, battezzò nel 2021 una borsa con il nome di una sovrana: Margherita, come la prima regina d'Italia.

Famose poi, perché appese al braccio di Elisabetta II, sono diventate le Launer bags. Dalla messa domenicale agli impegni ufficiali, alle udienze private, la regina si è sempre presentata con l'inseparabile borsetta, tanto che questo è divenuto uno degli accessori che più ha contraddistinto la sovrana. Tra le leggende che l'accompagnavano, una riguardava i messaggi in codice che la regina avrebbe lanciato allo staff attraverso la borsa: appoggiata a terra «aiuto! conversazione poco interessante»; da un braccio all'altro «aiuto! interlocutore prolisso»; appoggiata sul tavolo «pranzo finito».

Ma la leggenda più curiosa riguarda il suo contenuto, talmente avvolto nel mistero da diventare il titolo di un libro: *What's in the Queen's Handbag? And Other Royal Secrets* (Philip Dampier, Ashley Walton, Book Guild Ltd, 2007).

Nell'armadio della sovrana se ne contavano oltre duecento, in gran parte ereditate dalla madre, la regina consorte Elisabetta, che fu la prima in famiglia ad apprezzarle. Launer è fornitore ufficiale della casa reale dal 1968 e la passione per queste borsette si tramanda di regina in regina. Adesso sono al braccio di Camilla. È stata la nuova regina consorte a scegliere per l'occasione più solenne, i funerali di Stato di Elisabetta II il 19 settembre 2022, proprio una borsa Launer. Un omaggio alla suocera che non è sfuggito agli occhi dei più attenti.

A sovraintendere al guardaroba della regina Camilla c'è Jaqui Meakin, già assistente della regina madre, la nonna di Carlo, che ogni tanto sconfina nel consigliare a marito e moglie, re e regina, come abbinare al meglio il loro vestiario per gli impegni insieme. Il colore favorito è il royal blue e questa preferenza si racconta abbia creato qualche frizione a corte da quando Camilla è diventata regina. Secondo i pettegolezzi, Jaqui Meakin, per tutelare il guardaroba della moglie del re, avrebbe vietato alle altre donne di Palazzo, in particolare alla principessa del Galles e alla duchessa di Edimburgo, di indossare abiti di quel colore se partecipano agli stessi eventi della regina. Tuttavia, è nelle sfumature che sarebbe stato trovato l'accordo: via libera al blu, esclusa la tonalità preferita di Camilla.

Lo stile della regina ben accompagna il passo del nuovo sovrano Carlo III.

Il suo guardaroba da uomo è leggendario tanto quanto la sua classe. Ciò fa di Carlo una presenza fissa nelle classifiche degli uomini meglio vestiti al mondo. A Jermyn St, nel cuore di Mayfair, sono custoditi i segreti della sua eleganza.

Tutto il suo armadio, rigorosamente su misura, è supervisionato da cinque valletti che seguono il re per ogni cambio d'abito, che può avvenire anche cinque volte al giorno.

Massimo rappresentante dell'eleganza britannica, re Carlo III ha sempre prediletto la mano d'opera locale ai prodotti di massa, preferendo la qualità alla quantità, con la garanzia di capi d'abbigliamento che persistano nel tempo. Risale agli anni Ottanta il cappotto cammello che il re indossa quasi a ogni messa di Natale. Allergico ai trend, di sé stesso ha dichiarato: «Ogni venticinque anni il mio stile va di moda». Lo ha contraddistinto la passione per il doppiopetto ben prima che il modello diventasse oggetto del desiderio del grande pubblico; l'ossessione per i dettagli, invece, si dice l'abbia ereditata dagli altri uomini di famiglia, in particolare quella per il colletto della camicia ad apertura inglese dal padre, il principe Filippo, e quella per i gemelli dal prozio David, il duca di Windsor, l'uomo che con la sua eleganza straordinaria, più di ogni altro, ha influenzato il corso della moda maschile del Ventesimo secolo.

Non sono mancati, come per la madre, i messaggi subliminali che anche il re ha inviato attraverso il suo abbigliamento, come il 29 aprile 2024, per il ritorno al lavoro a pieno ritmo dopo la diagnosi di cancro e la successiva chemioterapia, quando si è presentato al primo impegno pubblico, accompagnato dalla regina Camilla, indossando una cravatta di Hermès tempestata di dinosauri. Ci voleva proprio un esercito di dinosauri stampato sulla cravatta rosa per lanciare al mondo un messaggio implicito sul suo stato fisico: il T-Rex come termine di paragone. Questo la dice lunga su come il sovrano abbia incassato le voci allarmistiche riguardo a un suo ipotetico bollettino medico in peggioramento.

Ha conquistato perfino il cuore dei sudditi di Carlo III il re Felipe di Spagna che, complice la sua eleganza straordinaria, alla finale del torneo di Wimbledon del 2023 è stato, in quanto a stile, il vero trionfatore della giornata, oscurando i mediaticissimi principi del Galles. *Felipe el fabuloso* ha titolato l'autorevole *Times* di Londra, premiando la classe del re. Il suo merito è di saper apprezzare l'alta sartoria fin dall'età di undici anni, quando divenne il più giovane e blasonato cliente di Jaime Gallon, il sarto della nobiltà spagnola. Il taglio impeccabile della sua giacca, affidato adesso anche alle abili mani di Ricardo Fraguas, strideva con quello dozzinale del cugino, il principe William, seduto poco lontano nel royal box, ma abbastanza vicino da rendere difficile non notare la differenza di stile fra i due.

La classe di re Felipe ha forse ferito l'orgoglio britannico, che rivendica il primato dell'eleganza maschile per eccellenza. Proprio per questo è partita la caccia allo stylist di William, inciampato anche nella polemica del kilt che il principe si rifiuta di indossare in Scozia, come, invece, hanno sempre fatto gli uomini della famiglia reale.

Chi gli consiglia quei pantaloni troppo skinny, quelle giacche troppo slim, quei revers troppo sottili?

Tuttavia, con l'aumento di responsabilità e di impegni istituzionali che hanno coinvolto William da quando è diventato principe del Galles, si dice che, come si conviene a un erede al trono, sia stato ingaggiato un valletto per gestire il suo guardaroba.

Se c'è una cosa sicura, è che è il viola il colore dei re d'Inghilterra. Nella famiglia reale, lutto, incoronazione e celebrazioni sono tinti della stessa tonalità. Dalle regalie dell'incoronazione ai loghi, anche stilizzati in chiave moderna, è sempre questo colore a dominare ogni palette in casa Windsor.

A novembre 2022 anche *Vogue British* ha puntato sul viola come omaggio a Elisabetta II. Era successo solo altre due volte nei centosei anni di storia della rivista più patinata del mondo: a febbraio del 1936, per la morte di Giorgio V, e a marzo del 1952, per quella di Giorgio VI, rispettivamente nonno e papà della sovrana.

Le origini di questa scelta si perdono nei secoli. Ricavato da costosi molluschi marini, il viola era destinato a essere utilizzato da una ristretta élite. Fin dall'antichità simboleggiava ricchezza e potere e quindi veniva associato a imperatori e re. Ma è con Elisabetta I, nel 1558, che il viola viene eletto colore fra i colori. Con la legge suntuaria, che regolamentava con severi codici la moda femminile e maschile per far sì che il lusso non venisse mai ostentato, la regina restrinse l'uso del viola a sé stessa e a poche persone della sua corte. Da allora, quel colore non fu più sinonimo di ricchezza, bensì di regalità. Fu un'altra regina, invece, Vittoria, a eleggerlo colore del lutto.

Bisognerà attendere il Diciannovesimo secolo per vedere il viola ritornare in un ambito più democratico, non solo prerogativa dei reali, ma alla portata di tutti.

È la Scozia che custodisce ancora i privilegi di essere un Windsor. Nella terra del kilt, il tartan è il tessuto rimasto simbolo della regione e sinonimo di ribellione, associato a titoli nobiliari e clan. Se ne contano oltre cinquemila tipi che, dal 2008, sono regolamentati dallo Scottish Register of Tartan Act. Si chiama Balmoral tartan quello di proprietà esclusiva della famiglia reale britannica. È grigio, nero e rosso e fu disegnato dal principe Albert, marito della regina Vittoria, nel 1853. Da allora in poi nessuno al di fuori dei Windsor può indossarlo, eccezion fatta per il suonatore personale di cornamuse di Sua Maestà.

È apparsa indossando proprio il Balmoral tartan Elisabetta II nella sua ultima foto, quando il 6 settembre 2022 insigniva il suo quindicesimo, e ultimo, primo ministro, Liz Truss.

Pochi giorni dopo, il 19 settembre 2022, è stato invece

il suo foulard di Hermès del 1993, dedicato alle scuderie reali di Buckingham Palace e il preferito di una collezione strabiliante, ad apparire sulla sella di Emma, il cavallo del cuore della sovrana, per l'ultimo tributo a Elisabetta II prima della sepoltura al castello di Windsor.

Nella sua unicità, è lei la regina che sarà per sempre ricordata per aver dettato uno stile inimitabile.

I gioielli delle Corone

La corona, l'ampolla e lo scettro appoggiati sulla bara di Elisabetta II sono i simboli del potere monarchico in terra. Restituirli è l'atto finale di un sovrano.

Le furono consegnati il 2 giugno 1953 in occasione della sua incoronazione a regina d'Inghilterra, Scozia e Irlanda del Nord nello stesso luogo dove, quasi settant'anni dopo, si sarebbero svolti i suoi funerali, l'abbazia di Westminster. Quel 2 giugno furono utilizzate due corone: quella di Sant'Edoardo prima, simbolicamente appoggiata sul capo al momento della consacrazione, e la Imperial State Crown dopo, indossata da Elisabetta all'uscita dall'abbazia, in carrozza, per l'affaccio dal balcone e nel suo ritratto più regale.

È stata la corona che ha accompagnato tutto il suo regno fino al 19 settembre 2022, quando nella cappella di St George a Windsor, in mondovisione, il gioielliere di corte Mark Appleby ha rimosso dalla bara di Elisabetta II i simboli dei re prima di vederla scomparire sotto la royal vault.

Dal 6 maggio 2023 i tre preziosi oggetti sono appannaggio di Carlo III, che li ha ricevuti esattamente con le stesse modalità antiche con le quali sono stati incoronati e sepolti tutti i re del Regno Unito. Infatti, facendo parte dei gioielli della Corona, non sono un bene privato dei Windsor e vengono tramandati di monarca in monarca.

Quello della Corona è un patrimonio in metalli e pietre preziose custodito nella Torre di Londra e, con oltre tre milioni di turisti all'anno, si tratta della collezione di gioielli più famosa e visitata del mondo.

Tra le corone, la più celebre è la suddetta Imperial State Crown: 2868 diamanti, 17 zaffiri, 11 smeraldi, 4 rubini e 269 perle per un peso di 1 kg e 500 grammi. Fu creata nel 1937 per l'incoronazione del padre di Elisabetta II, re Giorgio VI, ed è stata indossata dalla sovrana a ogni apertura del Parlamento fino al 2017, quando, a causa dell'età di Elisabetta II e del peso eccessivo della corona, fu appoggiata sul cuscino di velluto rosso al suo fianco, e nel 2022 al suo posto. Con gli anni, la regina aveva delegato al figlio Carlo alcune sue prerogative e sostituirla all'apertura del Parlamento è stata la più importante.

Uno degli inconvenienti di portare la corona è il peso. Della Imperial State Crown Elisabetta II disse che è terribilmente pesante e che per poter leggere un discorso è necessario sollevare i fogli all'altezza del viso, perché è impossibile abbassare il collo con un tale carico sulla testa.

Sulla corona sono montate alcune parti o pietre legate alla storia del trono del Regno Unito, come la croce e il globo tempestati di diamanti che provengono dalla State Crown indossata dalla regina Vittoria per la sua incoronazione nel 1838, o le quattro grandi perle che si racconta siano appartenute addirittura a Elisabetta I.

Incastonati sullo scettro e nell'Imperial State Crown

brillano due diamanti, di 530 e 309 carati; entrambi provengono dalla più grande pietra grezza mai ritrovata al mondo: il Cullinan, una gemma da 3106 carati scoperta in una miniera del Sud Africa il 26 gennaio 1905 e battezzata così in onore del proprietario del giacimento, Sir Thomas Cullinan. Fu inviata in Gran Bretagna come omaggio a re Edoardo VII, bisnonno di Elisabetta, in occasione del suo sessantaseiesimo compleanno nel 1907.

In seguito, fu tagliata in nove pietre, numerate da uno a nove in cifre romane, e in novantasei brillanti più piccoli.

Il Cullinan numero uno, soprannominato «Star of Africa», detiene tutt'ora il primato di diamante più grande del mondo ed è incastonato nello scettro inglese dal 1910.

Le origini di quest'ultimo risalgono al Diciassettesimo secolo: creato in occasione dell'incoronazione di Carlo II, nella simbologia del rito rappresenta il potere del sovrano in terra.

Dal 1066 tutti i re d'Inghilterra sono stati incoronati nell'abbazia di Westminster e dal 1661 la corona usata è, come abbiamo detto, quella di Sant'Edoardo. Fu creata dal gioielliere di corte Robert Viner per sostituire la precedente, fusa dai rivoltosi nel 1649 per volere di Oliver Cromwell, l'artefice della guerra civile nel Paese.

È composta da un mosaico di tormaline, topazi gialli e bianchi, rubini, ametiste, zaffiri e acquemarine appoggiate su una base di velluto viola e bordata di ermellino.

Il peso supera i 2 kg e l'arcivescovo di Canterbury, Geoffrey Fisher, che consacrò Elisabetta II regina, raccontò che la sovrana gli fece l'occhiolino per confermare che se la sentiva stabile sul capo. Come tutti i re, dopo l'incoronazione non l'avrebbe mai più indossata, e così per sessant'anni è stata la prigioniera più illustre della Torre di Londra, fino a quando, nel giugno del 2013, è stata scortata all'abbazia di Westminster in occasione della messa per commemorare i sei decenni di regno di Elisabetta.

Dieci anni dopo, è stata indossata da re Carlo III, il 6 maggio 2023.

Tra i cento oggetti e le ventitremila pietre preziose custoditi nella Torre di Londra, il più fotografato è però il Diadema di Stato Giorgio IV, decorato con 1333 diamanti che disegnano i tre simboli di Inghilterra, Irlanda e Scozia: la rosa, il trifoglio e il cardo. Figura sulla testa della regina Elisabetta nell'immagine più iconica di Sua Maestà, riprodotta su tutti i francobolli del regno.

Nessuna corona può lasciare il Paese. È per questa ragione che nel 1911, in occasione dell'incoronazione di Giorgio V nell'abbazia di Westminster a cui sarebbero seguiti altri fastosi festeggiamenti in India, il diamante dell'Impero britannico, in occasione dei quali il sovrano decise che sarebbe stato necessario indossare una corona, per aggirare l'ostacolo ne fu commissionata una nuova a Garrard, la Imperial Crown of India. Dopo la cerimonia sarebbe tornata a Londra ed entrata a far parte della collezione dei gioielli della Corona, con il divieto anche per lei di oltrepassare i confini nazionali.

Come spesso accade, storia e mito in Gran Bretagna camminano di pari passo e la fama della Torre di Londra, il luogo più inaccessibile della città, non fa eccezione. Nel 2012, in occasione dei Giochi Olimpici, è lì che per ventisei giorni sono state custodite le medaglie prima dell'inizio delle gare. In quei giorni, Sebastian Coe, presidente del comitato organizzatore, affermò: «In quale altro posto potevano essere messe? È il luogo più sicuro di Londra! È iconico, qui sono custoditi da secoli i gioielli della Corona!»

A vegliare sul patrimonio di inestimabile valore ci sono i Beefeaters, i guardiani della Torre di Londra, oggi più un corpo di rappresentanza che di sostanza. Tra le varie mansioni, a uno di loro è affidato l'importante compito di accudire i corvi della Torre. Non è responsabilità da poco: secondo la leggenda, il Paese e il regno saranno salvi finché ci saranno almeno sei corvi nella fortezza. Attualmente se ne contano sette...

Se i gioielli della Corona rappresentano lo Stato e la continuità della dinastia sul trono, quelli privati del sovrano si dividono tra quelli derivanti da legami famigliari e quelli dovuti a rapporti politici.

Della collezione di Elisabetta II se ne contano oltre trecento, curati sotto il suo regno da Angela Kelly, la stilista personale della regina, che ha svelato il segreto per renderli così brillanti: lucidarli con il gin.

Tra i preziosi che riscuotono maggior successo ci sono le tiare, indossate dalle donne della famiglia reale nelle occasioni più importanti, sempre, però, dietro esplicito benestare del sovrano.

È stata la regina Elisabetta, infatti, a concederle in prestito a quasi tutte le future spose Windsor, con l'eccezione di Lady Diana, che nel giorno delle nozze a fermare il velo indossava la tiara degli Spencer. Diana, tuttavia, ne possedeva anche un'altra: la Lover's Knot, regalo di nozze della regina Elisabetta, una cornice con diciannove perle orientali, ciascuna sospesa in un nodo d'amore e sormontata da un diamante. Fu commissionata nel 1914 dalla regina Mary, nonna di Elisabetta, a Garrard&Co, gioiellieri di corte, ispirandosi a una tiara di famiglia con perle a goccia appartenuta a sua nonna, la principessa Augusta d'Assia-Kassel.

Dopo il divorzio da Carlo, nel 1996, la tiara fu restituita alla regina Elisabetta e conservata in una cassaforte di Buckingham Palace fino al 2015, quando fu Catherine a indossarla in occasione di un annuale ricevimento di Stato con diplomatici stranieri. Quel giorno per Kate si completò quasi del tutto l'identificazione in Diana iniziata qualche anno prima con un altro gioiello iconico, l'anello di fidanzamento con zaffiro blu da 12 carati e 14 diamanti che Carlo donò alla futura moglie, poi dato al figlio William che lo usò per chiederle la mano.

Per passare da signorina Middleton a futura regina, Catherine scelse la Cartier Halo Tiara, una leggera coroncina con 739 diamanti taglio brillante e 149 diamanti taglio baguette, considerata più adatta alle giovani donne di casa Windsor e commissionata nel 1936 dall'allora duca di York, poi re Giorgio VI, come regalo di anniversario per la consorte che, tuttavia, non la usò mai, perché un anno dopo divenne regina e, per il rango, necessitava di gioielli ben più importanti. Come non la utilizzò nemmeno Elisabetta, che la ebbe in dono per i suoi diciotto anni: c'era la guerra e, per il sentimento popolare, non sembrava il caso di sfoggiare gioie o ricchezze. Così venne il turno di Margaret e di Anna, prima, poi di Kate e in futuro, chissà, forse di Charlotte.

Catherine, per concessione di Elisabetta, aveva la priorità di richiesta su qualsiasi gioiello di proprietà della regina. Ora, con Carlo III, bisognerà vedere cosa deciderà il nuovo sovrano rispetto a Camilla e alle altre donne di corte.

Sicuramente chi è esclusa da ogni accesso a tiare e diamanti è Meghan Markle, sulla quale perfino nei giorni che precedettero il matrimonio con il principe Harry a Windsor nel 2018 fioccano leggende che riguardano capricci sui gioielli da indossare. Capricci di Harry, questa volta, il quale prima delle nozze avrebbe voluto sovvertire le regole di corte per compiacere Meghan e il suo parrucchiere, Serge Normant, giunto da Parigi per provare l'acconciatura su cui doveva brillare la Queen Mary's Bandeau Tiara. Peccato che, in mancanza del consenso della regina, Angela Kelly, sua assistente personale, si rifiutò di consegnare al nipote il prezioso oggetto. Da lì nacque la famosa frase: «Quello che Meghan vuole, Meghan ottiene» che avrebbe contrassegnato il breve soggiorno dell'attrice americana in terra britannica e la difficile relazione dei Sussex con il resto dei Windsor.

Lo si è capito bene durante i funerali della regina Elisabetta in mondovisione. Harry e Meghan vivevano per conto proprio un lutto comune; a parte il nero degli abiti e gli orecchini di perla di Meghan, tutto il resto li separava dalla famiglia.

Quelle perle erano state, infatti, un regalo di Elisabetta a Meghan, così come la spilla scelta da Kate nella stessa occasione: questo è solo un esempio di come i gioielli usati dai Windsor, in alcune circostanze, vengano utilizzati per lanciare messaggi e di quanto comunicazione e diplomazia possano passare anche attraverso gli oggetti.

La regina Elisabetta si distingueva in questo: dalla Three Thistle Brooch, con il simbolo dei cardi, che indossava quando si recava in Scozia, allo stendardo Sovereyne che sfoggiava quando visitava l'antico ducato di Lancaster, alla Diamond Maple Leaf Brooch, in platino e diamanti a forma di foglia d'acero, immancabile se partiva per il Canada. Lezione che la moglie del principe William ha immediatamente appreso, visto che fin dal primo viaggio in Canada, nel 2011, anche Catherine sfoggiò quella spilla.

Tuttavia, il capolavoro di Elisabetta II è stato quello di abbinare gioiello e colore degli abiti durante i giorni della pandemia, scegliendo la Turquoise Brooch e il verde speranza per parlare al Paese: il simbolismo del turchese rimanda, infatti, a guarigione e protezione.

Invece sua sorella, la principessa Margaret, ribelle per natura, la Poltimore Tiara se la comprò, nel 1959, a un'asta di Christie's, per cinquemilacinquecento sterline. La indossò un anno dopo per il suo sfortunato matrimonio e per la foto più celebre, scattata dal marito, il fotografo Anthony Amstrong Jones, in un raro momento di felicità, nella vasca da bagno, vestita solo della sua corona.

Questa foto venne rilasciata nel 2006, quattro anni dopo la sua morte e poco prima dell'asta, sempre di Christie's, dove la Poltimore Tiara fu battuta per più di un milione di dollari.

È andata all'asta e venduta per nove milioni e mezzo di dollari anche la collana composta da 168 diamanti e 5 perle indossata una volta sola da Diana alla Royal Albert Hall di Londra, poco prima della sua morte.

Fece epoca, invece, nel 1987, l'asta dei gioielli appartenuti a Wallis Simpson e al duca di Windsor, il principe che non volle farsi re per amore di una donna.

Wallis e Edward, «WE» dalle iniziali di entrambi (noi, in italiano), sigla incisa all'interno dei preziosi monili che i due amanti, diventati marito e moglie dopo la rinuncia al trono, si scambiarono per tutta la vita.

Erano gioielli destinati a consegnare messaggi all'eternità: «we are ours», noi siamo nostri, era scritto all'interno dell'anello di smeraldi e baguette di brillanti che Wallis indossava il giorno del matrimonio, come pure il bracciale con le nove croci regalate nel corso degli anni, ciascuna delle quali recava una scritta. Messaggi che, per volere di Edoardo, sarebbero dovuti rimanere segreti, ma le cose non andarono così.

Rimasta sola, nel 1987 Wallis decise di mettere all'asta da Sotheby's tutte le gioie regalatele dal marito, i ricordi dei viaggi insieme e i regali che lei stessa fece a lui, per una nobile causa. Il ricavato, che superò di gran lunga la stima di sette milioni e mezzo di dollari di valore, raggiungendo una cifra intorno ai cinquanta milioni, andò infatti in beneficenza all'Istituto Pasteur di Parigi per la ricerca sull'HIV. Milleduecento persone parteciparono all'asta, fra queste anche Liz Taylor che, si dice, si sarebbe aggiudicata una spilla di diamanti stando al telefono, direttamente dalla sua piscina in California.

A metà strada tra America ed Europa c'è Grace Kelly, l'attrice statunitense che da principessa di Monaco iniziò la sua collezione personale di tiare. Si racconta che la disapprovazione della madre del principe Ranieri per la scelta della moglie sia stata all'origine della decisione di Grace Kelly di non indossare mai la Fringe Tiara, di proprietà della suocera. Furono così commissionati nuovi diademi apposta per lei; tra questi, il più iconico resta il Bains de Mer, una tiara il cui nome deriva dalla Societé des Bains de Mer, la società considerata la cassaforte di casa Grimaldi di cui fanno parte anche i nuovi gioielli. Realizzata da Cartier in diamanti taglio baguette e rubini taglio cabochon, la contraddistinguono i colori, il bianco e il rosso, quelli del Principato di Monaco. Inoltre, come molte tiare, è un pezzo versatile, scomponibile e ricomponibile. Per completare la parure, Ranieri regalò alla moglie anche due spille e un anello. Dopo la morte della principessa di Monaco nel 1982, la tiara entrò a far parte dei beni del Palais Princier e da allora è esposta nelle maggiori mostre al mondo, per raccontare un pezzo di storia dello scoglio dorato.

Anche se i gioielli della corona inglese rappresentano, tra quelli di proprietà delle teste coronate, la più famosa collezione al mondo, i Windsor non sono certo gli unici a possedere tale patrimonio.

Come per la corte di San Giacomo, anche i gioielli della famiglia reale danese sono divisi tra quelli privati e della Corona, a questo si aggiungono anche i monili che appartengono a The Danish Proriety Trust: istituito nel 1910 da re Frederik VIII, si tratta di un'assicurazione sulla certezza di blindare un patrimonio di pietre preziose da tramandare di monarca in monarca. Attualmente, questi gioielli fanno capo a re Frederik X, salito al trono il 14 gennaio 2024 dopo l'abdicazione della madre, Margherita II, ma è sua moglie, la regina Mary, a godere dei maggiori benefici arrivati con la nuova posizione a corte. Alla sua collezione di quattro tiare se ne sono aggiunte tre, tra cui la Pearl Poirée Tiara, la più istituzionale tra quelle a disposizione. Arrivata alla corte di Danimarca nel 1871, è apparsa sulla testa di Margherita II nel corso di tutto il suo regno, nelle occasioni più formali.

E poi ci sono i gioielli contesi, quelli sequestrati o non restituiti dallo Stato alle famiglie reali mandate in esilio. La collezione dei Savoia dal 1946, per esempio, è rinchiusa in un caveau della Banca d'Italia a Roma. Li consegnò il marchese Falcone Lucifero che nel suo diario scrisse: «Vedo le Gioie della Corona per la prima volta, sono davvero meravigliose e valgono più di un miliardo!»

Da allora, i gioielli sono chiusi a chiave in un astuccio in pelle nera di 39x31x20 cm rivestito di carta catramata e sigillato con undici timbri. Secondo quanto scritto, vi sarebbero depositati 6732 brillanti e 2000 perle, ma, dato che questo inventario non si basa sui pezzi ma sulle pietre preziose, nessuno ha davvero certezza di ciò che vi è contenuto. A descriverli resta una frase pronunciata nel 1976 dal gioielliere Gianni Bulgari: «Possibile che il tesoro della Corona del Regno sia questo qui?»

Infatti, negli anni Sessanta, lui, discendente di una delle maggiori dinastie di gioiellieri al mondo, era stato convocato insieme al capo della federazione orafa italiana per vedere il famoso tesoro dei Savoia custodito nel caveau. Ma ancora oggi, più che i pezzi conservati, tra cui si favoleggia delle famose perle della regina Margherita, di cui Gianni Bulgari non ha però alcuna memoria, ricorda di essere rimasto impressionato per la mediocre qualità dei gioielli che gli furono mostrati. Non gli venne mai chiesta una valutazione o una stima di un tesoro ormai destinato ad alimentare il mito.

Ma è nell'opulenza orientale che abbondano oro e diamanti. Durante il royal wedding celebrato a inizio 2024 in Brunei tra il principe Mateen e Anisha Rosnah, sono stati i gioielli della sposa la vera attrazione della festa. Sulla sua testa brillava una tiara da dieci milioni di dollari, con 832 diamanti con un livello di purezza «VVS,» ovvero il secondo migliore della categoria, per un totale di 132 carati, realizzata nel 2023 dalla gioielleria Flower Diamond di Singapore in occasione del matrimonio della sorella di suo marito Mateen, la principessa Azemah. Dalla testa ai piedi, passando per il vestito, ricamato in fili d'argento, tutto brillava. Senza eccezione per i fiori. Infatti, Anisha Rosnah stringeva tra le mani un bouquet di diamanti. Che le spose della famiglia reale del Brunei ne usino uno il giorno del matrimonio è una tradizione che risale agli anni Novanta, e infatti si racconta che ormai la casa reale Bolkiah abbia una discreta collezione di bouquet in diamanti!

In Giappone, dove tradizione e leggenda si fondono e confondono, è iniziata l'era Reiwa, cioè un periodo di bella armonia, da quando il 1° maggio 2019 sul trono del Crisantemo si è seduto Naruito, il centoventiseiesimo imperatore, discendente diretto del più antico reame della Terra. Come spesso accade, si è fatto ricorso ai gioielli della casa reale per sottolineare il momento più importante del regno del sovrano, l'incoronazione. L'imperatore del Giappone non possiede una corona, ma per la sua intronizzazione venne rispolverato il tesoro costituito dalla spada, lo specchio e il gioiello di giada, i tre simboli del suo potere in terra che affondano le radici, appunto, nella leggenda. Questa narra che il gioiello e lo specchio sacro furono appesi a un albero fuori dalla caverna dove Amaterasu, dea del sole, si era nascosta facendo cadere il mondo nell'oscurità, per convincerla a uscire. Lo specchio e la gemma, insieme alla Spada del Paradiso, furono poi regalati al nipote di Amaterasu, quando questi partì per pacificare e unire il Giappone. Da allora si racconta che i tre oggetti siano stati protagonisti di racconti di mostri, vergini, battaglie epiche, spade perdute e trionfi d'amore, fino a diventare il tesoro del Paese, passando nelle mani della casa imperiale del Giappone nel 690 d.C., quando, durante una cerimonia di insediamento sul trono imperiale, i sacerdoti portarono questi tre tesori all'imperatore, divenendo da allora parte della tradizione.

Yasakani no Magatama, la giada di Yasakani, è un gioiello a forma di goccia che, si dice, risalga a mille anni prima di Cristo. È conservata a Kashiko-dokoro, il santuario centrale del palazzo imperiale di Tokio. Non si sa se e quanto sia integra questa giada, anche perché può essere vista solo dall'imperatore e dai sacerdoti che l'hanno in custodia, come la spada e lo specchio.

Sono, d'altronde, non tanto i gioielli, quanto le storie che li riguardano ad ammantare ulteriormente di fiabesco un mondo che di per sé già lo è, ma che leggende e segreti rendono quasi epico.

Banchetti da re

Leo Longanesi diceva che tutte le rivoluzioni iniziano per strada e finiscono a tavola. Deve funzionare così anche nei palazzi del potere dove, in tempi di democrazie evolute, ci si accomoda intorno a un desco per suggellare le amicizie fra Stati. E sono i dettagli a rendere indimenticabili quei momenti.

In realtà, dietro a una State dinner, c'è un anno di lavoro per un'ora di gloria.

In Inghilterra, per esempio, lo State banquet è il pranzo ufficiale offerto dal re a un leader straniero in visita nel suo Paese, ed è anche il massimo onore concesso dalla Gran Bretagna a un altro capo di Stato.

Nei suoi settant'anni di regno, Elisabetta II ne ha ospitati un centinaio, tra Buckingham Palace e il castello di Windsor e per altrettante volte è stata lei l'invitata d'onore dei leader del mondo. Nel linguaggio diplomatico, la tavola della sala da pranzo, in questi casi, diventa lo specchio della politica del tempo e il menù servito uno straordinario, quanto sofisticato, strumento di dialogo fra Paesi sul piano delle relazioni internazionali. Come ha raccontato uno chef di Palazzo, i pranzi vengono gestiti al pari di operazioni militari, curati nel minimo dettaglio per garantirne il successo.

I preparativi iniziano con un anno di anticipo e poi sono necessari tra i tre e i cinque giorni per assemblare il tavolo a forma di ferro di cavallo intorno al quale si accomoderanno i centosettanta ospiti, tra delegazioni e selezionati invitati dei rispettivi Paesi. Il servizio di piatti scelto per le grandi occasioni conta quattromila pezzi ed è quello commissionato da Giorgio IV nel 1811 quando era ancora principe del Galles. La somma rivalità con la Francia di Napoleone trasformò anche i piatti in un simbolo di potenza e così il servizio in argento, inizialmente così ordinato, per volere del futuro re fu bagnato nell'oro per competere a distanza con quello dell'imperatore francese realizzato da Sèvres nel 1807 e diventato famoso come «il servizio privato dell'imperatore».

Gli State banquets sono anche un'ottima occasione per mettere a tavola il meglio dell'ospitalità britannica e così ha fatto Elisabetta II fino alla fine, fino all'ultimo pranzo di Stato ospitato nel 2019 in onore di Donald Trump. Al posto del tradizionale champagne francese, agli ospiti fu dato il Windsor Great Park 2014, le bollicine inglesi provenienti proprio dalle vigne del castello di Windsor.

L'altra occasione in cui brilla la stella dei Windsor e delle tradizioni britanniche è quando la famiglia reale riceve migliaia di ospiti per i Garden Parties. Nel corso dell'anno se ne tengono tre, tra Londra e Edimburgo, e vengono invitate persone il cui lavoro ha avuto un impatto particolarmente positivo sulla società. Tra tè e pasticcini, a Londra, è Buckingham Palace con i suoi giardini a fare da sfondo a questo ricevimento dove vengono offerti i grandi classici della cucina made in UK, come la Victoria Sponge Cake che da oltre un secolo accompagna il tè delle 4. Fu la settima duchessa di Bedford, dama di compagnia della regina Vittoria, a introdurla a corte nel Diciannovesimo secolo, quando decise di allestire un goloso spuntino pomeridiano nelle sue stanze, che attirò ben presto le dame di corte. La regina Vittoria, venuta a conoscenza dell'iniziativa, fu talmente entusiasta da istituzionalizzare l'appuntamento.

Tuttavia, la grandiosità del cerimoniale si contrappone alla routine quotidiana della famiglia Windsor. Se di Elisabetta II si è sempre detto che mangiasse per vivere e non che vivesse per mangiare, in famiglia, a cominciare dal marito Filippo, non la pensavano allo stesso modo.

Era stato proprio il duca di Edimburgo a battersi per una ristrutturazione di Buckingham Palace all'inizio del regno della moglie, e la cucina fu una sua priorità. Da allora e fino alla fine, la passione per la tavola non lo abbandonò mai.

È stata soprattutto la residenza di Balmoral in Scozia a custodire il lato più privato dei Windsor e il menù della tavola non ha fatto eccezione. Anzi! Qui più che altrove, nei mesi di vacanza estivi, le incursioni di Filippo in cucina erano un'abitudine. «Veniva perfino quattro o cinque volte alla settimana» ha raccontato uno chef della regina, spiegando come il duca intervenisse su qualsiasi sfumatura riguardasse la tavola, ricordando la volta in cui si fece dare cucchiaio e coltello per sbucciare lui stesso un mango e mostrare allo staff la corretta esecuzione. Leggendario, poi, il suo talento per il barbecue. Era quello uno degli appuntamenti più attesi da amici e parenti dell'estate di

Balmoral. Questa volta è la cugina di Elisabetta II, Lady Elizabeth Anson, a ricordare l'informalità che regnava durante quei picnic scozzesi. Parteciparvi era considerato un grande privilegio perché si poteva assistere alla vera essenza della famiglia reale.

Balmoral è una vasta proprietà, di oltre 20.000 ettari, al cui interno esistono diverse residenze. Alcune vengono date in affitto, ma le strade della tenuta non si incrociano mai con quelle riservate alla famiglia reale e ai suoi ospiti.

Perfino William e Catherine, ma anche Carlo e Camilla, prima che morisse la regina, ne avevano a disposizione una ciascuno accanto al castello di Balmoral dove si riuniva la famiglia in occasione dei pasti. Non tutti insieme, ovviamente, ma a turno, qualcuno era sempre ospite alla tavola di Elisabetta. Uno degli ultimi commensali della regina è stato il reverendo Ian Greenshield, che la raggiunse a Balmoral e trascorse con lei gli ultimi giorni. Ha raccontato che quando la regina finiva di mangiare suonava un campanello e venivano immediatamente cambiati i piatti a tutti gli ospiti.

Carlo non è particolarmente affezionato a Balmoral, così, essendo la proprietà un asset personale e non della corona d'Inghilterra, ha pensato di metterlo a reddito sfruttando la curiosità dei turisti e la sua passione per le coltivazioni biologiche. Dall'estate del 2024, infatti, il re ha deciso di aprire i cancelli del castello ai visitatori per cento sterline. Volendo è anche possibile assaggiare, nel ristorante all'interno della tenuta, la sua pizza preferita alle verdure, al modico costo di quindici sterline.

A proposito di ospiti, a ricevere l'invito di Elisabetta a Balmoral sono stati tanti i capi di Stato e tutti quelli del suo Governo. Qualcuno è anche ripartito con una ricetta in tasca, come accadde nel 1959 quando Eisenhower fu il primo e finora unico presidente degli Stati Uniti a essere invitato in Scozia dalla regina. L'inquilino della Casa Bianca apprezzò talmente tanto le prelibatezze del regno che l'anno successivo fu la sovrana in persona a mandargli la ricetta degli scones per sedici persone, i tipici paninetti che accompagnano il tè delle 5, un'istituzione del Paese:

- 4 cucchiai di farina
- 4 cucchiai di zucchero di canna
- 2 cucchiai di burro fuso
- 2 uova
- 1 cucchiaino di latte
- 2 cucchiaini di bicarbonato di sodio
- 3 cucchiaini di lievito

Quella di condividere ricette è un'usanza abbastanza consolidata della famiglia reale. Queste diventano veri e propri manifesti di politiche alimentari, come la lotta allo spreco e l'importanza dei prodotti locali, a chilometro zero. Sono temi sui quali è fortemente impegnato il re. Per Carlo III, infatti, l'attenzione alla buona tavola è una delle campagne più importanti, e per questo l'ha ricordata anche nel giorno dell'incoronazione. Come per Elisabetta II, nel 1953, fu creato un piatto che accompagnasse l'evento, il «coronation chicken», settant'anni dopo è stato il sovrano in persona a scegliere il proprio: la «coronation quiche». Una ricetta che ricalca i gusti del re, con verdure e prodotti sani, ma alla portata di tutti i portafogli e soprattutto all'insegna della condivisione. Buckingham Palace, quel 6 maggio 2023, aveva invitato chiunque volesse replicare la ricetta a farlo. Uno degli ingredienti principali erano gli spinaci che, come racconta Dario Pizzetti, lo chef di Villa Wolkonsky, residenza dell'ambasciatore britannico a Roma, è anche una delle verdure preferite del re. Sulla sua tavola, poi, non c'è burro ma olio d'oliva, preferibilmente italiano. La contessa Bona Frescobaldi raccontò che ogni anno, a Natale, parte dalla Toscana una fornitura dell'olio prodotto dalla sua famiglia alla volta di Buckingham Palace, come omaggio all'amico di vecchia data, grande buongustaio di prodotti genuini.

Carlo III è appassionato all'Italia e, da principe del Galles, si contano quasi venti visite ufficiali nel nostro Paese. Quando il sovrano si trova nella residenza romana dell'ambasciatore visita spesso l'orto, sua grande passione, dove non manca uno scambio di consigli con Giovanni Visalli, il giardiniere. Oltre all'acquedotto romano che incornicia il bellissimo giardino all'interno della proprietà, vi si contano circa duecento specie differenti tra alberi e piante. Proprio da uno di questi vengono raccolte le arance per preparare la marmellata, omaggio al sovrano al termine di ogni suo viaggio.

Durante la visita in Italia del 2017, da principe del Galles, chiese personalmente di visitare i luoghi colpiti dal sisma e l'amatriciana mangiata perfettamente a favore di telecamere lo premiò perfino alla «prova spaghetti».

Ma l'attenzione al cibo sano che contraddistingue da sempre Carlo III non è un'eccezione, anzi, sono sempre di più le famiglie reali che non trascurano un'alimentazione più sostenibile. Nel 2017 fu la regina di Spagna, Letizia, a intervenire direttamente a proposito del menù scolastico delle figlie, le principesse Leonor e Sofia, creando non poche polemiche tra i genitori dell'istituto Santa Maria de los Rosales, uno dei più esclusivi di Madrid. L'obiettivo era eliminare dal menù il fritto a favore delle verdure. E a farne le spese è stato il San Jacobo, una sorta di cotoletta ripiena, impanata e fritta. In una nota, la scuola precisava che le verdure e i legumi arrivavano da La Huerta De Carabana, una fattoria che produce alimentazione biologica alle porte di Madrid, i cui prodotti, come l'olio d'oliva, venivano acquistati dalle maggiori istituzioni al mondo, dal Vaticano alla Casa Bianca. La rivoluzione green in cucina ha scontentato molti genitori, che hanno visto aumentare la retta della mensa scolastica in maniera esponenziale, ma ha premiato la regina Letizia, come paladina della buona tavola.

Il riconoscimento più grande per il suo impegno nel campo alimentare è arrivato nel 2015 quando la Fao, l'Organizzazione delle Nazioni unite per l'Alimentazione e l'Agricoltura, l'ha nominata ambasciatrice speciale per la nutrizione. Di lei hanno raccontato che ha partecipato a molte conferenze, intervenendo con domande precise per migliorare la sua conoscenza in materia.

La regina Letizia è flexivegetariana, ossia segue la dieta del dottor Nicholas Perricone, dermatologo delle star di Hollywood. Mangia uova, pesce e ogni tanto anche la carne, tuttavia è assolutamente astemia. «Non tocco un goccio di alcol» ha dichiarato lei stessa. Esattamente il contrario del resto della famiglia reale: la passione per il buon vino scorre nelle vene dei Borbone, di padre in figlio.

Come Juan Carlos, anche Felipe VI è un grande intenditore e si racconta che nella cantina della Zarzuela, la residenza dei sovrani spagnoli a Madrid, si contino più di diecimila bottiglie, tra cui alcune tra le più pregiate al mondo. Fu proprio una di queste che re Juan Carlos stappò il giorno della sua abdicazione, una bottiglia di Castillo de Ygay del 1925. Prese il telefono e chiamò Vicente Cebrian, conte de Creixel, proprietario de Marques de Murrieta, la storica cantina spagnola che produce la preziosa bottiglia e gli disse: «Sto bevendo il tuo vino e mangiando un uovo fritto!»

Sono spesso proprio le ultime cene a marcare la storia.

Quella di Maria Antonietta fu servita nella prigione de La Conciergerie, sulle rive della Senna, alla vigilia della sua condanna a morte, il 16 ottobre 1793. È lì che la regina di Francia, che più di ogni altra aveva rappresentato il lusso, l'abbondanza, lo sfarzo e lo spreco, anche a tavola, che caratterizzavano la corte di Versailles del Diciottesimo secolo, trascorse gli ultimi settantasei giorni della sua vita. Abolita la monarchia con la rivoluzione del 1789, nel Paese si impose un clima di paura, culminato nell'epoca del terrore di cui la ghigliottina divenne il simbolo. Il 21 gennaio 1793, Luigi XVI fu giustiziato in piazza e, da quel momento, per Maria Antonietta, diventata la vedova Capeto, dal cognome della dinastia dei re, gli interrogativi sul suo futuro si fecero sempre più urgenti.

Nata principessa austriaca, il popolo vedeva in lei da sempre una sospetta spia nemica e uno dei simboli di quel fasto che aveva circondato la corte di Versailles, mentre la Francia, piegata da una profonda crisi economica, pativa la fame. La festa da lei organizzata al Petit Trianon nel 1782 in onore del conte e della contessa del Nord, nome in incognito del futuro zar di Russia quando viaggiava in Francia, fu un esempio di quello stile di vita. Il pranzo per trecento invitati prevedeva centotto portate, di cui quarantotto entrées, antipasti. A chi le faceva presente la propria preoccupazione per il crescente malcontento del Paese, dicendole: «Il popolo è affamato» si racconta che Maria Antonietta rispondesse «non hanno il pane, dategli delle brioche!» Una frase che rende l'idea, ma che è forse più leggenda che realtà.

Il destino della regina di Francia si decise quando, ad agosto del 1793, fu approvato il suo trasferimento dalla Tour du Temple a La Conciergerie, perché fosse giudicata dal tribunale rivoluzionario. Era l'anticamera della ghigliottina. Nel suo breve soggiorno, Maria Antonietta fu privata di tutto, tranne qualche privilegio, e a occuparsi di lei c'era Marie-Rosalie de Lamorlière, poi conosciuta come Rosalie Lamorlière, che fece il possibile per rendere meno penosa la prigionia dell'ex regina. Tra i suoi compiti rientrava anche quello di servirle i pasti con posate di stagno che la domestica si preoccupava di tenere pulite. Grazie ai suoi diari, sappiamo che per Maria Antonietta la giornata durante la prigionia iniziava alle 6 di mattina con un caffè o della cioccolata e che i pasti della moglie di Luigi XVI erano preparati con attenzione alla qualità. L'acqua potabile per lei arrivava direttamente da Ville D'avray, considerata la migliore sorgente del Paese e soprannominata «la fontana dei re». La sera, poi, le veniva servita una zuppa di pollo e verdura. Sarà quella stessa zuppa che Rosalie Lamorlière preparerà per la regina poche ore prima della sua condanna a morte, quando dopo due giorni di interrogatorio senza acqua né cibo il tribunale rivoluzionario la condannò a morte per tradimento.

Un diverso menù ha accompagnato la fine di un altro

impero, quello dei Romanov, per trecento anni sul trono di Russia. In linea con la situazione di estrema incertezza che si viveva nel Paese alla fine dell'Ottocento, per l'incoronazione dell'ultimo zar Nicola II, il 14 maggio 1896, si scelse un menù dal forte impatto simbolico, ma povero nella sostanza. Per trasmettere il messaggio di stabilità, tradizione ed eredità fu necessario un menù lungo quasi un metro, ma i piatti serviti erano in realtà molto semplici, a cominciare dal *rassol'nik*, la tipica zuppa russa a base di cetrioli.

Il compito di illustrare il menù fu affidato a Vasnetstov, il celebre pittore considerato il fondatore dello stile neorusso, capace di esaltare elementi storici e di folklore popolare. L'artista usò i monogrammi della nuova coppia regnante, Nicola II e la moglie Alexandra, e per dimostrare la solidità del trono dei Romanov aggiunse anche un riferimento all'incoronazione del primo zar della dinastia, nel 1613.

Anche la presentazione dei piatti a tavola ha subito una rivoluzione. Fino al Diciannovesimo secolo, era usanza portare contemporaneamente a tavola tutte le portate, rendendo la sala da pranzo un sofisticato simbolo di opulenza e ricchezza. Nel 1830, durante un pranzo a Parigi, fu il principe russo Alexander Kourakin a introdurre in Europa un nuovo modo di mangiare, il menù alla russa, appunto, in cui i piatti vengono portati a tavola in ordine di successione. Furono poi i grandi chef francesi a istituzionalizzare questo sistema di mangiare, più ordinato, quello che ancora oggi usiamo tutti noi… a meno che non si parli di buffet!

Il francese, lingua della diplomazia, è diventata anche

la lingua internazionale della tavola. Ecco perché, per lungo tempo, in tutti i Paesi e in tutti banchetti ufficiali il menù è stato scritto in francese. Adesso, invece, è una lingua un po' in disuso tra la nobiltà, che per comodità utilizza l'inglese. Perfino sul trono inglese, dopo il regno di Carlo, che eccelle nel francese, al contrario dell'erede William, non vedremo per lungo tempo un altro sovrano destreggiarsi così bene tra soufflé e brioches.

In vacanza con i royals

Quello di re e regine è un lavoro che li tiene occupati trecentosessantacinque giorni l'anno, ventiquattro ore su ventiquattro. Non si interrompe nemmeno d'estate: cambia solo l'indirizzo dell'ufficio.

Da luglio a settembre, infatti, l'epicentro della vita di corte dei castelli d'Europa si sposta nelle residenze al mare e in campagna. E, con le famiglie regnanti assenti, il quartier generale della Corona, nelle capitali o nei suoi dintorni, è spesso riconvertito in una sorta di Disneyland reale: i palazzi diventano musei a pagamento, aperti al pubblico, che macinano soldi per le casse delle monarchie e dello Stato. Così i saloni si aprono per un esercito di visitatori felici di regalarsi un giorno da re a una cifra abbordabile.

In Gran Bretagna, per esempio, Buckingham Palace attira oltre mezzo milione di visitatori all'anno, garantendo un incasso di circa venti milioni di sterline. Per ogni stagione viene allestita una mostra a tema che può dipendere dalle ricorrenze in calendario oppure raccontare diverse sfaccettature dell'universo Windsor. Inoltre, per la prima volta nella storia, dall'estate 2024 i turisti hanno accesso al grande salone da cui si sale sul balcone più famoso del mondo, anche se purtroppo non è possibile affacciarsi.

Se Buckingham Palace è il volto pubblico e ufficiale della monarchia britannica, Balmoral, in Scozia, rappresenta quello privato della famiglia Windsor. È qui che Elisabetta II, dal 1952, ha trascorso ogni estate della sua vita per settant'anni, fino alla fine del suo regno, con la morte della sovrana avvenuta proprio a Balmoral l'8 settembre 2022.

L'inizio della villeggiatura dà il via a un susseguirsi di rituali rimasti immutati nel tempo e che sopravvivono anche sotto il regno di suo figlio Carlo III. Per volere del nuovo sovrano, le stanze del castello sono state aperte per la prima volta al pubblico nell'estate del 2024. Il successo è stato eclatante con tutti i tremilacinquecento biglietti disponibili andati rapidamente sold out al costo di cento sterline a persona.

Ballater è il piccolo villaggio di millecinquecento abitanti che confina con la proprietà reale di Balmoral: non c'è persona che vi abiti che non abbia avuto in qualche modo a che fare con la famiglia reale. Lungo tutta Bridge Street, la via principale, accanto alle insegne delle piccole botteghe spiccano gli stemmi dei Windsor, a significare che quei negozi sono fornitori ufficiali della casa reale. Un privilegio che il macellaio Sheridan esibisce con orgoglio, visto che dai banchi del suo emporio partivano e partono tutt'ora gli ordini di carne destinati al castello per i famosi picnic. Non è raro incontrare da lui la principessa Anna, che ogni tanto scende in paese per fare shopping, come non lo era imbattersi in Elisabetta. Se pur fosse la donna più famosa del mondo, non sono mancati siparietti surreali che la regina accoglieva con grande humour, come raccontò una sua guardia del corpo a proposito di alcuni turisti americani che incrociarono la sovrana durante una passeggiata. Non la riconobbero, ma la fermarono per chiederle se avesse mai visto la regina da quelle parti. Con prontezza e ironia, Elisabetta II rispose indicando la sua guardia del corpo: «Io no, ma lui l'ha incontrata più volte».

Balmoral è una proprietà privata della famiglia reale britannica, acquistata nel 1852 dalla trisnonna di Elisabetta, la regina Vittoria. Fu pagata trentamila sterline del tempo e da allora la residenza viene tramandata di generazione in generazione, sempre attraverso il ramo principale della dinastia, di re in re; anche se non tutti ne sono stati conquistati, preferendo, a volte, altre residenze a quella delle Highlands.

La stessa regina Vittoria, per esempio, amava sopra ogni cosa, anzi sopra ogni casa, Osborne House, a Cowes, sull'isola di Wight, acquistata nel 1845, abbattuta e ricostruita in perfetto stile rinascimentale italiano. Ad Albert, il marito, la vista dal palazzo ricordava quella del golfo di Napoli. La disegnò lui stesso per accogliere e crescere la sua numerosa famiglia lontano dai doveri di corte.

Oggi è conosciuta come il Palazzo d'estate della Regina Imperatrice, anch'esso aperto al pubblico e visitabile tra la primavera e l'autunno. Lì, nei saloni, sono conservate le foto private da cui rimbalzano i volti dei figli che negli anni sono diventati re, regine, imperatrici, principi o principesse di altri Stati, i trisavoli delle monarchie moderne. Ecco perché Osborne House è considerato l'ombelico dei regni.

Nel 1936, con l'abdicazione di Edoardo VIII, Balmoral e la residenza di Sandringham nel Norfolk, entrambi beni privati del re, dovettero essere comprate nuovamente dal suo successore, il fratello minore Bertie, papà della piccola Elisabetta, che salì al trono con il nome di Giorgio VI. L'affare costò trecentomila sterline di allora. Una cifra enorme, della quale sua moglie, la regina madre, si sarebbe lamentata per tutto il resto della sua lunga vita, sostenendo che quell'acquisto li avesse impoveriti, e di molto. Fu proprio Bertie a riportare in auge Balmoral e a tramandare la stessa passione per quel luogo alla figlia Elisabetta.

La proprietà si estende su 20.000 acri, 200 kmq, e dispone di cinquanta persone di servizio a tempo pieno più altrettanti stagionali quando la famiglia reale e i suoi ospiti sono in casa. Questo è ed è stato il regno privato dei Windsor, dove i fasti della corte hanno lasciato spazio a una vita più spartana, a contatto con la natura e con le passioni dei re.

Grande amante della natura e della vita all'aria aperta, Elisabetta II ha sempre fatto sì che i suoi ospiti si adeguassero al luogo e mai viceversa. Grande successo lo riscosse immediatamente la signorina Catherine Middleton quando, alla prima vacanza trascorsa nelle Highlands, chiese il permesso alla sovrana di fotografare i paesaggi spettacolari. Tuttavia, pare che non si contino le telefonate degli ospiti stranieri interrotte per colpa dell'invadente suono delle cornamuse che rende difficili le comunicazioni. A Balmoral affari di stato e vita privata hanno spesso camminato di pari passo. Qui, infatti, e non senza controindicazioni, ogni estate il sovrano invita il suo primo ministro accompagnato dalla famiglia per trascorrere un fine settimana. Re Carlo ha inaugurato il suo mandato con Rishi Sunak.

Invece, sotto il lungo regno di sua madre ne passarono ben quindici. Per Margaret Thatcher i giorni a Balmoral erano paragonabili a un viaggio in Purgatorio e Cherie Blair, la moglie di Tony Blair, un anno posticipò il suo rientro dai Caraibi pur di mancare l'appuntamento.

Avanti i secondi! Se le vacanze di Elisabetta e di re Carlo, tradizionali, possono apparire monotone e noiose, i principi e le principesse della famiglia inglese, al contrario, si sono goduti parecchi privilegi concessi allo status, a cominciare dalla zia, la principessa Margaret.

Era il 1960 quando Lord Glenconner le offrì come regalo di matrimonio un terreno sull'isola di Mustique, un paradiso privato e incontaminato nel mar dei Caraibi, acquistato nel 1958 per quarantacinquemila sterline. Margaret fece costruire villa Les Jolies Eaux e lì trovò il suo rifugio dorato, lontano dalla severa vita di Buckingham Palace. Così Mustique divenne il suo regno.

La principessa, tra glamour, scandali e Corona, segnò il destino dell'isola, che divenne l'eden di una ristretta élite internazionale. Nel 1977, in occasione del suo Giubileo d'Argento, vi sbarcò perfino Elisabetta II.

Dal 2001 Les Jolies Eaux non ha più alcun legame con la Corona. Fu venduta dal figlio di Margaret a un facoltoso americano, e oggi si può affittare, anche settimanalmente, escluso il periodo di Natale, quando sono i proprietari di casa a ritrovarsi sull'isola più snob del pianeta.

Da cinquant'anni, l'appuntamento è ai tavoli del Basil's bar, un'istituzione. Lì si può incontrare da Mick Jagger a Tommy Hilfiger, passando per il principe William diventato un habitué con la moglie Catherine e i figli. Proprio qui, nel febbraio 2014, ad appena sei mesi, il principe George volò per la sua prima vacanza. L'ultima volta, nel 2019, i principi del Galles hanno affittato villa Antilles, a trentamila dollari a settimana.

Per loro Mustique è casa, fa parte del Commonwealth, ma la bussola dell'erede al trono punta sul Regno Unito e, in particolare, sulla Scozia per allontanare tumulti indipendentisti. È dal 2020 che i principi del Galles trascorrono la maggior parte delle vacanze in patria, dividendo il loro tempo tra la tenuta di Amner Hall nel Norfolk, le isole Scilly a luglio e Balmoral ad agosto, dove, nel 2023, la prima estate da eredi, hanno fatto tappa con i piccoli George, Charlotte e Louis e il resto della famiglia reale. Una routine scozzese mantenuta anche l'anno successivo con la principessa del Galles, fotografata il 25 agosto 2024 verso la Crathie Kirk, la chiesetta di fronte il castello, dove i Windsor partecipano alla messa domenicale.

Una delle attività preferite dei re in vacanza è quella di ospitare i capi di Stato. D'altronde, vengono educati per eccellere nell'arte della diplomazia, per rafforzare o ricucire alleanze e cresciuti per servire il proprio Paese. Nessuno lo sa fare meglio di loro, anche «sotto l'ombrellone».

Nel 1997, prima di volare a Madrid per il vertice Nato, l'Air Force One fece tappa a Maiorca, dove il presidente Bill Clinton e la First Lady Hillary furono accolti dal re

Juan Carlos e dalla regina Sofia, habitué dell'isola delle Baleari dal 1973, quando le autorità provinciali offrirono loro la residenza di Marivent. Il palazzo, da allora, diventò il buen retiro estivo dei Borbone.

E sempre qui, a Marivent, nel luglio del 2008 ci fu la stretta di mano tra Juan Carlos e il presidente Chavez, che segnò la pace fra i due Paesi dopo che, nel novembre 2007, il sovrano spagnolo aveva zittito il numero uno venezuelano durante il vertice latinoamericano di Santiago, portando ai minimi termini le relazioni tra Spagna e Venezuela.

Dal 2021 re Juan Carlos, nato in Italia e cresciuto a Roma prima di ritrovare la via del trono per intercessione del caudillo Franco, vive nell'esilio volontario di Abu Dhabi e di quando in quando ritorna in patria per alcuni giorni. Lo fece per la prima volta a maggio del 2022, in Galizia, lungo la costa atlantica in occasione della regata del Bribón, il veliero con il quale è stato campione del mondo.

La vela è la grande passione dei re Borbone. Da oltre quarant'anni l'appuntamento dell'estate a Maiorca è la Copa del Rey, la regata inaugurata da Juan Carlos nel 1982 e portata avanti dal figlio Felipe, succeduto al trono nel 2014 dopo l'abdicazione del padre. Come spesso accade, la presenza di una famiglia reale si trasforma in un volano incredibile per l'economia del luogo. Per l'isola di Maiorca l'impatto della regata supportata dai Borbone vale quasi cento milioni di euro.

Ma d'altronde, ogni loro impegno è sempre seguito, raccontato e analizzato dalla stampa specializzata. Da una parte c'è l'agenda istituzionale di re Felipe, portata avanti nei mesi estivi al Palazzo reale de La Almudaina, la residenza ufficiale dei sovrani spagnoli a Palma, dall'altra quella di famiglia che va in scena tra le strade dell'isola e si mostra al pubblico e alla stampa.

L'attenzione adesso è per le figlie del re e della regina Letizia, l'erede al trono Leonor e la sorella Sofia, che durante le estati alle Baleari si offrono alla stampa, promuovendo un'immagine di principesse dal «basso profilo», soprattutto grazie all'uso di marchi d'abbigliamento spagnoli alla portata di tutti. Immancabili, poi, le uscite in famiglia nei ristoranti Mia o Ola de Mar, i preferiti di re Felipe.

Essendo, come abbiamo detto, molte famiglie regnanti imparentate tra loro, non mancano inviti e scambi di visite tra reali. Nel 1986 Carlo e Diana, cugini di re Juan Carlos per via della regina Vittoria, quadrisavola di Carlo e trisavola di Juan Carlos, furono ospiti dei Borbone insieme ai figli William e Harry. Quella visita fu propedeutica a un'altra, storica: nel 1988 fu la regina Elisabetta a recarsi in Spagna per il primo incontro ufficiale fra i discendenti dei due più importanti imperi della storia, lasciando aperto il contenzioso su Gibilterra, ma ponendo fine di fatto a cinque secoli di guerre tra i due stati.

Così anche la ex regina di Danimarca, Margherita II, con la stagione estiva ha l'abitudine di estendere inviti ad altre case regnanti a Grasten Palace, la residenza ufficiale per le vacanze. La storia del palazzo risale al Sedicesimo secolo. Di qui sono passati molti proprietari e moltissimi ospiti. La leggenda vuole che Hans Christian Andersen lo abbia scelto come luogo per scrivere *La piccola Fiam-*

miferaia. Dopo essere stato acquistato dallo Stato è la residenza estiva dei re di Danimarca dal 1935.

I reali di Grecia, dinastia senza trono ma di casa in tutte le corti europee, sono una presenza fissa a Grasten. La regina Anna Maria, moglie di Costantino II, è sorella dell'ex sovrana danese e insieme all'altra sorella, la principessa Benedikte, hanno l'abitudine di ritrovarsi per l'estate e radunare figli e nipoti durante il mese di luglio. In quel periodo l'appuntamento fisso per i piccoli royals è il vicino parco di Legoland e la ex sovrana si offre alla stampa formato big royal family.

Se navigate per mare, poi, mettete a fuoco il binocolo perché potreste incrociare il Danneborg, il royal yacht della famiglia reale danese. Lungo 87 metri e con quasi un secolo di servizio, si sono alternati i viaggi ufficiali alle vacanze private trascorse tra le calde acque dei Caraibi e del Mediterraneo dalla famiglia reale, con a capo adesso re Frederick e la regina Mary.

Le origini delle corti galleggiati si perdono nell'antichità, ma è dal Diciassettesimo secolo che per i re europei i royal yacht divennero una tradizione simbolo di potere e prestigio, fino allo scoccare del nuovo millennio.

Collezionista seriale di barche è stato re Juan Carlos. La prima, Fortunita, nel 1960 fu un regalo di matrimonio di sua moglie, la regina Sofia. L'ultima, Fortuna, è stata riconsegnata al Governo delle Baleari nel 2012 per placare le critiche dopo la serie di scandali che avevano travolto il re. In mezzo, altre Fortuna, ma la più famosa, offerta dal principe ereditario dell'Arabia Saudita, è quella che negli anni Novanta ospitò a bordo Carlo e Diana,

Bill Clinton e i reali del Belgio e che navigava nelle acque cristalline della Costa Smeralda dell'Aga Khan, proprio di fronte a quell'altro esilio dorato che è Cavallo, in Corsica, l'isola nell'isola scelta dai Savoia per trascorrere le vacanze estive fin dagli anni Sessanta.

Dall'11 dicembre 1997, invece, l'orologio del Britannia è fermo sulle 3.05: è l'ora esatta in cui Elisabetta II sbarcò l'ultima volta dal royal yacht per la cerimonia di commiato dai mari del panfilo. La regina non è mai più salita a bordo, al contrario del resto della famiglia reale che a luglio del 2011 ha festeggiato sul Britannia la vigilia del matrimonio di Zara Phillips con Mike Tindall.

Lo yacht reale fu commissionato per il padre di Elisabetta, Giorgio VI, ma con la morte improvvisa del re, nel 1952, fu lei la prima e unica sovrana a usufruirne. Dal 1997, il Britannia è attraccato nel porto di Leith in Scozia e per una modesta cifra lo si può visitare. Sul Britannia il tempo si è fermato al pomeriggio di quell'11 dicembre, ma per quarantaquattro anni ha cullato la corona britannica e i giorni più privati dei Windsor, perfino i loro viaggi di nozze.

Il Pacha, invece, come già raccontato, è la storia di un grande amore. Fu l'ultimo regalo di Stefano Casiraghi alla sua principessa, Caroline di Monaco, prima della tragedia in cui lui perse la vita.

Da allora sono trascorsi oltre trent'anni e la barca è stata una delle più fotografate del Mediterraneo, sempre al centro delle cronache mondane, culla delle vacanze di Caroline e dei giovani Casiraghi.

Ogni estate il Pacha e i suoi ospiti sono avvistati tra Francia e Italia, tra Ponza e Capri, ma la meta preferita rimane Saint-Tropez, dove i figli di Caroline, con mogli e mariti, trascorrono gran parte delle vacanze. Anche Pavlos e Marie Chantal di Grecia sono habitué di Saint-Tropez, e così Carlo e Camilla di Borbone, che hanno acquistato Château Saint-Tropez e lo hanno trasformato nella loro dimora estiva.

La Costa Azzurra d'estate diventa un concentrato di famiglie reali. Anche se a Monaco il principe Alberto, fratello di Caroline e capo della dinastia Grimaldi, vi abita, da sempre Monte-Carlo è considerata «vacanze&champagne».

Non esiste un chilometro di costa tra Monaco e Saint-Tropez che non sia battuto da re e regine, principi e principesse, emiri e sultani, i quali attirano come il miele le luci dei riflettori. Fin dagli anni Trenta, Castel de l'Horizon, la villa costruita tra Antibes e Cannes, dall'attrice americana e regina dei salotti, Maxine Elliott, era diventata il crocevia della mondanità internazionale: da Winston Churchill ai duchi di Windsor, il mondo era passato di qui. Ma nell'estate del 2015 avevano fatto il giro delle letture sotto l'ombrellone le polemiche intorno alle vacanze del re dell'Arabia Saudita in quella stessa villa a Vallauris. Atterrato all'aeroporto di Nizza con due Boeing 747, per trasportare lui e il suo seguito, sono state le richieste di privacy a scatenare la rivolta di residenti e turisti. Per la settimana di vacanza, re Salman aveva chiesto e ottenuto di far chiudere la striscia di sabbia che confinava con la sua proprietà, ovvero spiaggia La Mirandole, una delle più popolari tra i vacanzieri. La villa appartiene alla famiglia reale saudita da oltre quarant'anni, era stata acquistata nel 1979 da re Fahd, quando era ancora principe ereditario e da allora fa parte del calendario estivo dei Saud. Tuttavia, le pretese del nuovo re Salman erano un inedito per il piccolo villaggio e l'eco delle proteste arrivò fino a Parigi. Il Paese si divise in fazioni tra chi criticava questa scelta, come Nicolas Dupont-Aignan, politico di stampo gollista, che vedeva nella concessione al re saudita un ritorno all'Ancien Régime in Francia, e chi, numeri alla mano, come le associazioni dei commercianti, vedevano nei Saud una straordinaria fonte di guadagno per il commercio che ruota intorno al loro stile di vita.

Com'è andata a finire? All'urlo di «Liberté! Égalité! Fraternité!» la protesta è andata avanti per qualche settimana, senza ottenere alcun risultato, visto che per il tempo del soggiorno del re la spiaggia è rimasta chiusa.

Ma nelle vacanze dei re c'è anche un po' d'Italia. La villa l'Elefante Felice, appoggiata tra gli scogli dello Sbarcatello, sul promontorio dell'Argentario, detto il «promontorio dei re», è stata il rifugio estivo dei reali d'Olanda per oltre quarant'anni. Ventiquattro stanze, 190 mq di dependance, una piscina e un giardino di 400 mq, è stata venduta dagli Orange all'inizio degli anni Duemila a un imprenditore belga. Re Bernardo aveva acquistato il terreno nel 1965 per mille lire al metro quadrato dall'amico, il principe Tinti Borghese, che voleva trasformare quel luogo in una meta d'élite. E ci riuscì. Qualcuno lo aveva preceduto e altri seguito, fatto sta che dagli anni Sessanta all'Argentario passano tutti, anche in barca. Memorabili restano le vacanze di Farouk, il deposto re d'Egitto che attraccava l'El-Mahrusa a Porto Santo Stefano, sbarcando con la sua corte dei miracoli e la giovane amante, Irma Capece Minutolo. La dolce vita di via Veneto d'estate traslocava all'Argentario. Ora non c'è più nulla di tutto ciò, ma una figlia di Giuliana d'Olanda, Cristina, continua a trascorrere le estati in un casale al Colonnino, con vista sulle isole.

Fonti

Royal Collection Trust, www.rct.uk
The Crown Estate, www.thecrownestate.co.uk
UK Parliament, www.parliament.uk

BBC
Times
Daily Mail
Vanity Fair
Point de Vue
Time
Telegraph
Vanitatis
El Mundo
El País
Le Figaro

Bibliografia

R. HARDMAN, *Charles III: New King. New Court. The Inside Story*, (Pan Macmillan, 2024).
M.S. LOVELL, *Cote d'Azur. 1920-1960: gli anni d'oro della Riviera francese*, (Neri Pozza Editore, 2021).
PRINCE HARRY, *Spare. Il minore* (Mondadori, 2023).
R. STRONG, *Coronation: A History of the British Monarchy*, (HarperCollins Publishers, 2022).
S. BEDELL SMITH, *Prince Charles: The Passions and Paradoxes of an Improbable Life*, (Random House, 2017).
G.B. SHEPHERD, *Il tramonto delle monarchie. Le dinastie d'Europa e la Grande guerra*, (Rizzoli, 1989).
G. SINOUÈ, *Le storie d'amore che hanno cambiato il mondo*, (Neri Pozza, 2016).
A. LOWNIE, *Il re traditore*, (Neri Pozza, 2022).
S.S. MONTEFIORE, *I Romanov (1613-1918)*, (Mondadori, 2021).

Ringraziamenti

Un libro non si scrive da soli, o prendendo in prestito le parole di Melanie Benjamin, autrice de *I cigni della Quinta Strada*, «si può scrivere un libro da soli, ma il frutto delle nostre fatiche non vedrà mai la luce del giorno senza l'aiuto di numerose persone».

Nel caso di *Royal Saga* non potrei essere più d'accordo e le persone a cui devo dire grazie sono molte.

In quasi ogni aspetto del mio lavoro, servizi che realizzo, proposte che faccio, argomenti che tratto si riflette esattamente un pezzo di come sono cresciuta e per questo ringrazio i miei genitori: per la qualità del tempo che mi hanno dedicato, per il mondo che mi hanno fatto conoscere, per l'entusiasmo con cui mi hanno raccontato la storia e le storie e per le passioni che mi hanno saputo trasmettere. A tutta la mia grande famiglia, sempre disponibile ad aiutare, sei preziosa. Grazie a Mina e a Mimì per le favole che mi avete raccontato, è colpa vostra se le principesse delle fiabe sono diventate il mio modello.

Ringrazio i miei amici, chi c'è da sempre e chi si è unito strada facendo, siete insostituibili!

Sono molto grata a tutte le persone che hanno dedicato parte del loro tempo a *Royal Saga*, per rispondere alle mie domande e arricchire la mia conoscenza, tra di loro: il principe Emanuele Filiberto di Savoia, la principessa Rebecca Romanoff, Lord Carrington, William Blacker, Gianni Bulgari, Santo Versace, l'ambasciata britannica in Italia e The Royal Collection Trust.

Sono molto felice di aver lavorato di nuovo con Piemme e per questo ringrazio Virginia Ponciroli, responsabile editoriale della saggistica Piemme e la mia editor Cecilia Mastrogiovanni per la sua disponibilità, professionalità e precisione. Per il tocco pink sulla copertina ringrazio Cecilia Flegenheimer.

Come ho già scritto prima, questo libro non avrebbe mai visto la luce senza la collaborazione di tante persone e, infatti, l'idea è nata da una parte del mio lavoro che faccio in televisione, in particolar modo per Studio Aperto Mag, la rubrica del telegiornale di Italia1, da cui nascono *The Royal Saga* su La5 e poi questo libro. Sono molto riconoscente a Mediaset per il lavoro fatto insieme in tutti questi anni: alla direzione generale, in particolare Carlo Gorla, al vice direttore palinsesto e programmazione reti e direttore canali tematici, Marco Costa, al direttore di TgCom24, Andrea Pucci.

E poi grazie a voi che siete appassionati come me di re e regine, principi e principesse, dame e cavalieri, regni, storie e leggende... insomma, avete la capacità di mescolare i sogni con la vita reale.

Indice

Finito di stampare nel mese di ottobre 2024
su carta holmen
con fibra vergine proveniente da foreste sostenibili holmen.com/paper
presso Grafica Veneta S.p.A.
Via Malcanton, 2 – Trebaseleghe (PD)
Printed in Italy

Certificato PEFC
Questo prodotto è realizzato con materia prima da foreste gestite in maniera sostenibile e da fonti controllate
PEFC/18-31-226
www.pefc.it

GRAFICA VENETA CARBON NEUTRAL

Questo libro è fabbricato da Grafica Veneta S.p.A.
con un processo di stampa e rilegatura certificato 100% carbon neutral
in accordo con PAS 2060 BSI